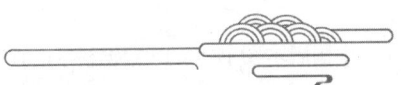

论语通解

LUN YU TONG JIE

舒宝璋 著

图书在版编目（ＣＩＰ）数据

论语通解 / 舒宝璋著.-- 南昌：江西教育出版社，
2018.5

ISBN 978-7-5705-0237-0

Ⅰ.①论… Ⅱ.①舒… Ⅲ.①儒家②《论语》—研究
Ⅳ.①B222.25

中国版本图书馆 CIP 数据核字(2018)第 053631 号

论语通解

LUNYU TONGJIE

舒宝璋 著

江西教育出版社出版

（南昌市抚河北路 291 号　　邮编：330008）

各地新华书店经销

南昌市红星印刷有限公司印刷

787 毫米×1092 毫米　　16 开本　　23.5 印张　　字数 350 千字

2018 年 5 月第 1 版　　2018 年 5 月第 1 次印刷

ISBN 978-7-5705-0237-0

定价：52.00 元

赣教版图书如有印装质量问题，请向我社调换　电话：0791-86710427

投稿邮箱：JXJYCBS@163.com　　电话：0791-86705643

网址：http://www.jxeph.com

赣版权登字-02-2018-150

序 言

中华文明源远流长。1938 年 10 月，毛泽东在《中国共产党在民族战争中的地位》一文中说："我们是马克思主义的历史主义者，我们不应当割断历史。从孔夫子到孙中山，我们应当给以总结，承继这一份珍贵的遗产。"

孔子是中华文明的祖师爷，也是世界文明祖师爷之一。1988 年 1 月，七十五位诺贝尔奖获得者在巴黎开会，发表了一份庄严的宣言。宣言中说："如果人类要在二十一世纪生存下去，就必须回顾到二千五百年前去汲取孔子的智慧。"

世界知名的《论语》一书，最初是刻在竹简上；《论语》之名，即由竹简而来。"论"古作"仑"，就是把有关竹简编排在一起之意。

《论语》一书是孔子及其弟子智慧的结晶，是中国古代第一好书。1953 年 1 月，胡适在一次演讲中说："中国的传记文学，除了正史中的短篇传记之外，还有许多名字不叫传记，实际是传记文学的'言行录'。这些言行录往往比传记还有趣味。我们中国最早最出名，全世界都爱读的言行录，就是《论语》。这是孔子一班弟子或者弟子的弟子，对于孔子有特别大的敬爱心，因而把孔子生平的一言一行记录下来，汇集而成的。"《论语》是儒家思想的源头，也是儒家思想的精髓。

《论语》不但是一部文学书，哲学书，还是一部历史书，从中可以见到春秋后期的政治与经济、文化与教育、风俗与民情，等等。

《论语通解》是为了辅助读通《论语》而写的，它不同于古书今译，也不同于古籍译注。《论语通解》旨在把原文贯通起来解说，分章串讲，其方式不一而足:原文前面有简短的说明或介绍,谓之"引言";原文后面有简易串讲,继之以相关资料或适当点评,统谓之"通解"。要之,总期能贯通一气,以有助于深入领会原著为依归。

所谓论语通解,简而言之,就是把某章的内容与其前因后果,贯通起来理解;把某章内容跟古今中外的有关资料,贯通起来理解;把《论语》全书作为一个有机的整体,将其中彼此相关话语,贯通起来理解也。

《论语通解》的行文,既要求语言明白,复要求文字精练;既节约篇幅,又便于阅览。与《辞源》释文的字斟句酌之风,庶乎近之。

探索是通向理想的一种尝试。《论语通解》的撰述,是一次探索之旅;效果如何,有待于读者鉴定。

原文中有两种括号,各有其用。方括号内是不同版本中的字,包括异文和补字;圆括号内是说明和解释的话,包括注音释义等,读者鉴之。

书末附《论语名句首字笔画通检》《论语名句音序索引》以便检索。

检索和阅读闪闪发光的《论语》名句,无疑是一种精神享受。爱因斯坦说:"能照亮我的道路,从而奔赴我的理想的是真、善、美。"

舒宝璋

2018 年 1 月于江西科技师大

目　录

学而篇第一（凡 16 章）·············1

为政篇第二（凡 24 章）·············12

八佾篇第三（凡 26 章）·············26

里仁篇第四（凡 26 章）·············42

公冶长篇第五（凡 28 章）·········58

雍也篇第六（凡 30 章）·············76

述而篇第七（凡 38 章）·············94

泰伯篇第八（凡 21 章）·············120

子罕篇第九（凡 31 章）·············134

乡党篇第十（凡 27 章）·············155

先进篇第十一（凡 26 章）·········170

颜渊篇第十二（凡 24 章）··········190

子路篇第十三（凡 30 章）··········210

宪问篇第十四（凡 44 章）··········232

卫灵公篇第十五（凡 42 章）·······262

季氏篇第十六（凡 14 章）··········290

阳货篇第十七（凡 26 章）··········303

微子篇第十八（凡 11 章）··········324

子张篇第十九（凡 25 章）··········334

尧曰篇第二十（凡 3 章）···········350

论语名句首字笔画通检··············357

论语名句音序索引·····················359

学而篇第一（凡16章）

【引言】《论语》曾经是一部老少咸宜的书。首先，它是旧时的启蒙教材。唐代诗人杜甫云："小儿学问止（只）《论语》，大儿结束（带上行李）随商旅。"其次，《论语》是大臣治国所需。宋代学者罗大经《鹤林玉露》载：宋太祖时，赵普任宰相；宋太宗时，赵普再次任宰相。人们说，赵是山东人，只读过《论语》。太宗问赵普是否属实，赵普说："臣平生所知，诚不出此书范围。普以其半部辅太祖定天下，今欲以其半辅陛下致太平。"再次，《论语》也是学者所钟爱的书。宋代学者朱熹说："我少年读《论语》便知爱，其后求一书似此者终无有。"

《论语》是一部至今仍值得一读的好书。全书凡二十篇512章，其内容均与为人处世有关。在开宗明义第一篇第一章，仅用三句话，就阐明了学习与修养的要点。这是本篇的纲领，也是全书的总纲。

1.1 子曰："学而时习之，不亦说【悦】乎？有【友】朋自远方来，不亦乐乎？人不知而不愠，不亦君子乎？"

【通解】孔子说："学习能适时复习并付诸实践，不是也很愉悦吗？有志同道合的朋友远道而来相切磋，不是也很快乐吗？人家不理解我，我也不郁闷，不也是一种君子之风吗？"

《礼记·学记》曰："独学而无友，则孤陋而寡闻。"然则"有朋自远方来"是来切磋学问的。

《礼记·中庸》曰："君子依乎中庸，遁世不见知而不悔，唯圣者能之。"意思是说："真正的君子遵循中庸之道，即使一生默默无闻不被人知道也不后悔，这只有圣人才能做得到。"

现代学者杨树达说:"时习而悦,学者自修之事也;朋友来而乐,以文会友之事也;人不知而不愠,则为德性坚定之人矣。"从"悦"到"乐"到"不愠",愈后则愈难。

"人不知而不愠"还有一种解法是:我教别人,别人仍是不会,我也不生气。

【引言】有子名若,春秋时鲁国人。孔子的学生,小孔子四十三岁,为孔子学说传人之一。

1.2 有子曰:"其为人也孝弟(ti悌),而好犯上者,鲜矣;不好犯上,而好作乱者,未之有也。君子务本,本立而道生。孝弟(ti悌)也者,其为仁【人】之本与!"

【通解】有子说:"在做人方面,一个能孝顺父母、尊敬兄长的人却喜欢触犯上级,这样的事很少啊;不喜欢触犯上级,却喜欢造反的人,还从来没见过呢。君子追求根本性的东西,抓住了根本才会有高尚的道德。孝顺父母和尊敬兄长这两条,应该是做人的基本功吧!"

《吕氏春秋·孝行览》曰:"凡为天下,治国家,必务本而后末,务本莫贵于孝。夫执一术而百善至、百邪去、天下从者,其唯孝也。"

宋代学者程颐说:"孝弟,顺德也,故不好犯上,岂复有逆理乱常之事?德有本,本至则其道充大。孝弟行于家,而后仁爱及于物(类推至其他人),所谓亲亲而仁民也,故为仁以孝弟为本。"

浙江绍兴三味书屋楹联云:"至乐无声唯孝悌,太羹有味是读书。"

【引言】由现象看到本质,很有必要。

1.3 子曰:"巧言令色,鲜矣仁。"

【通解】孔子说："那种甜言蜜语、貌似谦恭的人，很少是有爱心的。"

《大戴礼记·曾子立事篇》曰："巧言令色，能小行而笃（热衷于一些小事），难于仁矣。"

历史上巧言令色者，不乏其例。唐朝宰相李林甫好巧言，口如蜜而腹有剑；宰相李义府好令色，面带笑容而心怀鬼胎。

能说须能行。在"言"与"行"之间，孔夫子更看重"行"。他厌恶那些夸夸其谈的人。

【引言】曾参，字子舆，春秋时鲁国人。是孔子学生，小孔子四十六岁，是孔子学说的传人之一。

1.4 曾子曰："吾日三省(xǐng)吾身，为人谋而不忠乎？与朋友交而不信乎？传不习乎？"

【通解】曾子说："我每天从三个方面反省自己:为别人办事，是不是尽心尽力了？与朋友交往是不是坦诚相待，言而有信？老师传授给我的学业是不是适时温习了？将要传授给弟子的学业是不是及时温习了？"

南朝梁学者皇侃《论语义疏》曰："凡有所传述，皆必先习，后乃可传；岂可不经先习而妄传之乎？"

曾子"吾日三省吾身"的内容，与孔子的三句话是一脉相承的。孔子说"学而时习之"，曾子自省曰："传不习乎？"孔子说"有朋自远方来"，曾子进一步自省："与朋友交而不信乎？"孔子说"人不知而不愠"，曾子进一步自省："为人谋而不忠乎？"曾子继承和发展了孔子的思想。

【引言】古代称天子为"万乘"，诸侯为"千乘"，大夫为"百乘"。"千乘"（一千辆兵车）通常指百里之国。

1.5 子曰："道【导】千乘之国，敬事而信，节用而爱人，使民以时。"

【通解】孔子说："治国理政有几个要点。比如领导拥有一千辆兵车的诸侯国，办事须勤敬谨慎，号令须言而有信；淳朴节约不奢侈，以人为本，多加厚爱；征用民力，调剂好忙闲，不耽误农时。"

当春秋末年之时，周天子已不能有所作为，许多小国亦不足有为，故孔子只举处于中等地位的诸侯国为例。

《孟子·梁惠王上》曰："不违农时，谷不可胜食也。"爱惜民力，便有吃不完的粮食。

《荀子·议兵篇》曰："百事之成也，必在敬之；其败也，必在慢之。故敬胜怠则吉，怠胜敬则灭。"勤敬谨慎，乃是走向成功的必由之路。

【引言】千学万学，学做真人。学习宜抓住根本。

1.6 子曰："弟子入则孝，出则弟（tì 悌），谨而信，泛爱众而亲仁。行有余力，则以学文。"

【通解】孔子说："青少年在家应孝顺父母，出外应尊重兄长、老师和长辈；行为谨慎，言而有信，跟大家友爱和谐，敬重和亲近富有爱心的人，学习他们的优秀品质。余下的精力就用来学习文献知识。"

"行有余力，则以学文。"宋代学者朱熹说："知【文】与行常相须（互相配合），如目无足不行，足无目不见。论先后，知【文】为先；论轻重，行为重。"

元代学者袁俊翁说："学者为学之道，论先后，以文为先；论轻重，以行为重，二者不可偏废。学文所以致知（获取知识），修行所以力行（重在实践）。修行而不先文，则不足以致知；学文而不重行，则不足以力行。致知、力行，要当如两轮并进可也。"

英国作家莎士比亚说："爱所有人，信任少数人，不负任何人。"

【引言】子夏姓卜，名商，春秋时晋国人，一说卫国人。是孔门文学科的高材生，小孔子四十四岁。魏文侯尊他为师。

当时的人际交往，多重色而不重贤。

1.7 子夏曰："贤贤易色；事父母，能竭其力；事君，能致其身；与朋友交，言而有信。虽曰未学，吾必谓之学矣。"

【通解】子夏说："如果能改掉好色之心来尊重贤者，他本身也就成了贤人；侍奉父母，能竭尽全力；侍奉天子、诸侯、卿大夫，能甘于献身；与朋友交往，能坚守诚信。如能做到这几点，纵然有人以为他未尝为学，我必认为他已经学到了根本的东西，是一个确乎有教养的人。"

"贤贤易色"还可以这样理解：女子出阁，嫁德不嫁容；男子娶妻，重贤不重色。夫妇双方皆重视贤德而不在乎美色，才能够天长地久，白头偕老，不至于色衰而爱弛。

《礼记·大学》曰："为人君止于仁，为人臣止于敬，为人子止于孝，为人父止于慈，与国人交止于信。"

近代学者辜鸿铭说："贤贤易色，意思就是，以贤事贤，在和别人交往的时候，能看到这个人身上美好的东西，而不去关注这个人的衣服是否华美、肤色是否白皙等问题。'贤贤'这就是教育的核心。……我一向强调这个道理，光关注教育的普及率和量是不行的，必须重视教育的质。再多说一句，光会读写不能算是真正的教育。"

【引言】怎样做一个君子人？怎样做一个高尚纯粹有修养的人呢？

1.8 子曰："君子不重则不威，学则不固。主忠信。无【毋】友不如己者，过则勿惮改。"

【通解】孔子说："君子如果不端庄，凝重，就没有威仪；所学到的东西也不会稳固持久。以忠信为怀，多跟那忠诚信实的人相亲近。不要跟不如自己的人去交朋友，也不要跟志不同道不合的人去交朋友。有了过失，就不怕及时改正。"

"学则不固"也可以理解为，经常学习，就不会固步自封。

"无友不如己者。"俗话说："结交须胜己，似我不如无。"

"无友不如己者。"反过来讲，就是要在同一个层面跟志同道合的人交朋友。

所以《孟子·万章下》云："一乡之善士，斯（于是，就）友一乡之善士；一国之善士，斯友一国之善士；天下之善士。斯友天下之善士。"

道不同不相为谋。所以，不要跟志不同道不合的人去交朋友。

"无友不如己者。"宋代文人苏东坡认为这样不妥。他说："世之陋者（不高明的人）若以不己若者（不如自己的人）为友，则自足（自满）而日损（止步），故以此戒之（警惕自己）。如必胜己（比自己优秀）而后友，则胜己者（认为我不如他）亦不与吾友矣。"

我师杨伯峻先生说："'无友不如己者'就是不要主动向不及自己的人去交朋友。"

【引言】春秋战国时，社会动荡不安，普通老百姓对养老送终及祭拜祖先之事，已经不遑顾及了。

1.9 曾子曰："慎终追远，民德归厚矣。"

【通解】曾子说："有条件的人家应当把养老送终的事情办好，尽心尽哀；应当追念先人，定时加以祭拜，尽诚尽礼。这样来影响大众，从而使民德民风复归于淳厚。"

《诗·大雅·荡》云："靡（mǐ 无）不有初，鲜（xiǎn 少）克有终。"春风浩荡，莫不有好的开始，时过境迁却很少有好的结尾。有始有终是一种美德，能养老送终、祭拜先祖的，应受到称赞。

【引言】子禽和子贡都是孔子的学生。子贡姓端木，名赐，以善于辞令著称。子

禽姓陈，名亢。

1.10 子禽问于子贡曰："夫子至于是邦也，必闻其政，求之与（yú 欤），抑与之与（yú 欤）？"子贡曰："夫子温良恭俭让以得之。夫子之求之也，其诸异乎人之求之与（yú 欤）？"

【通解】子禽向子贡问道："夫子每到一处邦国，必参与获悉邦国的政事，是他寻求得来的呢？还是邦国国君主动向他讲的呢？"子贡回答道："夫子德高望重，是凭着他温和、善良、恭敬、俭朴、谦让的性情自然获知其政事，如果这也算'寻求'的话，那么夫子的寻求方式大概与他人的寻求方式也该很不一样吧？"

孔子周游列国时，各邦国国君无不以其政事就教于他，他因此得以尽闻其政。孔子以盛德感人，必不肯求人。那些钻营以求的人与孔子相比有天壤之别。

由于孔子心地纯正，语言温和，态度恭谨，举止适度，平易近人，所以各邦国的朝臣士大夫都愿意把自己国家的施政情况主动告诉他。

温良恭俭让五者，根本在于俭。俭则克己，不侮人，不夺人，因此不遭人妒忌；人乐于与他亲近，无须寻求，人亦必告知也。

【引言】一个人是否孝顺，可从观察中获悉。

1.11 子曰："父在，观其志；父没，观其行；三年无改于父之道，可谓孝矣。"

【通解】孔子说："父亲在世的时候，看他的志向是否跟父亲相符；父亲去世后，看他的行为是否跟父亲生前一致；守孝三年间，看他是否都是走在父亲开辟的为人之道上——能这样就可以称为孝顺了。"

现代学者杨树达说："三年无改，谓事之虽不改而无害者耳。若亲之过失，亲在尚当几（婉言劝谏），死后尤不当在不改之域（范围）也。"

当代学者南怀瑾说："父在观其志，这话是说当父母在面前的时候要言行一致，就是父母不在面前，背着父母的时候，乃至父母死了都要言行一致。诚诚恳恳，非常老实，说不接受就是不接受；如果做好人就做到底。父母死了，于三年之内，无改于父母之道，说得到做得到；经过三年这么久的时间，感情没有淡薄，言行一致，一贯做法，这就是孝子。"

【引言】礼仪是一种自然的条理，人际往来的规范。

　　1.12　有子曰："礼之用，和为贵。先王之道，斯为美。小大由之，有所不行。知和而和，不以礼节之，亦不可行也。"

【通解】有子说："礼的意义和作用，就在于和谐自然，且恰到好处。古圣先王的礼教，以此境界为最高。凡小事大事均以此类推。可是，有时也会行不通，原因是在于只为了和谐自然而和谐自然，却未能用礼仪制度来加以协调，以至于不能恰到好处，自然也是不行的。"

"礼之用，和为贵。"何谓礼？《孟子·离娄下》云："有礼者敬人。"《孟子·公孙丑上》云："辞让之心，礼之端也。"

当代学者余秋雨说："这就形成了一个逻辑程序，行为上的'敬'和'让'，构成个人之礼，然后达成为人间之和。"

"和为贵"今指以和谐为贵。俗话说：父子和，家不败；兄弟和，家不分；邻里和，争讼息；夫妇和，家道兴。

【引言】诚信与谦恭是人的美德，但它是有原则的。

　　1.13　有子曰："信近于义,言可复也。恭近于礼,远耻辱也。因不失其亲，亦可宗也。"

【通解】有子说："守信以合乎道义为原则，诺言是可实践的。谦恭以合乎礼数为原则，羞辱是可以免除的。践行恭信以不疏离所亲近的人为度，同样是值得推崇的。"

"信近于义，言可复也。"《孟子·离娄下》云："大人者，言不必行，行不必果，惟义所在。"有德行的人，说的话不一定都能做到，做的事不一定都能贯彻，要看是不是合乎正义。是不是合乎客观规律。

"恭近于礼，远耻辱也。"三国魏学者何晏曰："恭不合礼，非礼也。以其能远耻辱，故曰近礼。"

"因不失其亲,亦可宗也。"宋代学者朱熹说："所依者不失其可亲之人，则亦可以宗而主之矣。"

【引言】凡道德高尚的人都是好学的。要怎样才算好学呢？

1.14 子曰："君子食无求饱，居无求安，敏于事而慎于言，就有道而正焉，可谓好学也已【矣】。"

【通解】人到无求品自高。孔子说："君子吃饭不追求饱足，居家不追求安逸；处事勤敏，出言谨慎；向贤德之人请教，以分清大是与大非，是者坚持下去，非者坚决改正。这样，可以称得上是一个好学的人了。"

《荀子·性恶篇》曰："夫人虽有性质美，而心辨知，必将求贤师而事之，择良友而友之。"一个人虽然本质很好，心地洞明，还是要寻访良师益友，向他们学习以不断提高自己。

北宋宰相王曾年轻时参加乡试、会试、殿试，都名列榜首。许多人向他祝贺；"士子连登三元，一生吃着不尽矣。"王曾正色道："我生平志向岂在温饱安逸耶？"

南宋学者朱熹说："更就自己身心上存养玩索,着实行履,有个人处，方好求师，证其所得而订其谬误。是乃所谓'就有道而正焉'者，而学之成也可冀矣。"

好学是一种需要，同饮食睡眠一样；好学是一种乐趣，乐在其中，趣味无穷；好学是一种天性，没有谁敦促孔子好学，孔子也没有见过什么《劝学篇》之类。

"君子食无求饱,居无求安。"诚哉斯言！有道是，无求便是安心法，不饱真为却病方。

【引言】子贡有口才，还会做生意。他先贫后富，都很守本分，不谄不骄。他想得到老师的肯定，特地来见见老师。

> **1.15** 子贡曰："贫而无谄，富而无骄，何如？"子曰："可也。未若贫而乐【道】，富而好礼者也。"
>
> 子贡曰："《诗》云：'如切如磋，如琢如磨。'其斯之谓与（yú）？"子曰："赐也，始可与言诗已矣，告诸注而知来者。"

【通解】子贡问老师："一个人贫穷的时候不向富人谄媚，富裕时候不盛气凌人，您认为他怎么样？"孔子说："还可以吧。不过，还比不上那贫穷而乐于行道，富裕而崇尚礼仪的人呢。"

子贡接着说："《诗经·卫风·淇奥》上说：'如切磋骨角象牙一般，如琢磨玉器一般。'为的是精益求精，好上加好。老师说的就是这个意思吧？"孔子称赞子贡道："赐啊，今后可以同你探讨探讨《诗经》的深刻含义了；告诉你一件已知的事情，你能领悟出相应的道理，知道如何去弘扬道德。"

《易·系辞传上》云："神以知来，智以藏往。"记得住以往发生的事情，靠的是记性；能领悟与之相应的道理，凭的是悟性。

《老子》第九章曰："富贵而骄，自遗其咎。"富贵者如果骄横，无异于自寻祸殃。

《吕氏春秋·慎人篇》曰："古之得道者，穷亦乐，达亦乐，所乐非穷达也，道得于此，则穷达一也，为寒暑风雨之序矣。"意思是说，有道之人，得志不得志都很快乐。他乐的是"道"，跟"穷达"没有什么关系，就好比自然界的寒暑风雨一样，听其自然好了。

汉代学者郑玄曰："贫而乐，谓志于道，不以贫为忧苦也。"

贫而乐道，曾子是一个典型。《庄子·让王》记载，曾子住在卫国时，絮衣破烂，面部浮肿，手足起茧。三天不生火做饭，十年不添置新衣。想戴正帽子却断了帽带，拉一下衣襟就露出了胳膊，穿着鞋子却露出了脚后跟。拖着破了的鞋子，口吟雍容的《商颂》，洋洋乎盈耳，如金石玉振。

【引言】一般人有个通病：生怕人家不了解自己。

1.16 子曰："不患人之不己知,患不知人也。"

【通解】孔子说："不担心人家不了解自己，该担心的是，自己还不够了解人家呢。"

孔子曾说过："人不知而不愠。"（见 1.1）人家不了解我，我也不郁闷，自己想开些。但这还不够。现在说："不患人之不己知,患不知人也。"这就进了一步，你不了解我也罢，我还得了解了解你哩。

为政篇第二（凡24章）

【引言】孔子一生的活动，做官的时间只有五年，教书的时间约二十来年。本篇收录了孔子在从政和任教期间的若干言行。

本章以从政之德为大，表明了儒学的宗旨。

2.1 子曰："为政以德，譬如北辰，居其所而众星共【拱】之。"

【通解】孔子说："执政者道德高尚，以德服人，受到民众的拥戴。好比那北极星一般基本稳定，外围有众多行星都虔诚地绕着它排列有序地运行。"

宋代学者朱熹说："政之为言正也，所以正人之不正也。德之为言得也，得于心而不失也。言众星四面旋绕而归向之也。"

现代学者钱穆说："孔门论学，最重人道。政治，人道中之大者。孔子所说的'为政以德'，包含着'君德'和'政德'两个侧面。'君德'即为官德，强调执政者自己要'身正'，身正才能感化人；'政德'即为政要以德为先，强调对民众进行道德方面教育。"

【引言】古代原有诗三千余篇，经孔子整理后，删去重复的部分，筛选出合乎礼义的步分，得三百零五篇，统称三百篇。

2.2 子曰："《诗》三百，一言以蔽之，曰:思无邪。"

【通解】孔子说:"《诗》三百篇，内容丰富多彩，若用一句话来概括，那就是:言近旨远，一切都出于真诚的情感，没有偏斜。"

《诗》有明显的社会效果。《礼记·经解》云："人其国，其教可知也。其为人也温柔敦厚，诗教也。"

《诗经》有"国风""小雅""大雅""颂"四个部分。《史记·屈原传》曰："《国风》好色而不淫，《小稚》怨诽而不乱。"《国风》与《小雅》占《诗经》篇幅约百分之七十。

儒家为什么重视《诗经》？当代学者傅佩荣说："因为《诗经》是真诚地表示情感的歌谣。你念《诗经》引发真诚的情感，引发了之后就可以回到儒家思想的正途上，从真诚引发内在的力量，让人们自愿孝顺父母，尊敬兄长，自愿来帮助别人，来做好事。"

【引言】治理国家是用"政"和"刑"，还是用"德"和"礼"？

2.3 子曰："道【导】之以政，齐【济】之以刑，民免而无耻。道【导】之以德，齐【济】之以礼，有耻且格【恪】。"

【通解】孔子说："先进行法制教育，如果无效，然后启用刑罚，民众为免于刑罚而约束自己，但缺乏觉悟。先进行道德教育，如果不够，然后辅以礼仪，民众将有所觉悟而约束自己，且心悦诚服。"

《礼记·缁（zī）衣》云："夫民教之以德，齐之以礼，则民有格心；教之以政，齐之以刑，则民有遁心。"

《孟子·尽心上》云："仁言不如仁声之入人深也，善政不如善教之得民也。善政民畏之，善教民爱之。善政得民财，善教得民心。"

《孔子家语·刑政篇》云："圣人治化，必刑政相参焉。太上，以德教民，而以礼齐之。其次，以政导民，而以刑禁之。"其实德治与法治，可以并行而不悖。

【引言】孔子一生进德修业的过程，他自己说得简而要。

2.4 子曰:"吾十有(yòu 又)五而志于学,三十而立,四十而不惑,五十而知天命,六十而耳顺,七十而从心所欲,不逾矩。"

【通解】孔子说:"我十五岁立志向学,三十岁学成业立,四十岁层楼再上无疑惑,五十岁认识了客观规律,六十岁听得进不同意见,七十岁做自己喜欢做的事,能靠谱。"

《易·系辞上》曰:"乐天知命,故不忧。"

当代学者南怀瑾说:"从政的人要了解人生,要有经验,要多加体会。因此孔子将自己的经验讲出来,编到《为政》这一篇,就是暗示一般从政者,本身的修养及为人处事的艰难,并不简单,要效法他这种精神,在工作上去体会、了解它。不管是为政或做事,都要靠人生经验的积累。"

人生的道路多因人而异,其共性在于:都必须有志气,能学习,多体验,以臻于成熟,并有所作为。

人生以立志为先。明代学者王阳明《教条示龙场诸生》云:"志不立,天下无可成之事。虽百工技艺,未有不本于志者。"不立志,将一事无成。不管哪行哪业,都必须立志也。

俗话说:有志者事竟成。故知无志者,多难以成事也。

孔子十五岁而志于学,《诸葛亮集·诫子书》曰:"非学无以广才,非志无以成学。"要想才多识广,就必须认真学习;要想学有所成,就必须及时立志。

孔子"五十而知天命",至少有两层意思。一是自觉意识到,一点一滴地从自己身边做起,以逐步治理乱世,此乃天赋的使命。二是充分认识到,既然置身于大自然一丝不苟的运行之中,就随时都有可能遇到种种难以预料的困难,但决不知难而退。

【引言】春秋时鲁国大夫孟僖子病且死,诫其长子懿曰:"今孔丘年少好礼,其达者欤?我将死,你必以他为师。"其子,孟懿子,姓仲孙,因此也称孟孙。

2.5 孟懿子问孝。子曰："无【毋】违。"樊迟御，子告之曰："孟孙问孝于我，我对曰，无违。"樊迟曰："何谓也?"子曰："生事之以礼，死葬之以，祭之以礼。"

【通解】孟懿子问孔子，什么是孝顺? 孔子说："孝顺就是每件事都要顺从，不要有任何违背。"

樊迟替老师驾马车，孔子告诉他："孟孙向我问孝，我告诉他，无违。"樊迟问："什么叫无违?"孔子说："无违的意思就是：父母在世的时候，按礼仪服侍他；去世以后，按礼仪安葬他；安葬以后，按礼仪祭拜他。"

同样谈"孝"的问题，对孟孙，孔子只讲了两个字；对樊迟则多讲了几句。为什么会这样? 因为孟孙不好问，而樊迟好问。好问才能学到较多的东西。

其实，死葬之以礼，祭之以礼都不如生事之以礼。宋代学者欧阳修在《泷（shuāng）冈阡表》中说，母亲告诉他："我刚来你家，你祖母已死，丧期过后，你父亲每逢祭祀时，总是流泪说：'祭而丰，不如养之薄也。'死后祭祀再丰厚还不如生前多一点微薄的奉养呢!"

【引言】孟懿子的儿子孟武伯，遵父命以孔子为师。

2.6 孟武伯问孝。子曰："父母唯其疾之忧。"

【通解】孟武伯问孔子，什么叫孝顺? 孔子说："孝顺就是从各方面管好自己，让父母放心。以至于父母只担心儿女生病，其他什么都不担心了。"

父母为儿子操心，反过来，儿子更应该为父母操心。父母年纪大了，身体转弱，容易生病，儿子应该多尽孝。自己已日臻成熟，理当让父母放心，这也就是孝顺了。

孝顺亦包括爱护自己的健康。《孝经》云："身体发肤，受之父母，不敢毁伤。"

【引言】子游，姓言，名偃，春秋时吴国人。是孔子学生，小孔子四十五岁。

2.7 子游问孝。子曰："今之孝者，是谓能养。至于犬马，皆能有养；不敬，何以别乎？"

【通解】子游问老师，什么叫孝顺？孔子说："现在讲孝顺的人，以为能供养父母就可以了。至于狗和马，也同样有人饲养；如果对父母养而不敬，那和饲养牲畜又有什么区别呢？"

平心而论，能供养父母过老，这本身也是一种孝敬，应予以肯定。孝当竭力，非徒养身。至于格外尊敬，多加宽慰，使之心情舒畅，那是更高一级的要求了。

质言之，孝是从物质上供养父母，敬是从精神上让父母愉悦。

【引言】生我者父母，孝是个永恒的主题。

2.8 子夏问孝。子曰："色难。有事，弟子服其劳；有酒食，先生馔。曾是以为孝乎？"

【通解】子夏问老师，什么叫孝顺？孔子说："难的是和颜悦色，随时让父母高兴。一般人只能做到：有事情，子女主动来效劳；有酒饭，让长辈们先吃喝，难道这就是尽了孝吗？"

《盐铁论·孝养》云："故上孝养志，其次养色，其次养体。"

宋朝宰相司马光解释说："色难者，观父母之志趣，不待发言而后顺之者也。"这是说，和颜悦色还不够，最好是善于察言观色，感到父母心里有什么想法或要求，不等他们开口，就想方设法去满足他们。

1949年4月，周恩来在一次大会报告中说："我们站稳了立场，又要很谨慎，有理有利有节地去处理问题。这和五四时代的反封建有相同之处，那时反对封建很坚决，提出打倒孔夫子、对封建家庭斗争的口号。但今天看来，孔夫子的话若是好的，我们也可引用。我们的父母来了，也还得照顾照顾。"

【引言】颜回字子渊，春秋时鲁国人。是孔子学生，小孔子三十岁，以好学著称。

2.9 子曰："吾与回言终日，不违，如愚。退而省其私，亦足以发，回也不愚。"

【通解】孔子说："我有时一天到晚同颜回交谈，他都没有什么不同的看法，好像有些愚钝的样子。可是听说他回去以后，私下里跟同学谈起来，却很有体会，很有见解，很足以阐发自己的观点，看来颜回呀并不愚钝。"

现代学者杨树达说："颜回于孔子所说，无所不悦。唯其无所不悦，故终日不违如愚，正老子所谓大智若愚也。"

我师杨伯俊先生说："从这一章里可看出孔子对颜回赞不绝口，不仅在于他能全盘接受孔子的学说，而尤其在于他对孔子的学说能有所发挥。"

【引言】人心不同，各如其面。用什么方法来观察一个人的善恶呢？

2.10 子曰："视其所以，观其所由，察其所安。人焉廋（sōu 隐藏）哉？人焉廋哉？"

【通解】孔子说："视察他的作为及所交结的朋友，观察他所采取的方式方法，考察他对何事心安理得。这样一来，人往哪里藏啊？人往哪里躲啊？"

《管子·权修》云："观其交游（所交往的人），则其贤不肖（是好人还是坏人）可察也。"

孟子主张从言语和眼神来观察人的善恶。《孟子·离娄上》云："存乎人者，莫良于眸子（没有比眼神更明显的了）。眸子不能掩其恶，胸中正，则眸子瞭（liǎo 明亮）焉；胸中不正，则眸子眊（mào 昏暗）焉。听其言也，观其眸子，人焉廋哉？"

《史记·魏世家》载，李克对魏文侯曰："居（平时）视其所亲（亲近谁），富视其所与（帮助谁），达（当官）视其所举（推荐谁），穷（不得志）视其所不为（不做什么），贫（贫穷）视其所不取（不取得什么）"这些也都是观察人的有效方法。

"视其所以，观其所由，察其所安。"代表了三个层次："所以"是指其动机而言，"所由"是指其途径而言，"所安"是指其心态而言也。

人的所作所为是无法予以掩盖的。《新约全书·路加福音第八章》说："没有人点灯用器皿盖上，或放在床底下，乃是放在灯台上，叫进来的人看见亮光。因为掩藏的事，没有不显出来的；隐瞒的事，没有不露出来被人知道的。"所以说，人往哪里藏啊？人往哪里躲啊？

【引言】当一名老师，不仅要有丰富的知识，还要有自己的创见和心得。

2.11 子曰："温故而知新，可以为师矣。"

【通解】孔子说："温习过去的知识，结合现在的情况，经过思考，从而有了新的理解和体会；这样既温故又知新，我们就可以让他来当老师了。"

东汉学者王充《论衡·谢短》云："夫知古不知今，谓之陆沉（不合时宜）；……夫知今不知古，谓之盲瞽（不明事理）。……温故知新可以为师；古今不知，称师如何？"

孔子曾说过："学而时习之，不亦悦乎？"（见1.1）为什么会"不亦悦乎"呢？就因为"温故而知新，可以为师矣"，自然就会感到愉悦。

知新离不开温故，有道是，养心莫如寡欲，温故乃能知新。

【引言】各种器具各有其特定的用途，而不能互相替代。

2.12 子曰："君子不器。"

【通解】孔子说："君子道德高尚，善于学习且乐于奉献，能适应多方面需要。所以君子和器具不同，君子不等于器具。"

《礼记·学记》曰："大德不官，大道不器，大信不约，大时不齐。"意思是说，有至德的官员不分管具体事务，最精微的道理不等于具体器具，最高级的诚信不订立具体盟约，最大的自然规律不专管一事一物。

宋代学者朱熹说："成德之士，体无不具，故用无不周，非特为一才一艺而已。"意思是说，有道德之人，体大思精，能适应多方面需要，不宜局限于一隅。

近代学者辜鸿铭说："《易传》曰：'形而上者谓之道，形而下者谓之器。'道是本质的综合；器是现象的总称。小人重现象而不重本质，君子重本质而不重现象。"

然而君主用人，却须要从"器"着眼。《资治通鉴·唐纪》载，唐太宗让尚书右仆射封德彝推荐贤能的人，过了好久都没推荐出来。太宗问他何故。他说，不是我不尽心，只是至今找不到有才的人。太宗说："君子用人如器，各取所长。古之致治者，岂借才于异代乎？"任用人如同使用器具，要量才为用，取其所长。难道古代的明君，还能向别的朝代去借用人才不成？

【引言】谁都想当个君子，可谓是人同此心，心同此理。

2.13 子贡问君子。子曰："先行，其言而后从之。"

【通解】子贡问老师，什么叫君子，怎样才能成为君子。孔子说："先做后说为君子，先动手做起来，有关的话语以后再说。"

西汉学者申公说："为政不在多言，顾力行何如耳。"

法国思想家伏尔泰说："人生来是为行动的，就像火光总在向上腾，石头总在往下落。对人来说一无行动，也就等于他并不存在。"

当代学者傅佩荣说："子贡比孔子小三十一岁，是言语科的高材生，说话方面高人一等。一个人很聪明，口才好，说话说得漂亮，说得多，但他不见得做得到，这正好可以反映孔子如何因材施教……孔子针对他喜欢说话的特性，希望他先把所说的话做到了再来说，这一点如果做成的话，对子贡来说，就是成为君子的一条路。"

【引言】交友之道，君子与小人各有不同。

2.14 子曰："君子周而不比，小人比而不周。"

【通解】孔子说："道德高尚的人交往，是为了团结共事，绝不搞朋比为奸；人格卑劣的人相交往，是为了朋比为奸，且不免勾心斗角。"

当代学者南怀瑾说："周是包罗万象，就是一个圆满的圆圈，各处都到的。一个君子的做人处事，对每个人都是一样，不是说对张三好，对李四则不好……这就是'周而不比'，要周全，不能比附一方。……比就是要人完全跟自己一样，那就容易流于偏私了。因此，君子周而不比。小人呢？相反，是比而不周，只做到跟自己要好的人做朋友，什么事都以'我'为中心、为标准，这样就不够普遍。"

当代学者李泽厚认为："君子普遍厚待人们，而不偏袒阿私；小人偏袒阿私，而不普遍厚待。"

【引言】学习与思考，如车之两轮，缺一不可。

2.15 子曰："学而不思则罔，思而不学则殆。"

【通解】孔子说："学习而不加思考，花费了时间，却一无所获；冥思苦想而不学，将走投无路，且疲惫不堪。"

德国哲学家康德说："感性无理性则盲，理性无感性则空。"

中国当代哲学家张岱年说："读书是学习，学习前人的经验与知识。在学习的同时还要思考，进行独立思考。……在读书的过程中勤于思考，在思考的过程中参阅古今中外的名著，这是研究学问的必由之路。"

中国工程院院士吴阶平说："作为一个教师，应该把教学生知识变为教学生本领。一个人必须将实践、思考、知识三者结合起来。"

当代学者周有光在所著《学思集》的题词中说："学而不思则盲，思而不学则聋。"

明代学者王夫之认为："学非有碍于思，而学愈博则思愈远；思正有功于学，而思之困则学必勤。"也说得有理。

【引言】春秋时，也颇有一些与孔子不同的政见存在。

2.16 子曰："攻乎异端，斯害也已。"

【通解】孔子说："不要去攻击那些不同的政见，攻击不同的政见，是有后患的哩。"

当代学者傅佩荣说："你批判别人，把别人当异端，别人也同样把你当作异端来批判，这不是变成大家吵成一团了吗？"

【引言】子路姓仲，名由，春秋时鲁国人。是孔子学生，小孔子九岁。以直爽好勇著称。

2.17 子曰："由！诲女【汝】知之乎？知之为知之，不知为不知，是知也。"

【通解】孔子说："仲由，我告诉你一句话，你能理解吗？知识是硬件，知道就是知道，不知道就是不知道，这才是真知，这才是求取知识的正确态度。"

《吕氏春秋·谨听》云："向贤智的人请教，不强不知以为知，所以夏商周昌盛。如果不懂装懂，那就是多种祸患的根源。"

《韩诗外传》卷三引孔子曰："由志之，君子知之为知之，不知为不知，言之要也；能之为能之，不能为不能，行之要也。"意思是说，在求知方面要老老实实，不虚夸；在办事方面同样要老老实实，不乱来。

《韩诗外传》卷五云："知之为知之，不知为不知。内不自诬，外不诬人。"是说知道就是知道，不知道就是不知道，既不欺骗自己，也不欺骗别人。

1956 年 1 月，周恩来在《关于知识分子问题的报告》中说："我们对待任何问题，都必须坚持'知之为知之，不知为不知'的老实态度，不懂不要装懂，但是必须要由不懂变为懂。"

美国作家梭罗说："知道自己知道什么，也知道自己不知道什么，这就是真正的知识。"

【引言】子张姓颛孙，名师，春秋时陈国人。是孔子学生，小孔子四十八岁。

2.18 子张学干禄。子曰："多闻阙疑，慎言其余，则寡尤；多见阙殆，慎行其余，则寡悔。言寡尤，行寡悔，禄在其中矣。"

【通解】子张问老师，怎么样学着去谋求官职。孔子说："多听听人家都说些什么，对其中的疑点先存而不论，就正确之点严谨地说开去，就少了很多怨尤。多看看人家都做些什么，对其中不妥之处先存而不论，把可行之处慎重地做起来，就很少引起后悔，官职就在里面了，用不着你去谋求。"

《说苑·谈丛》曰："智莫大于阙疑，行莫大于无悔。"对缺点存而不论，是最大的智慧；对过去从不后悔，是最高的品行。

《盐铁论·刺议》曰："故多见者博，多闻者智。"多见多闻，故博学而多智。对人对事，虚心学习，谨言慎行，不懂不装懂，不强不知以为知，乃是走向成功的必由之路。

无人怨尤，从不后悔，凡是有教养者都应该如此，并不是为了做官。

【引言】春秋时鲁国国君鲁哀公在位时，好耳目之娱，疏于国人，致民心涣散。

2.19 哀公问曰："何为则民服？"孔子对曰："举直错【措】诸枉，则民服；举枉错【措】诸直，则民不服"

【通解】鲁哀公问孔子："怎样才能使民众信服？"孔子回答说："重在用人。乐于用正直的人，远离歪邪的人，则民众必然信服。只爱用歪邪的人，而疏远正直的人，则民众自然不服了。"

蜀汉丞相诸葛亮《前出师表》曰："亲贤臣，远小人，此先汉所以兴隆也。亲小人，远贤臣，此后汉所以倾颓（衰败）也。"

我师杨伯峻先生说："孔子主张以道德力量治理国家，教养人民，所以尤重举贤才。"

【引言】春秋时鲁国的正卿季康子，好逞强，民众多畏葸（xǐ）不前。

2.20 季康子问："使民敬、忠以劝，如之何？"子曰："临之以庄，则敬；孝慈，则忠；举善而教不能，则劝。"

【通解】季康子问孔子："要使民众能恭敬、忠诚且自勉自励，该采取什么措施？"孔子说："你在民众面前能保持端庄态度，他们就会恭敬你；你对父母孝顺，对晚辈慈爱，对百姓仁慈，他们就会忠于你；你重用贤人而教育培养能力差的人，一般人就会自勉自励并乐于为善。"

《淮南子·修务训》云："尧立孝慈仁爱，使民如子弟。"意思是说，唐尧役使其民，必以仁爱待之，如自己的子弟焉。

由此可知，凡事多从自身做起，必有立竿见影的功效。

【引言】孔子一生中，做官的时间很少，无官的时候居多。

2.21 或谓孔子曰："子奚不为政？"子曰："《书》云：'孝乎【于】惟孝，友于兄弟，施于有政。'是亦为政，奚其为为政？"

【通解】有人对孔子说："您为什么不从政？"孔子说："《尚书》上说了，孝顺孝敬于双亲，谦恭友爱于兄弟，将孝悌精神推行到执政方面。这也是从政的一种方式，怎么可以认为非得做官才算是从政呢？"

孔子的意思是说，孝悌为德治之本，在家实行孝悌，并将此孝悌推而广之；人皆孝悌，便可从"齐家"而达到"治国"的目的。

"是亦为政，奚其为为政？"现代学者胡适当年喜欢写政论文章，弘扬某种精神，但不到政府去做官，也是这么个意思吧。

【引言】人言为信。言而有信，是维系人我关系的纽带，是稳定人我关系的磐石。

2.22 子曰："人而无信，不知其可也。大车无輗（ní），小车无軏（yuè），其何以行之哉？"

【通解】孔子说："人如果没有信用，我不知道他怎么做人。大车前如果没有连接车辕和横木的部件，小车前如果没有栓定车辕和横木的关键，凭什么让牲口驾辕拉车向前呢？"

《吕氏春秋·贵信篇》云："君臣不信（不讲信用）则百姓诽谤，社稷（国家）不宁（不安宁）。处官不信，则少（少年）不畏长（长辈），贵贱相轻。赏罚不信，则民易犯法，不可使令（不听指挥）。交友不信，则离散郁怨，不能相亲（亲近）。百工（手工业者）不信，则器械苦伪（苦于伪劣），丹漆染色不贞（真）。"

宋代学者朱熹说："輗，辕端横木缚轭以驾牛者；軏，辕端上曲钩衡以驾马者。车无此二者，则不可以行，人而无信，亦犹是也（也同样不能行进）。"

俗话说："人而无信，百事皆虚。"

【引言】鉴往可以知来，从历史的演变，可以测知未来的事态吗？

2.23 子张问："十世可知也【乎】？"子曰："殷因于夏礼，所损益，可知也。周因于殷礼，所损益，可知也。其或继周者，虽百世，可知也。"

【通解】勤于思考的子张问老师："改朝换代的事，从今以后十代的情形，我们能不能知道？"孔子说："殷朝继承了夏朝的礼制，去掉了一些东西，增加了一些东西，这是可以知道的。周朝继承了殷朝的礼制，去掉了一些东西，增加了一些东西，这是可以知道的。看来以后那继承周朝礼制的，也无非是去掉一些东西，增加一些东西，所以纵然改朝换代一百次，也是可以预期的。"

明代学者顾炎武《日知录》云："自春秋之并为七国，七国之并为秦，而大变先王之礼。然其所以辨上下（上下级关系），别亲疏（亲疏有别），决嫌疑（分析判断），定是非（辨明是非）则固未尝有异乎三王（夏禹、商汤、周文王）也。故曰：'其或继周者，虽百世，可知也。'"

我师邓广铭先生说："最后这个文化体系的发展演变和传承的进程当中，无时不在依循着方生方死、方死方生（即吐故纳新）的辩证法则。殷因于夏礼（礼即文化），必须有所损，有所益；周因于殷礼，也必须有所损、有所益。"

孔子的意思是说，对于传统要继承其有生命力的精华，废除其过时失效的部分，创造和发展能够适应时代需要的新内容。这是一条符合辩证法的法则。

【引言】古人认为，人死为鬼，有些鬼可以不祭祀；古人企盼人要有正义感，要有道德实践方面的勇气。

2.24 子曰："非其鬼而祭之，谄（chǎn）也。见义不为，无勇也。"

【通解】孔子说："不该祭祀的鬼也要去祭祀，那是存心谄媚；应该伸张的正义而不去伸张，那是缺乏勇气。"

《礼记·曲礼下》云："非其所祭而祭之，名曰淫祀，淫祀无福。"

《宋史·欧阳修传》云："修天资刚劲，见义勇为，虽机阱（弩弓陷阱）在前，触发之，不顾。放逐流离，至于再三，志气自若也。"

八佾（yì）篇第三（凡26章）

【引言】"礼"在古代的政治文化生活中有着重要的地位和作用，本篇收录了孔子对礼仪礼节的若干论述。

本章强调了礼仪的严肃性。古代乐舞之礼，以八人为一列。为天子演奏时，乐舞有八列，叫"八佾"。诸侯六列，大夫四列，士二列。

罕见的是，鲁国大夫季氏该用四佾而用了八佾。

3.1 孔子谓季氏，"八佾舞于庭，是可忍也，孰不可忍也？"

【通解】孔子在谈到鲁国权臣季子的时候，说："用'八佾'队列乐舞于自己庭中，僭（jiàn）越了天子的礼乐。这种事他都忍心做得出来，还有什么事不可以忍心做出来的呢？"

"是可忍也，孰不可忍也"两句，通常多理解为：如果这种事可以容忍，那还有什么事不可以容忍的呢？

近代学者梁启超在《国权与民权》中说："彼欧美之虎狼国，眈眈逐逐，鲸吞蚕食，以侵我国自由之权，是可忍，孰不可忍？"

【引言】因天子在宗庙举行祭祀后，一边演奏《周颂·雍》，一边撤除其祭品祭具。与周天子有关系的诸侯举行祭祀后，也可以这样做。其他诸侯与卿大夫则不可以这样做。

3.2 三家者以《雍》彻【撤】。子曰"'相（xiàng）维辟公，天

子穆穆'，奚取于三家之堂？"

【通解】鲁国大夫孟孙、叔孙、季孙三家权臣在祭礼祖先完毕后，僭（jiàn）越用天子之礼，一边演奏《雍》乐歌，一边撤除其祭具祭品。孔子说："《雍》诗云：'诸侯衷心来助祭，天子主祭盛威仪'，如此至高无上的宗庙乐章，凭什么演奏在三家的厅堂？"

当代学者南怀瑾说："一个时代的社会风气开始变坏，是由有权势的人所引导的。所以孔子非常感伤，接着感叹起来。"

【引言】仁是发自内心的爱，爱是礼乐的灵魂。

3.3 子曰："人而不仁，如礼何？人而不仁，如乐何？"

【通解】孔子慨叹道："人如果没有爱心，行礼又有什么用？人如果没有爱心，奏乐又有什么用？"

《汉书·翟方进传》对孔子的话解释道："言不仁之人，亡（无）所施用；不仁而多材（才），国之患也。"犹言无所施用，则不能行礼乐；虽多才，只多为不善而已。

我师杨伯峻先生说："依照孔子的意思，'礼乐'的本质是'仁'，如果'不仁'自然无以（没法）对待'礼乐'。"

【引言】春秋时鲁国人林放，相传是孔子的学生。他见到世间礼仪多繁文缛节，深感不安。

3.4 林放问礼之本。子曰："大哉问！礼，与其奢也，宁俭。丧，与其易【具】也，宁戚。"

【通解】林放问老师："礼仪的本质究竟是什么？"孔子说："你问到点子上了，这可是个大问题。礼是一种道德，主要在乎心诚，礼仪务必适中。办庆典，如果太奢侈铺张了，会浪费大量财富，转不如适当从俭为佳。治丧事，如果太讲究礼仪了，会冲淡亲人之思，转不如保持哀戚为妥。"

《礼记·檀弓上》载，子路曰："吾闻诸（之于）夫子，丧礼，与其哀不足而礼有余也，不若（不如）礼不足而哀有余也。"礼有余，指装殓死者的衣服、被盖和葬人墓中的明器物品皆异常精美；与其这样，还不如多几分哀痛之情。

【引言】我国古代称东方的少数民族为"夷"，称北方的少数民族为"狄"，泛称周边的少数民族为"夷狄"。

3.5 子曰："夷狄之有君，不如诸夏之亡（wú 无）也。"

【通解】孔子说："少数民族有君长，却缺乏仁义道德；不如我们中原各诸侯国偶尔无君，尚有道德仁义在。"

现代作家鲁迅说："拔都元帅的祖父成吉思皇帝侵入中原时，所至淫掠妇女，焚烧庐舍，到山东曲阜看见孔老二先生像，元兵也要指着骂道：'说夷狄之有君，不如诸夏之亡也的，不就是你吗？'夹脸就给他一箭。"

【引言】春秋时，只有周天子和鲁国国君才有祭祀泰山的资格，他人不得僭（jiàn）越。

3.6 季氏旅于泰山。子谓冉有曰："女（rǔ 汝）弗能救与（yú 欤）？"对曰："不能。"子曰："呜呼！曾谓泰山不如林放乎？"

【通解】冉有是季氏家臣，孔子知道了季氏违规祭泰山一事，立马就对冉有说："你不能劝止他吗？"冉有说："我没有那个能力。"孔子叹息道："唉！难道说泰山之神还不如普通人林放懂得礼吗？林放都知道礼的本质，泰山之神竟安然接受这种非礼的祭祀！"

当代学者南怀瑾说："季家旅于泰山，带些部队，说去泰山打猎，但这是假的；实际上他是想造反，到泰山去祈祷神的保佑。这个政治内幕，孔子根据观察，当然知道。"

【引言】古代学校的教学有六个门类：一是礼，二是乐，三是射，四是御（驾车），五是书（史书），六是数（算法）。是为"六艺"。

3.7 子曰："君子无所争。必也射乎！揖让而升，下而饮，其争也君子。"

【通解】孔子说："君子淡泊名利，个人没有什么可争的。除非是射箭比赛，关系到整体的荣誉，那是要争一争的。比赛前，双方作揖谦让着登场，然后开始比赛。及至比出了结果，双方仍作揖谦让着退场，按规则饮酒，然后宣布结束。整个比赛，也就是力争射出好成绩的过程，始终洋溢着君子之风。"

《孟子·公孙丑上》曰："射者正己而后发，发而不中（zhòng），不怨胜己者，反求诸己而已矣。"射者端正好自己的姿态而后射，射而不中，不埋怨对方，反躬自问就是了。

参加比赛者，最可贵的是严格要求自己。胜不骄，败不馁（něi），往后继续努力就是了。

君子争的是志气，小人争的是意气。

【引言】子夏姓卜，名商，春秋时晋国人。是孔子学生，小孔子四十四岁。以擅长文学著称。

3.8 子夏问曰："'巧笑倩（qiàn）兮，美目盼兮，素以为绚（xuàn）兮'何谓也？"子曰："绘事后素。"

曰："礼后乎？"子曰："起予者商也！始可与言《诗》已矣。"

【通解】子夏读《诗》有疑点，就去问老师："《诗·卫风·硕人》云：'美人笑靥美而甜，眼珠儿顾盼丽而圆，素帛上绘画亮而鲜'这是什么意思呢？"孔子答：“先准备好素帛，然后在上面绘画。”

子夏想了想，又问：“老师说的意思是，美人有好的品貌，然后穿上新装，就会更漂亮；人有着良好的品质，然后践行礼仪，就会更优秀。老师说的是这么个意思吗？”孔子颔首称赞道：“能阐发我的意思的是卜商你呀！我可以开始同你讨论《诗》的意蕴啦。”

宋代学者朱熹说：“此逸诗也。言人有此情盼之美质，而又加以华彩之饰，如有素地而加彩色也。”

按“巧笑倩兮,美目盼兮”见《诗经·卫风·硕人》:“素以为绚兮”一句,可能是逸诗（失传了的诗）。

先前，子贡向老师问富贵之事，联想到《诗经》上的话，孔子称赞他道：“赐也，始可与言《诗》已矣，告诸往而知来者。”（见1.15）现在，子夏向老师问《诗经》上的话,联想到礼仪之事,孔子称赞他道:“起予者商也! 始可与言《诗》已矣。”

子贡是由客观实际联想到《诗》句，说明他记性好。子夏是由《诗》句联系到客观实际，说明他悟性高。

《孔子家语》曰：“子夏习于《诗》，能通大义。”

【引言】春秋时,周室微而礼乐废,《诗》《书》缺,需要有人加以研究和整理。孔子毅然承担了这一历史使命。

3.9 子曰:"夏礼,吾能言之,杞不足证也。殷礼,吾能言之,宋不足证也。文献不足故也,足,则吾能证之矣。"

【通解】孔子是怎样整理和研究古代典章的？他对学生说：“夏代的礼乐制度，我能说出个大概，但是从夏代后人受封所建的杞国的情形看来，证据尚嫌不足。殷代的礼乐制度，我能说出个大概，但是从殷代后人受封所建的宋国的情形看来，证据尚嫌不足。这是因为杞国、宋国现存的文字记载资料和耆（qí）老口述资料都非常少的缘故，如果相应的资料有相当数量，那我就可以取得讲说夏殷两代礼乐典章制度的有力证明了。"

信而有征，无征不信，有几分把握说几分话，这是孔子研究和整理历史文化的信条。

【引言】古代天子对列祖列宗每五年举行一次盛大的祭祀,叫"禘祭"。禘祭,除天子及天子特许者外，诸侯皆不可擅自举行。

3.10 子曰："禘自既灌而往者，吾不欲观之矣。"

【通解】"禘祭"的规模很大，过程很长，项目很多。其中有一项是斟酒浇地以降神，叫"灌"。灌前有若干项目，灌后复有迎牲、定昭穆等诸多项目，不一而足。"迎牲"是迎接供禘祭用的牛羊猪等牲畜。"昭穆"指左昭右穆，"定昭穆"是将列祖列宗的排位，按辈分自中间向两侧一左一右一左一右地排成序列，不能有误差。

鲁国历史上有好几位国君也举办过禘祭，是一种僭（jiàn）越，而且履行的项目也多不合礼制规定,问题很多。"迎牲"的程式有问题,牛羊猪的规格也有问题。以至于"昭穆"序列的排定，父子兄弟的辈分，也都有问题。根本的问题是态度极不严肃。

孔子了然于鲁国的过去和现在，但他已无法改变过去，也无权改变现在，所以只能是含蓄而委婉地说："禘祭从灌礼往后的项目，我不想再看了。"

孔子不想得罪人，更不想得罪国君，所以只能是点到为止。

【引言】"禘祭"的问题错综复杂，牵涉到鲁国国君。

3.11 或问禘之说。子曰："不知也。知其说者之于天下也，其如示（视）诸斯乎？"指其掌。

【通解】有人问起"禘祭"是怎么一回事。孔子不想涉及这个敏感的话题，于是推脱说："我不知道啊。"同时又告诉他："如果有知道禘祭底细的人，他对于天下的了解，也就像看着这里一样的明白清晰了吧？"说此话时，孔子用手指着自己的手掌心。

《礼记·中庸》："郊社（祭天地）之礼，所以事上帝也。宗庙（祭祖先）之礼，所以祀乎其先也。明乎郊社之礼，禘（祭）尝（秋祭）之义，治国其如示诸掌乎！"意思是说，如果有人对各种祭典都能熟练地掌握，那他也就具备着治理国家的才能了。

【引言】古人多相信鬼神，孔子对鬼神是否相信呢？

　　3.12 祭如在，祭神如神在。子曰："吾不与（yù 参加）祭，如不祭。"

【通解】祭祀祖先的时候，便仿佛祖先还活着；祭祀天地之神的时候，便仿佛天地之神就在眼前。孔子说："我不参与祭祀，祭祀如同没祭祀一个样。"

现代作家鲁迅说："孔丘先生确实伟大，生在巫鬼势力如此旺盛的时代，偏不肯随俗谈鬼神；但可惜太聪明了，'祭如在，祭神如神在'，只用他修《春秋》的照例手段，以两个'如'字略寓'俏皮刻薄'之意，使人一时莫名其妙，看不出他肚皮里的反对来。"

【引言】王孙贾（gǔ）原为周天子属下的一名官员，因故被发遣到卫国去当一名大夫。他想很快掌握实权。

　　3.13 王孙贾问曰："与其媚于奥，宁媚于灶，何谓也？"子曰："不然。获罪于天，无所祷也。"

【通解】此时孔子周游列国，到达了卫国。王孙贾立即找到孔子，试探性地问他道："与其向室内西南角的尊神祭祀和祈祷，毋宁向厨下的灶神祭祀和祈祷，这话意味着什么呢？"

孔子说："这话本身就不对。如果得罪了上天，任凭是向什么神祭祀和祈祷也都无济于事啊！"

孔子的意思是说，一个人的行为如果违反了客观规律，必然招致失败或危害，任凭向谁去祷告都无法挽回了。

"与其媚于奥，宁媚于灶"是古代常用语，可灵活引用。我师杨伯峻先生说："王孙贾（gǔ）和孔子的问答都用的比喻，他们的正意何在，我们只能揣想。有人说，奥是一室之主，比喻卫君；又在室内，也可比喻卫灵公的宠姬南子；灶则是王孙贾自比，这是王孙贾暗示孔子，'你与其巴结卫灵公或南子，不如巴结我。'因此孔子答复他：'我若做了坏事，巴结也没有用处；我若不做坏事，谁都不用巴结。'又有人说，这是王孙贾请教孔子的话：奥指卫君；灶指宠姬南子、宠臣弥子瑕，职位虽低，却有权有势。意思是说：'有人告诉我，与其巴结国君，不如巴结宠姬南子、宠臣弥子瑕。你以为怎样？'孔子却告诉他：'这话不对；得罪了上天，那无所用其祈祷，巴结谁都不行。'我以为后一说比较近情理。"

【引言】怎样看待周朝建立的一整套文物典章制度？

3.14 子曰："周监【鉴】于二代，郁郁乎文哉！吾从周。"

【通解】孔子说："夏、殷、周三代都创造了各具特色的高度文化，如果三者择一，我选择周代。因为周代的文物典章制度是参照夏、殷两代的文物典章制度增删改订而成的，所以它更全面，更周密，更富于文采。因此我乐于赞赏并遵守周代的文物典章制度。"

《汉书·礼乐志》曰："王者必因前王之礼，顺时施宜（因时制宜），有所损益。即民之心（顺民之意），稍稍制作（修订），至太平而大备。周监（参照）于二代，礼文尤具（完备），事为之制，曲为之防（兼顾到方方面面）。故称礼经三百，威仪三千。孔子美之曰：'郁郁乎文哉！吾从周。'"

孔子的本意是以周代与夏、殷两代相比较而言。三代之中，以周礼最晚、最优，所以他主张"从周"。

近代学者辜鸿铭说："与中国华夏文明对应的西方文明是古埃及文明，与中国商朝对应的是犹太文明。中国周朝文明达到顶峰的时候，欧洲也出现了灿烂的希腊文明。中国文明开始于夏代，高峰是在周代。"

【引言】孔子是鲁国鄹（zōu）邑人，他的父亲叔梁纥是鄹邑大夫。孔子二十岁任"委吏"（会计），二十一岁任"乘田吏"（管畜牧），这两个职务都跟"太庙"有关。"太庙"是鲁国祭祀其始祖周公之庙。

3.15 子入太庙，每事问。或曰："孰谓鄹（zōu）人之子知礼乎？入太庙，每问事。"子闻之，曰："是礼也。"

【通解】孔子每次到太庙去，都要提出些问题向长者求教。对于他还不认识的事物，会提出来问；对于他了解不深不细的事物，也会提出来问；对于他认为不够妥善的事物，也会委婉地提出来问。

有人议论道："谁说鄹人之子懂得礼呢？一走进太庙，就问这问那没个完。"孔子听到以后，说："他们不知道，我这问的本身也就是一种礼呀。"

《韩诗外传》云："不能则学，不知则问；谦虚为怀，乃获真知。"

毛泽东在《反对本本主义》一文中说："迈开你的两脚，到你的工作范围的各部分各地方去走走，学个孔夫子的'每事问'，任凭什么才力小也能解决问题。"

我师杨伯峻先生说："从这一章可以看出孔子的勤学好问，不以问人为耻，而以好问为礼。"

【引言】周代比赛射箭，靶子各有不同。有用布帛制成的，有用熊虎豹皮制成的，有用犀牛皮制的，不一而足。犀牛皮靶子，质地坚固，难于射穿。具体比赛时用哪种靶子，视需要而定。

3.16 子曰："射不主皮，为（wèi）力不同科，古之道也。"

【通解】孔子说："射箭比赛时，如果不强调是否能射穿靶子，只强调是否能射中靶心，且要求射者表情肃穆，姿态优美，动作矫健和谐，合得上音乐节奏，似舞蹈一般，那就不需要坚固的靶子。因为比赛时凭借眼法手法和凭借气力，是不同的两码事，眼法手法有高低，气力有大小，得具体分析。殷代比赛的规程就是这样的。"

宋代学者朱熹说："古者射以观德，但主于中（zhòng），而不主于贯革（射穿靶子），盖以人之力有强弱，不同等也。"

现代射击比赛用小口径步枪或手枪，比的正在于是否能射中靶心，比的正就是眼法手法的高低，而不是气力的强弱大小。

【引言】周朝建立后，每至秋冬之交，都由周天子把次年的历法颁给诸侯，并宰牛为庆。各诸侯国将它藏于祖庙，每逢初一，便举行告朔之礼，并宰羊为庆。至西周末，颁历之礼多未能正常进行。因此，各诸侯国的告朔之礼亦未能正常举办，但宰杀活羊仍照常操办。

3.17 子贡欲去告朔之饩（xì）羊。子曰："赐也！尔【汝】爱其羊，我爱其礼。"

【通解】子贡觉得每月都要宰一头活羊，未免浪费，所以准备取消这件事。孔子找到子贡说："端木赐呀，你爱惜告朔之饩羊，我爱重的却是告朔之礼呢。"

宋代学者朱熹说："鲁自文公（前 626—前 609 在位）始不视朔，而有司（主办者）犹供此羊，故子贡欲去之。子贡盖惜其无实而妄费。然礼虽废，羊存，犹得以识之而可复（恢复此告朔之礼）焉。若并去其羊，则此礼遂亡矣，孔子所以惜之。"

【引言】孔子为官时，国君召见他，等不及驾好马车就动身；进入国君的大门

和二门，显出很恭敬的样子；见到国君后，很严肃谨慎，并认真回答问题。

3.18 子曰："事君尽礼，人以为谄也。"

【通解】孔子说："我们侍奉国君，不过是尽一点礼数罢了，人家却以为我们是在谄谀献媚哩。"

当代学者南怀瑾说："一个人想做个忠臣也很难。对主管、对领导尽礼，处处尽忠合礼，而旁边的人会认为是拍马屁。人格还是建立在自己身上。别人尽管不了解，只看自己内心的诚与不诚。诚正的建立，久后自知。"

唐代诗人李白有他自己的想法，他在《梦游天姥吟留别》一诗中说："安能摧眉折腰事权贵，使我不得开心颜！"此另当别论。

【引言】史称鲁定公为"太阿倒持，授人以柄"之君，孟孙、叔孙、季孙三家权臣为"飞扬跋扈，尾大不掉"之臣。定公患之，不知所措。

3.19 定公问："君使臣，臣事君，如之何？"孔子对曰："君使臣以礼，臣事君以忠。"

【通解】定公问孔子："国君使用群臣，群臣事奉国君，要怎样才会协调？"孔子回答道："国君待臣下须彬彬有礼，群臣侍国君以耿耿忠心。"

《孟子·离娄下》云："君之视臣如手足，则臣视君如腹心；君之视臣如犬马，则臣视君如国人；君之视臣如土芥，则臣视君如寇仇。"

当代学者南怀瑾说："鲁定公所问的是领导术或领导方法；而孔子答复他的，是领导道德，撇开了鲁定公所问的方法。孔子的意思是说，你不要谈领导术，一个领导要求部下能尽忠，首先从自己衷心体谅部下的礼敬做起。上面对下面如果尽心，那么下面对上面也自然忠心。"

君礼则臣忠，父慈则子孝，夫正则妻贤，兄友则弟恭，都是一个道理，矛盾的主要方面，起的是主要作用。

【引言】《诗经》的所有内容都出于真诚的情感，此话怎讲？

3.20 子曰："《关雎（jū）》乐而不淫，哀而不伤。"

【通解】孔子说，《关雎》一诗的内容，欢乐而不至于过分，悲哀而不陷于忧伤，总之是适可而止，恰到好处。孔子所说的《关雎》实际上概括了全部《诗经》。

《礼记·中庸》曰："喜怒哀乐之未发，谓之中；发而皆中节，谓之和。"中和是一种美的境界。

宋代著名学者郑樵说："人之情闻歌则感。乐者闻歌则感而为淫，哀者闻歌则感而为伤。惟《关雎》之声和而平，乐者闻之而乐其乐，不至于淫；哀者闻之而哀其哀，不至于伤。此《关雎》所以为美也。"

现代作家冰心在《一日的春光》中写道："海棠是浅浅的红，红得'乐而不淫'；淡淡的白，白得'哀而不伤'。"

当代学者傅佩荣说："这说明，《诗经》能够教人做人处事的道理。它告诉我们，应该用什么方式跟别人相处；相处的时候要有什么样的心态。人得意时不要太嚣张；失意时不要太难过，所有情感都可以中和地表达。"

【引言】古人管土地神叫"社"；祭社时，要替它立一个木制的牌位，这牌位叫"社主"。

3.21 哀公问社【主】于宰我。宰我对曰："夏后氏以松，殷人以柏，周人以栗，曰使民战栗【也】。"子闻之曰："成事不说，遂事不谏，既往不咎（jiù）。"

【通解】鲁哀公向孔子的学生宰我询问社主的制作材料。宰我回答说："各朝所用的材料不同。夏朝人用松木来制作社主，商朝人用柏木来制作社主，周朝人用栗木来制作社主，说是能把老百姓吓得直打哆嗦哩。"

孔子听到了此事，心中很不是滋味。他跟宰我说："办完了的事就不要再提了，办妥了的事就不要再议了，过去了的事就不要再去追究了。"

《白虎通·宗庙篇》引《论语》云："哀公问主于宰我，宰我对曰：'夏后氏以松，松者，所以自竦（sǒng）动；殷人以柏，柏者，所以自迫促；周人以栗，栗者，所以自战栗。'"

宋代学者朱熹曰："孔子以宰我所对，非立社之本意，又启时君杀伐之心；而其言已出，不可复救，故历言此以深责之，欲使谨其后也。"

宰我牵强附会，乱说一通；启发国君去吓唬百姓，影响极坏。孔子说了几条为人的规矩，让宰我以后别多嘴。

【引言】春秋时齐国人管仲，任齐桓公的宰相，辅佐他称霸诸侯。齐桓公尊称管仲为"仲父"。鲁国人对管仲也很敬佩。

3.22 子曰："管仲之器小哉！"

或曰："管仲俭乎？"曰："管子有三归，官事不摄，焉得俭？"

"然则管仲知礼乎？"曰："邦君树塞门，管氏亦树塞门。邦君为两君之好，有反坫（diàn），管氏亦有反坫。管氏而知礼，孰不知礼？"

【通解】孔子对管仲有不同的看法，他说："管仲的器量也够小的了。"

有人问："管仲既然器量那么小，那他肯定够节俭的吧？"孔子反问道："管仲收取了百姓大量市租，拥有好几处别墅；他属下的官员，因人设事，没有兼差，他节俭在哪里呢？"

"那么，管仲肯定懂得礼吧？"孔子说："国君宫殿的门前，树立有一道影壁，以遮蔽内外；管相国门前也树了一道影壁，以遮蔽内外。国君大厅的两柱之间筑有一个土台，是供国君与国君友好会谈时，饮酒后放回酒器之用的；管相国大厅的两柱之间也筑有这样一个土台，供接待客宴饮后放置酒器之用。管氏如果也懂得礼仪，那么还有谁不懂得礼仪呢？"

《韩非子·外储说左下》云："管仲相齐，曰：'臣贵矣，然而臣贫。'桓公曰：'使子有三归之家。'曰：'臣富矣，然而臣卑。'桓公使立于'高、国'（两大贵族）之上。曰：'臣尊矣，然而臣疏。'乃立为'仲父'。孔子闻而非之曰：'泰侈偪（bī）主（奢华的程度比得上国君）。'"

宋代学者朱熹说："管仲，齐大夫，名夷吾，相桓公霸诸侯。器小，言其不知圣贤大学之道，故局量褊（biǎn）浅，规模卑狭，不能正身修德以致主于王道。"是说管仲只知搞霸道，不知搞王道，所以器量不大。

朱熹又说："愚谓孔子讥管仲之器小，其旨深矣。或人（有人）不知而疑其俭，故斥其奢以明其非俭；或又疑其知礼，故又斥其僭（jiàn），以明其不知礼。盖虽不复明言小器之所以然，而其所以小者（器小的原因），于此亦可见矣。"

【引言】鲁哀公十一年（公元前484年），孔子周游列国告一结束，从卫国返回鲁国，见音乐废缺，乃开始正定乐章。

3.23 子语鲁大【太】师乐，曰："乐其可知也：始作，翕（xī）如也；从【纵】之，纯如也，皦（jiǎo）如也，绎（yì）如也，以成。"

【通解】孔子与鲁国的乐官长讨论音乐问题，说："我们知道，乐章演奏的过程基本上是这样的，开始时奏金属乐器，如鹰击长空；展开后，歌喉如泉水叮咚；吹笙如天籁和鸣，继之笙歌间作如彩云缭绕，最后才圆满完成。"

孔子正定的乐章，第一节是颂歌，二三四节为雅乐，史书上称之为"雅颂各得其所。"

【引言】孔子师徒怀着郁闷的心情，离开卫国后，茫茫无所适从地朝东南方向走去。经过曹国（今山东定陶附近）时，曹国没有接待；走到曹、宋边界的仪地（今山东曹县境内）时，且休憩一下。

3.24 仪封人请见，曰："君子之至于斯也【者】，吾未尝不得见也。"从者见之。出曰："二三子何患于丧（sàng）乎？天下之无道也，久矣，天将以夫子为木铎。"

【通解】仪地的边防官知道孔子一行来了，便请求拜见孔子。他向孔子的学生们说："凡是德高望重学问高深的人来到这里，我没有不能拜见的哩。"学生们让仪封人进见了孔子。谈完了以后，仪封人出来，对孔子的学生们说："夫子失去了官位，周游在外，你们有什么可担心的？天下纷纷扰扰不安宁已经很久了，上天将安排你们夫子手持一只安着木舌的铃铎，以德济世，下宣大道而上达民情哩。"

当代学者南怀瑾说："仪封人出来以后，就告诉孔子的弟子们说：你们不必担心文化的衰落，我们中国文化有救了。天下乱了这么久，文化已将凋零，上天降生了孔子，孔子的学问道德将影响你们和世人。上天要以孔子作为警惕世界的木铎的，你们不要担忧了。"

当代学者傅佩荣说："铎分两种。一种是金铎，打仗的时候使用，就是所谓的金口铜舌。金就是铜，金铎是铜铃、铜舌，声音很尖锐，一敲就知道是敌兵来了要打仗了，就像空袭警报一样。另一种是金口木舌的木铎，铜铃、木舌，敲起来咚咚响，声音比较柔和，不会让人那么紧张。在古代，木铎是用来宣传政令、教化的。"

【引言】虞舜时的乐曲，名《韶》(sháo)，周武王时的乐曲，名《武》，二者是有差别的。

3.25 子谓《韶》："尽美矣，又尽善也。"谓《武》："尽美矣，未尽善也。"

【通解】公元前544年，吴国的公子季札出使鲁国。在观赏传统乐舞时，见舞《大武》者，曰："美哉！周之盛也，其若此乎？"见舞《韶箾(xiāo 箫)》者，曰："德至矣哉(到顶了)！大矣！如天之无不帱(chóu)也，如地之无不载也，虽感盛德，其蔑以加(无以复加)于此矣。观止矣(观赏到这里为止吧)！若有他乐，吾弗敢请已。"

因此孔子在谈到《韶》乐时就说："非常优美呀，而且非常完善哪。"谈到《武》乐时就说："非常优美呀，但是还不够完善哪。"

我师杨伯峻先生说："'美'可能指声音而言，'善'可能指内容而言。虞舜的天子之位是由尧禅（shàn）让而来，故孔子认为'尽善'。周武王的天子之位却是由讨伐商纣而来，故孔子以为'未尽善'。"

当代学者傅佩荣说："这段话也反映了儒家的文艺观：文艺不可能独立，文艺最终还是要回归人生，那就是要记得人性向善。有益于人的身心发展，帮助人性走向善道的，才是好的文艺作品。"

【引言】春秋后期，有某些国君器量褊狭，政事马虎，因循怠惰，口碑不佳。孔子对此颇有些微词。

3.26 子曰："居上不宽，为礼不敬，临丧不哀，吾何以观之哉？"

【通解】孔子说："居上位者待人不宽厚随和，庆典不严肃认真，吊丧无忧戚之容，对这种人我毫无兴致，我凭什么去观察他呢？"

《大戴礼·曾子立事篇》曰："临事而不敬，居丧而不哀，祭祀而不畏，朝廷而不恭，则吾无由知之矣！"

宋代学者朱熹说："居上主于爱人，故以宽为本；为礼以敬为本，临丧以哀为本，既无其本，则以何者而观其所行之得失哉？"

里仁篇第四（凡26章）

【引言】本篇主要是论"仁"，仁是孔子思想体系的核心。

本章说明人可以改变环境，环境也会影响人。

4.1 子曰："里仁为美，择【宅】不处仁，焉得知【智】？"

【通解】孔子说："乡里乡亲的，风俗仁厚，彼此有仁爱之心，这里有着真善美；安家落户不优选宅心仁厚的处所，你的聪明才智到哪去了？"

孟母三迁的故事告诉我们：孟子幼年丧父，母亲和他住在墓地附近，孟子学的是丧葬痛哭流涕之事，孟母说："这不是我儿该住的地方。"于是搬到一家屠户附近，孟子学的是宰杀买卖之事，孟母说："这也不是我儿该住的地方。"于是搬迁到学宫旁边，每月初一十五，官员入文庙行礼拜跪，揖让进退；孟子见了皆一一牢记，并进行演习。孟母："这才是我儿该住的地方。"从此定居于此，终于使孟子得以成材。

《孟子·公孙丑上》云："孔子曰：'里仁为美，择不处仁，焉得智？'夫仁，天之尊爵也，人之安宅也。莫之御，而不仁，是不智也。"仁是天最尊贵的爵位，是人最安逸的住宅。没有人来阻拦你，你却不选择仁厚之处，也太不聪明了。

《荀子·劝学篇》曰："蓬生麻中，不扶而直；白沙在涅（niè），与之俱黑。兰槐之根是为芷，其渐（jiān）之滫（xiǔ），君子不近，庶人不服。其质非不美也，所渐者然也。故君子居必择乡，游必就士，所以防邪僻而近中正也。"蓬草生在苎麻中，不扶也是直的；白沙掺在黑土里，会跟黑土一般黑。兰槐的根叫芷，如果把它泡在泔水里，会发臭，君子不愿接近它，一般人也不佩戴它。并不是芷的质量差，而是被泔水泡臭了的缘故。所以君子定居时，一定要谨慎地选择好邻里，外出游学时一定要和有道德有学问的人交往，这是为了防止受邪恶条件的影响，从而稳步走在大道上。

近代学者康有为说："择邻里为重德之要义。此篇言'仁'，故孔子首贵择邻焉。"

《左传·昭公三年（公元前 539 年）》记载："齐景公给晏子盖了一所新房子，为此拆了一些原居民房屋。晏子让人把新房子拆了，把已拆的居民房又照原样盖好，并且让原来的住户仍旧回来住。晏子说：'俗话说得好，不是住宅须要选择，是邻居需要选择。这些人家已经先选好成为邻居了，将他们拆散了不好。'"这说明晏子居家，重邻不重房；不能因为我盖房，而拆迁这些个好邻居。

【引言】仁者与不仁者有何区别？

4.2 子曰："不仁者不可以久处约，不可以长处乐。仁者安仁，知【智】者利仁。"

【通解】孔子说："缺乏仁爱之心的人耐不住穷贫之苦，贫穷久了，就会为非作歹；缺乏仁爱之心的人也经不起富裕之乐，富裕久了，就会骄奢淫逸。有仁爱之心的人，无论贫富多久却始终安于仁德不变；富有智慧的人，知道仁德之美，就会一辈子实行仁德。"

《大戴礼记·曾子立事篇》曰："仁者乐道，智者利道。"仁者安贫以乐道，智者明礼而行道。

宋代学者朱熹说："不仁之人，关其本心，久约必滥，久乐必淫。唯仁者则安其仁而无适不然，智者则利于仁而不易所守，盖虽深浅之不同，然皆非外物所能夺矣。"朱熹强调仁者安仁，无往而不适；智者利仁，坚守而不移；仁者智者皆不受外界干扰。

【引言】谁能准确无误地喜爱好人，厌恶坏人呢？

4.3 子曰："惟【唯】仁者能好（hào）人，能恶（wù）人。"

【通解】孔子说："只有那胸怀仁爱之心的人才能够识别是非善恶，才能够发自内心地喜爱好人和厌恶坏人。"

喜爱好人和厌恶坏人，可谓是人同此心，心同此理。然而谁是好人，谁是坏人，各人的看法就不一样了，因为各人有各人的想法。只有那胸怀爱心的仁人，他没有私心，能独立思考，因而他所喜爱或厌恶的标准才是符合客观实际的。

【引言】仁者能喜爱好人，厌恶坏人；志于仁者，又当如何呢？

4.4 子曰："苟志于仁矣，无恶也。"

【通解】孔子说："如果矢志于要弘扬仁德，那就不但自己决不做坏事，而且无须乎厌恶任何一个人。"

这句话是对上章所云"惟仁者能好人，能恶人"的补充说明。

宋代学者苏辙《论语拾遗》曰："能好（hào）能恶（wù），犹有恶也。无所不爱，则无所恶矣。"

当代学者南怀瑾在《论语别裁》中说："一个人真有了仁的修养，就不会特别讨厌别人了，好比一个大宗教的教主，对好人固然要去爱他，对坏人也要改变他，感化他，最好也使他进天堂，这样才算对。所以说一个真正有志于仁的人，看天下没有一个人是可恶的，对好的爱护他，对坏的也要怜悯他，感化他。"

【引言】富贵时车马盈门，贫贱时门可罗雀。嫌贫爱富，自古而然。

4.5 子曰："富与贵是人之所欲也；不以其道得之，不处【居】也。贫与贱是人之所恶（wù）也；不以其道得之，不去也。君子去仁，恶（wù）乎成名？君子无终食之间违仁，造次必于是，颠

沛必于是。"

【通解】孔子说："富贵是人们所盼望的；不以正当途径得来的富贵，君子是不会泰然处之的。贫贱是人们所厌恶的；不以正当途径去摆脱它，君子是宁可守着贫贱的。君子若舍去仁德而追求富贵，还能成其为一名君子吗？君子不曾有一顿饭的功夫背离仁德，仓促忙碌时，他践行仁德；颠沛流离中，践行的还是仁德。"

《礼记·坊记》引孔子曰："君子辞贵不辞贱，辞富不辞贫。"君子拒绝尊贵，不拒绝低贱；拒绝富裕，不拒绝贫穷。

《荀子·性恶篇》云："仁之所在无贫穷，仁之所亡无富贵。"合乎仁德，就无所谓贫穷困苦；背离仁德，就无所谓富贵尊荣。

《论衡·问孔篇》云："孔子曰：'富与贵，是人之所欲也；不以其道得之，不居也。贫与贱是人之所恶（wù）也；不以其道得之，不去也。'此言人当由道义得富贵，不当苟取也；当守节安贫，不当妄去也。"是说人应当由正道求富贵，不应当乱来，应当守常道安贫穷，不应当胡搞。

俗话说："君子爱财，取之有道；小人谋利，不顾天理。"

【引言】爱好仁德有两种：一种是主动积极地爱好仁德，一种是消极防范着偏邪的行为。

4.6 子曰："我未见好仁者，恶（wù）不仁者。好仁者，无以尚之；恶不仁者，其为仁矣，不使不仁者加乎其身。有能一日用其力于仁矣乎？我未见力不足者。盖有之矣【乎】，我未之见也。"

【通解】孔子说："我没见过爱好仁德的人，也没见过厌恶不仁德的人。那爱好仁德的人，世间没有比他更高尚的了；那厌恶不仁德的人，他追求仁德，是为了不让偏邪的行为出现在自己身上。有没有人在一段时间里倾全力讲求仁德呢？只要是这样做了，我没见过有谁力量不够的。或许有这种人吧，我还不曾见过呢。"

《礼记·表记》曰："无欲而好(hào)仁者，无畏而恶（wù）不仁者，天下一人而已矣。"无所欲求而一心爱好仁德的人，无所畏惧专门厌恶不仁德的人，都是绝无仅有的。

《晏子春秋·内篇杂下》记载，齐国大夫梁丘据对齐相晏婴说，我恐怕到死也赶不上你了。晏子说："我听说了，经常坚持做，就会成功；不停地前行，就会到达。我并非与众不同，只是常做而不歇，常行而不休，致使别人觉得赶不上而已。"

宋代学者朱熹说："此章言人之成德，虽难有其人，然学者苟能实用其力，则亦无不可至之理。但用力而不至者，今亦未见其人焉，此夫子所以反复而叹息之也。"

【引言】是人都会犯错误，如何去看待他呢？

4.7 子曰："人之过也，各于其党。观过，斯知仁【人】矣。"

【通解】孔子说："人有各种不同的类型，错误也有相应不同的类型。人们所犯的错误，都和各种类型的人分不开。观察某人所犯错误的类型，就可知道他是不是个仁人，他是哪种类型的人了。"

现代学者杨树达说："观过知人者，观其过而知其仁与不仁也。有犯过而仁者，有犯过而不仁者，故曰'各于其党也'。"每个人的过错都是可以归类的。

当代学者傅佩荣说："孔子说，人们所犯的过错各由其本身的性格类别而来，因此察看一个人的过错，就知道他的人生正途何在！"

【引言】真理不容易听到，日月逝矣，时不我待。

4.8 子曰："朝闻道，夕死可矣。"

【通解】孔子说："如果有一天早上能听到真理，那么在当晚离开这个世界也值了。"意思是说，如果早上听说，已经出现了一个以德治国的理想社会，那么，当晚就死去也心甘情愿。可惜的是，他将至死也听不到天下有道可循了。

北宋学者孙奕《示儿编》云："孔子岂尚未闻道者？苟闻天下之有道，则死亦无遗恨，盖忧天下如此其急。"

南宋学者朱熹《朱子语类》曰："人一生而不闻道，虽长生亦何为？若人而不闻道，则生亦枉生，死亦枉死。"这是强调追求真理的重大意义。

明代学者顾炎武《日知录》云："吾见其进也，未见其止也。有一日未死之身，则有一日未闻之道。"这是强调追求真理乃一辈子的事情。

清末学者翁同龢自撰门联曰："朝闻道夕死可矣，今而后吾知免夫。"

现代学者冯友兰住院时与家人说："朝闻道，夕死可矣。写完《中国哲学史新编》，以后就不必治病了。"

我师杨伯峻先生说："朝闻道，夕死可矣。孔子爱真理甚于爱性命，由这句话可以见到。"

【引言】追求真理与追求享受，二者该怎么协调？

4.9 子曰："士志于道，而耻恶衣恶食者，未足与议也。"

【通解】孔子说："一个读书人，立志追求真理，却认为穿得破旧、吃得粗劣是可耻的事，这样的人，不值得和他谈天论道。"

孔子一贯都主张："君子食无求饱，居无求安。"（见1.14）

现代作家鲁迅也说过："一个人生活过于讲究，工作就被生活所误了。"

现代学者南怀瑾说："孔子这句话是说，一个人的意志，会被物质环境所引诱、转移的话，就无法和他谈学问、谈道了，因为他的心志已经被物质的欲望侵占了。"

美国科学家爱因斯坦在《我的世界观》一文中说："安逸与享乐与我无缘。照亮我前进并不断给我勇气的，是真善美。除此以外，在我看来都是空虚的。"美国普林斯顿大学聘请他，年薪16000美元，他却说："能否少一点，给我3000美元就够了。"人们大惑不解。他解释道："每件多余的财产都是人的绊脚石，唯有简单的生活才能给我以创造的原动力。"

【引言】君子的为人处世，应遵循什么原则？

4.10 子曰："君子之于天下也，无适也，无莫也，义之与比。"

【通解】孔子说："君子面临天下事，怎样做或不怎样做，不是一成不变的；唯当取决于，符合不符合道义以为断。"

孔子的意思是说，君子不先入为主，不刻意强求，而是看其是否合乎道义，是否合宜；合宜的事就做，不合宜的事就不做。

我师杨伯峻先生说："在孟子和以后的一些儒家看来，孔子'无必无固'（见9·4），通权达变，'可以仕则仕，可以止则止，可以久则久，可以速则速'（见《孟子·公孙丑上》），唯义是从，所以叫作'圣之时者也'。"

【引言】古时"君子"可以指道德高尚的人，也可以指地位高贵的人；"小人"可以指人格卑下的人，也可以指普通劳动者。

4.11 子曰："君子怀德，小人怀土。君子怀刑，小人怀惠。"

【通解】孔子说："君子胸怀仁德，小人胸怀乡土。君子想的是堂堂正正做人，小人想的是致力谋求实惠。"

宋代学者朱熹说："怀德，谓存其固有之善；怀土，谓溺其所处之安。怀刑，谓畏法；怀惠，谓贪利。君子小人趣向不同，公私之间而已。"

明代学者顾炎武《丈夫》诗曰："岂无怀土心？所羡千里途。"

现代学者杨树达说："怀土者怠于迁（不愿迁徙），所谓安土重迁（留恋家乡，不轻易迁移）者是也。安安而能迁（安于仁德，随时可迁），则与怀土怀居者异矣。此孔子劝劳动，戒安惰也。"

当代学者傅佩荣说："这里又出现了君子和小人的对比。孔子说：君子关心的是德行，小人关心的是产业；君子关心的是规范，小人关心的是利润。"

【引言】古代贤者讲义利之辨,认为坚持道义比图谋私利更重要。

4.12 子曰："放于利而行，多怨。"

【通解】孔子说："如果是为了追逐私利而行事,那就会招致越来越多的怨恨。"

《荀子·大略篇》云："故义胜利者为治世,利克义者为乱世。上重义则义克利,上重利则利克义。故天子不言多少,诸侯不言利害,大夫不言得丧,士不言通货财。"

北宋学者程颐说："欲利于己,必害于人,故多怨。"

南宋学者朱熹说："凡事只认自己有便宜处做，便不恤他人，所以多怨。"

英国谚语说："金钱是无底的大海，可以淹死人格，淹死良心和真理。"

【引言】礼仪可以凝聚人心，谦让可以消弭争夺。

4.13 子曰："能以礼让为国乎？ 何有？ 不能以礼让为国，如礼何？"

【通解】孔子说："你能用礼让之心来治国吗？如果能，那治国安邦又有何难呢？如果不能用礼让之心来治国，那礼仪规章又有何用呢？"

《礼记·礼运篇》云："何谓人情？喜怒哀惧爱恶（wù）欲七者弗学而能。何谓人义？父慈、子孝、兄良、弟悌（tì 敬爱兄长）,夫义,妇听,长惠（爱护幼者）,幼顺，君仁，臣忠十者谓之人义。讲信修睦谓之人利，争夺相杀谓之人患。故圣人之所以治人七情，修十义，讲信修睦，尚辞让，去争夺。舍礼，何以治之？"人的七情，好恶不定；人的十义，合乎理想；人利可行，人患须去。这一切都靠礼来调节，离开了礼，凭什么治国安邦？

《诗·鄘风·相鼠》云："相鼠有体，人而无礼；人而无礼，胡不遄（chuán）死？"看看老鼠形体具备，而窃取食物，无复廉耻。人有形体而无礼义，与鼠何异？何不赶快死去算了呢？

《晏子春秋·内篇杂下》曰："纷争者不胜（受不了）其祸，辞让者不失其福。"

《荀子·修身篇》曰："人无礼则不生，事无礼则不成，国家无礼则不宁。"

我师杨伯峻先生说："依孔子的意见，国家的礼仪必有其'以礼让为国'的本质，它是内容和形式的统一体。如果舍弃它的内容，徒然拘守那些仪节上的形式，是没有什么作用的。"

【引言】自己没有地位，且不为人所理解，该怎么办呢？

4.14 子曰："不患无位，患所以立。不患莫己知，求为可知也。"

【通解】孔子说："不担心自己没有地位，只担心自己条件不够没本事。不担心没有人了解我，但求不断提高自己，值得让别人了解。"

这就是"反求诸己"的意思。凡事须从主观上检查，凡事须从主观上努力。尽其在我，听其自然可也。

君子不患无位。《荀子·非十二子篇》曰："君子能为可贵，不能使人必贵己；能为可信，不能使人必信己；能为可用，不能使人必用己。故君子耻不修，不耻见污；耻不信，不耻不见信；耻不能，不耻不见用。"君子能做到道德高尚，不能使人必须尊重你；能做到讲信用，不能使人必须相信你；能具备有用之才，不能使人必须任用你。所以，君子以自己的品德不好为耻，不以被别人污蔑为耻；以自己不守信用为耻，不以不被别人信任为耻；以自己没有才能为耻，不以得不到任用为耻。

君子不患莫己知。《荀子·劝学篇》曰："昔者瓠（hù）巴鼓瑟而沉鱼出听，伯牙鼓琴而六马仰秣。故声无小而不闻，行无往而不形。玉在山而草木润，渊生珠而崖不枯。为善不积邪？安有不闻者乎？"从前，乐师瓠巴弹瑟时，鱼儿会浮上来听；乐师伯牙弹琴时，马会仰起头来听。声音再小，总会有人听见；行动再隐蔽，也会显露出来。山上有宝玉，草木都会滋润；水里有珍珠，崖边会有光彩。善事不是越积越多吗？哪有不为人所知的呢？

【引言】曾子名参，字子舆，是孔子学生，小孔子四十六岁。

4.15 子曰："参乎！吾道一以贯之。"曾子曰："唯。"
子出，门人问曰："何谓也？"曾子曰："夫子之道，忠恕而
已矣。"

【通解】孔子说："参啊！我的学说，有一个基本原则贯穿于其中。"曾子答道："是这样。"孔子出去了，同学们问曾参："刚才老师跟你说的，是什么意思呀？"曾子说："老师所说的基本原则，无非是'忠恕'二字罢了。"

什么是"忠恕"？"忠"就是"己欲立而立人，己欲达而达人。"自己能站住脚跟，也要让别人站住脚跟；自己能有所发展，也要让别人有所发展。"恕"就是"己所不欲，勿施于人"。自己不想要的东西，不要推给别人；自己不愿做的事，不要推给别人去做。"忠"是尽职尽责，给别人以帮助；"恕"是宽恕博爱，不给别人添麻烦。合起来说："忠恕"是能够推己及人、将心比心的一种精神；归根到底，是一个"诚"字。

【引言】君子与小人的区别何在？

4.16 子曰："君子喻于义，小人喻于利。"

【通解】孔子说："君子心领神会的是道义所在，小人念兹在兹的是有利可图。君子喜欢听合乎道义的话，小人喜欢听图谋私利的话。"

《荀子·修身篇》曰："身劳而心安，为之；利少而义多，为之。"君子尽管很劳累，但心底平安，此事便值得去做；尽管得利少，但多半合乎义理，此事仍然值得做。

《淮南子·谬称训》曰："君子非义无以生，失义则失其所以生；小人非嗜欲

无以活，失嗜欲则失其所以活。故君子惧失义，小人惧失利。观其所惧，知各殊矣。"

汉儒董仲舒曰："皇皇求财利常恐乏匮者，庶人之意也；皇皇求仁义常恐不能化民（教育民众）者，大夫之意也。"

宋代学者欧阳修《朋党论》云："君子与君子，以同道为朋；小人与小人，以同利为朋。此自然之理也。"

印度诗哲泰戈尔说："鸟翼上系上了黄金，这鸟便永远不能在天上翱翔了。"

"小人喻于利"，将自食其果。有道是，人见利而不见害，鱼见食而不见钩。

【引言】面对素质不同的人，该怎样对待？

4.17 子曰："【君子】见贤思齐焉，见不贤而内自省（xǐng）也。"

【通解】孔子说："君子看到贤良的人，就立马想着要向他学习，向他看齐；看到不贤良的人，就从心坎里寻思，别像他那样。"

《荀子·修身篇》曰："见善，修然必以自存也；见不善，愀（qiǎo）然必以自省（xǐng）也。"见到品质好的人，就向他学习以提高自己；见到品德差的人，就严肃反思以警惕自己。

宋代学者朱熹说："思齐者，冀己亦有是善；内自省者，恐己亦有是恶。"思齐是为了让自己学好，内自省是为了防止自己变坏。

见贤思齐，见不贤而内自省。有道是"见先进就学，见后进就帮"，岂不更好？

【引言】子女孝顺父母，倘父母有不足处，子女仍一味顺从，亦非所宜。

4.18 子曰："事父母几（jī）谏，见志不从，又敬【而】不违，劳而不怨。"

【通解】孔子说："侍奉父母时，对父母有缺点萌芽，便轻声细语地提出意见。看到父母不想接受的样子，仍尊敬如初而不去顶撞他们；为父母缺点的后果担忧，而没有什么怨恨。"

《孟子·万章上》曰："父母爱之，喜而不忘；父母恶（wù）之，劳而不怨。"父母喜爱他，他高兴而不懈怠；父母厌恶他，他忧愁而不怨恨。

《礼记·祭义》曰："父母有过，谏而不逆。"父母有过错，应该柔顺地进行劝谏。

《礼记·坊记》曰："从命不忿，微谏不倦，劳而不怨，可谓孝矣。"听从父母之命时，无不满之色；婉言劝谏父母时，无厌倦之容；忧患父母之过失，无怨恨之心：这也就是孝顺了。

【引言】儒家把养老送终看得很重，儿子常留在父母身边。

4.19 子曰："父母在，不远游，游必有方。"

【通解】孔子说："父母在世的时候，儿子不要到远方去游学或游宦；如果外出有事，也一定要告知具体的去处，以便紧急时好找。"

《礼记·曲礼上》云："夫为人子者，出必告，反（返）必面（回来必当面拜见），所游必有常（固定的地点），所习必有业。"

古代交通不便，通信手段落后，而平均寿命又短，所以不得不有些规定。今非昔比了，有道是，好男儿志在四方。

【引言】按古代习俗，父母去世，其子须守孝三年。

4.20 子曰："三年无改于父之道，可谓孝矣。"

【通解】孔子说："当父亲去世以后，儿子虔诚遵行他生前言传身教的为人处世之道，三年不予变更，这可以说是孝顺了。"

孔子说过："父在，观其志（志向）；父没，观其行（行事）；三年无改于父之道（为人之道），可谓孝矣。"（见 1.11）这里再一次强调，说明对孝的重视。

当代学者南怀瑾说："这是接着上面一句'游必有方'所引起的。离开了父母，不在父母面前三年，对父母的爱心、孝心深系于怀，这就是孝子。"

【引言】父母健在时，后辈应怎样尽孝？

4.21 子曰："父母之年，不可不知也。一则以喜，一则以惧。"

【通解】孔子说："对于父母的年龄，不可不心中有数啊。见父母克享遐龄，因此感到欣喜；知父母来日无多，因此又感到忧惧。"

东晋文学家李充认为："孝子之事亲也，养则致其乐，病则致其忧；忧乐之情深，则喜惧之心笃（诚）。然则献乐以排忧，进欢而去戚（悲哀）者，其唯知父母之年乎？岂徒知年数而已哉，贵其能称年而致养也。"是啊！早把甘旨勤奉养，夕阳西下不多时。趁父母健在之日，好生奉养，承欢尽孝，才是正理。

树欲静而风不止，子欲养而亲不待。倘不及时奉养父母，将后悔无及矣！

当代学者傅佩荣说："孔子这段话，反映出来的是人类普遍的情感，是人类普遍的需要。父母子女的关系，在儒家的五伦里面，是最根本的一种关系，任何人都不能避开这种关系。"

【引言】言行一致是一种美德。

4.22 子曰："古者言之不【妄】出，耻躬之不逮（dài）也。"

【通解】孔子说："古人有话从不随便说出来，自己行动跟不上会觉得可耻。"

《礼记·杂记下》云："有其言，无其行，君子耻之。"光说不做，君子会觉得可耻。

《孟子·尽心下》云："言不顾行，行不顾言，则曰，古之人，古之人。"有一种人志气高大而不着边际，其言语不能和行为相照应，行为也不能和言语相照应，动辄说，古人呀，古人呀。

言行相较，行尤其重要；为政不在多言，顾力行何如耳。现代作家冰心在《繁星》中说："言论的花儿开的愈大，行为的果子结得愈小。"

【引言】能够自我反思，自我约束，自我收敛；不自满，不张扬，不放纵，这样的品质堪称优秀。

4.23 子曰："以约失之者鲜（xiǎn）矣。"

【通解】孔子说："由于反思自己，约束自己，收敛自己而犯错误的人，那是极少的哩。"

《礼记·曲礼上》云："敖（傲慢）不可长（滋长），欲（欲望）不可从（放纵），志不可满（满溢），乐不可极（到顶）。这些也都是'约'的内涵。就是说，各方面都要有所节制，恭谨适度，才能少犯或不犯错误。"

西晋文士陆云说："历观古今，以约（俭约）失之者实寡，以奢（奢侈）失之者盖多。"

【引言】说话要谨慎，行动要勤快。

4.24 子曰："君子欲讷（nè）于言而敏于行。"

【通解】孔子说："作为一个君子，要求说话不妨迟钝些，行动则应该敏捷。"

放言高论是很容易的，为谨慎起见，宁可慢一些开口，不要急；身体力行有一定难度，从效果出发，应该早些动手，不要拖。谁笑在最后，谁笑得最好。笑得最好的多勤于务实，往往没有过多的言语。

孔子早就说过："君子敏于事而慎于言。"（见 1.14）这同"君子欲讷于言而敏于行"是一个意思。

《老子》第四十五章云："大直若屈，大巧若拙，大辩若讷。"最直的好像弯曲，最灵巧的好像愚拙，最会辩说的好像口才迟钝。

宋代词人黄昇《鹧鸪天》云："风流不在谈锋胜，袖手无言味最长。"一个人是否有才学不在于口头上夸夸其谈；冷眼旁观，寡言少语而成竹在胸，才是最有意味的。

明代学者朱伯庐《治家格言》云："居家戒争讼（打官司），讼则终凶；处世戒多言，言多必失。"

清华大学原校长梅贻琦一生从事教育工作，公正廉明，淡泊名利。梅贻琦生前，人称"寡言君子"。他的格言之一是："为政不在多言，顾力行何如耳。"

【引言】物以类聚，人以群分；同声相应，同气相求。

4.25 子曰："德不孤，必有邻。"

【通解】孔子说："修德不能孤立地进行，必有邻近之人来相助。自己成了有德之人就不会孤独，自有那别处的善人迁来毗邻而居。"

《荀子·不苟篇》云："君子洁其身而同焉者合矣，善其言而类焉者应矣。故马鸣而马应之，牛鸣而牛应之，非智也，其势然也。"君子能做到自身廉洁，志同道合者就会来应和；能做到言之成理，同一类型的人就会来响应。牛马各相应，乃是自然的趋势，而不是由于智慧。

当代学者余秋雨说："孔子是'道德乐观主义者'，善通人性，随之相信天下君子不会孤独。孔子的这个说法非常温暖，使许多宏德行善的君子即使一时感到孤独，也会保持信心。"

有道是，学力无边勤是舵，人生有道德为邻。

【引言】孔子的学生子游，小孔子四十五岁，后担任武城邑宰。

4.26 子游曰："事君数（shuò），斯辱矣。朋友数（shuò），斯疏矣。"

【通解】子游说："事奉国君，倘过于絮叨，会招致屈辱。朋友往来，倘过于絮叨，会受到疏远。"

宋代朱熹引胡氏曰："事君，谏不行则当去；导友，善不纳则当止。至于烦渎，则言者轻，听者厌矣。是以求荣而反辱，求亲而反疏也。"

现代学者杨树达说："孔子于事君处友，并云'不可则止。数（shuò）者，不可而不止之谓也。不可而不止，则见辱与疏矣。君臣朋友皆以义合，合则相与，不合则不必强也。'"

俗话说得好："久住令人贱，频来亲也疏。"

公冶长篇第五（凡28章）

【引言】本篇通过评论孔门弟子和臧否（zāng pǐ）历史人物来阐发"仁"的内涵。公冶长姓公冶，名长，春秋鲁国人。是孔子学生，因为通鸟语，被关进牢狱。本章写孔子对公冶长的赏识。

5.1 子谓公冶长："可妻（qì）也，虽在缧绁（léi xiè）之中，非其罪也。"以其子妻（qì）之。

【通解】孔子与人谈到公冶长的时候，说："他是个人才，可以把女儿嫁给他为妻；他虽然在牢狱中，那不是他的罪过。"不久，孔子把自己的女儿嫁给了他。

相传公冶长通晓鸟语。有一次，一只黄雀儿叽叽喳喳地叫着。公冶长说："有一辆车子翻了，粮食洒满一地，一时收捡不尽。那黄雀叽叽喳喳是呼唤别的黄雀一起来啄食呢。"鲁国国君认为他是胡说，就下令将他逮捕入狱。不多时，又有一只雀儿在边飞边叫，盘旋不去。公冶长说，雀儿叫的是"齐人出师侵我疆。"鲁君派人去侦查，果有此事，就释放了他，并赐爵为大夫。唐代诗人沈佺期《同狱者叹狱中无燕》诗云："不如黄雀语，能雪冶长猜。"说的就是这件事。

【引言】南容姓南宫，名适（kuò 括），字子容。春秋鲁国人，是孔子弟子。他谨言慎行，以善于适应环境著称。

5.2 子谓南容："邦有道不废，邦无道免于刑戮。"以其兄之子妻之。

【通解】孔子在谈到南容的时候，说："国家清明的时期，他能做出自己的贡献；国家昏暗的时候，他能保住自己的安全。"孔子做主，将他已故兄长的女儿嫁与南宫适为妻。

《史记·仲尼弟子列传》载："南容问孔子曰：'羿（yì）善射，奡（ào）荡舟，俱不得其死然；禹、稷躬稼而有天下'。夫子弗答。容出，孔子曰：'君子哉若人！尚德哉若人！'"有穷之君后羿善射箭，篡夏后之位，被其臣寒浞（zhuó）所杀。寒浞之子奡，善于水战，被夏后少康所杀。大禹、后稷都是舜的臣子，禹治水有功，受舜的禅让；稷发展农业有功，受舜的封赏。至武王时，遂灭商而有天下。南容的这番话，受到孔子的高度称赞："他真是个君子啊！是个道德高尚的人啊！"

南容最善于明哲保身。《诗·大雅·烝民》曰："既明且哲，以保其身。"能明察善恶安危，不参与风险之事，以保重自己为主。

【引言】春秋时鲁国人宓（fú）不齐，字子贱。是孔子学生，小孔子三十岁。任单（shàn）父邑宰，弹鸣琴，不费力，而境内大治。

5.3 子谓子贱："君子哉若人。鲁无君子者，斯焉取斯？"

【通解】谈到宓子贱时，孔子说："人品优异，政绩优良，子贱是真正的君子呀！鲁国如果没有君子人，他的优异人品从何而来呢？他的优良政绩又从何而来呢？"

《史记·仲尼弟子列传》载："子贱为单父（今山东菏泽单县）宰，反（返）命于孔子，曰：'此国有贤不齐者五人，教不齐所以治者。'孔子曰：'惜哉不齐所治者小，所治者大则庶几矣。'"子贱任单父邑宰时，向孔子汇报说："这里有五个比我贤能的人，教我治国理政之方。"孔子说："可惜了，没让宓不齐（子贱）做更大的事，没能更大地发挥他的才干哪。"

【引言】子贡姓端木，名赐。春秋末卫国人。是孔子学生，小孔子三十一岁，以

善于辞令著称。

5.4 子贡问曰："赐也何如？"子曰："女（**rǔ** 汝）器也。"曰："何器也？"曰："瑚琏（**hú liǎn**）器也。"

【通解】子贡听了老师对子贱的称许以后，问老师："我呢，是怎样的人？"孔子说："你是一种有用的器皿。"子贡问："是什么器皿呢？"孔子答："是像瑚琏那样的器皿啊。"

瑚琏，是古代宗庙中举行祭祀时用来盛黍稷的礼器，三代的叫法不同。夏代的叫瑚，商代的叫琏，周代的叫簠（fǔ）簋（guǐ），用来盛黍稷稻粱等祭品。

瑚琏，也比喻廊庙之才，喻指有立朝执政才能的人。子贡先后在鲁、卫两国做官，聘问各国，与诸侯分庭抗礼；曾游说齐、吴、越、晋等国，促使吴伐齐救鲁。

《史记·仲尼弟子列传》曰："故子贡一出，存鲁，乱齐，破吴，强晋而霸越。子贡一使，使势相破，十年之中五国各有变。"

【引言】冉雍子仲弓，是孔子学生，有德行而不善言辞。

5.5 或曰："雍也仁而不佞（**nìng**）。"
子曰："焉用佞？御人以口给（**jǐ**），屡憎于人。不知其仁，焉用佞？"

【通解】有人说："冉雍这个人哪，有仁爱之心，但不是那么能言善辩。"

孔子反驳道："能言善辩有什么用？与人接触时滔滔不绝，往往会授人以柄，常常会招人厌烦。我不知道他是否达到了仁的标准，能言善辩有什么用呢？"

《孟子·尽心下》引孔子曰："恶（wù）似而非者。恶莠（yǒu），恐其乱苗也；恶佞，恐其乱义也；恶利口，恐其乱信也。"孔子厌恶那些似是而非的人事物。厌恶狗尾草，怕它把禾苗搞乱了；厌恶不正当的才辩，怕它把仁义搞乱了；厌恶夸夸其谈者，怕他把诚信搞乱了。

《庄子·天下篇》亦云："桓团、公孙龙辩者之徒，饰人之心，易人之意，能胜人之口,不能服人之心。辩者之囿也。"意思是说：桓团和公孙龙,也是爱辩论的人,他们迷惑人心,改变人的看法,能胜过人的口舌,却不能使人心服。这是能言善道者的局限性。

《庄子·徐无鬼》复云："狗不以善吠为良,人不以善言为贤。"狗并不因为善于汪汪就是条好狗,人并不因为能言善辩就是个贤人。

【引言】孔子任鲁司寇（主管司法）时,曾推荐若干学生去做官,绝大部分都比较顺利。唯学生漆雕开,有心治学而不想做官。

5.6 子使漆雕开仕。对曰："吾斯之未能信。"子说（yuè 悦）。

【通解】孔子介绍漆雕开去当官。漆雕开答道："我在这方面尚未能树立信心,我在社会上也没有什么威信。"孔子明白他是要继续做学问,因此感到高兴。

漆雕开阐发孔子的学说,取得了一定成绩。《韩非子·显学》云："世之显学,儒墨也。儒之所至,孔丘也；墨之所至,墨翟（dí）也。自孔子之死也,有子张之儒,有子思之儒,有颜氏（颜回）之儒,有孟氏之儒,有漆雕氏之儒,有仲良氏之儒,有孙氏之儒,有乐正氏之儒。"

【引言】子路姓仲,名由,春秋末鲁国人。是孔子学生,小孔子九岁。以直爽好勇著称。

5.7 子曰："道不行,乘桴浮于海。从我者,其由【也】与（yú 欤）？"子路闻之喜。子曰："由也好勇过我,无所取材。"

【通解】孔子说："我的一些主张到处都行不通,真想乘个小筏子,到海外去看一看。能跟随我同去的,大概只有仲由吧？"子路听到后,可高兴了。孔子说："仲由啊,你的勇气远远超过了我。可我还不知道扎伐子的竹木材,该往哪儿去找呢。"犹言"八"字还没一撇的事儿,你就别当真了。

"无所取材"或解作"无所取哉",犹言子路除了勇敢,别的就没有什么可取了。

宋代学者程颐说:"浮海之叹,伤天下之无贤君也。子路勇于义,孔子谓其能从己同行,皆假设之言耳。子路以为是真,而喜夫子之提携;故夫子赞美其勇,而讥其不能裁度事理,以符合于道义也。"这是把"无所取材"解作"无所裁度"了。

【引言】春秋时鲁国大夫孟懿子之子,姓仲孙,名彘(zhì),字泄,谥号武,后人称之为孟武伯。孟武伯需要有人辅佐。

> **5.8** 孟武伯问:"子路仁乎?"子曰:"不知也。"又问。子曰:"由也,千乘(shèng)之国,可使治其赋也,不知其仁也。"
>
> "求也何如?"子曰:"求也,千室之邑,百乘之家,可使为之宰也,不知其仁也。"
>
> "赤也何如?"子曰:"赤也,束带立于朝,可使与宾客言也,不知其仁也。"

【通解】孟武伯问孔子:"子路他有仁德吗?"孔子说"我不知道啊。"孟武伯又问,子路究竟怎么样。孔子说:"仲由啊,拥有一千辆兵车的国家,可以让他主管赋税和军政之事;至于他是否有仁德,我真的不知道啊。"

孟武伯问:"冉求他怎么样呢?"孔子说:"冉求啊,有着一千户人家的城镇,拥有一百辆兵车的卿大夫之家,可以让他当一名总管;至于他是否有仁德,我也不知道啊。"

孟武伯又问:"公西赤怎么样呢?"孔子说:"公西赤啊,穿着朝服,箍着官带,立于朝堂之上,可以让他办外交,迎宾客;至于他是否有仁德,我仍然不知道啊。"

冉求字子有,亦称冉有,是孔子学生,小孔子二十九岁。冉有在鲁国权臣季氏家当管家。季氏僭(jiàn)权越位,去祭祀泰山,冉有未能阻止,曾受到孔子责备(见3.6)。子路、公西赤也都是孔子学生,公西赤以明礼著称,子路以好勇著称。

谈到子路、冉求、公西赤之时,孔子重复说了三次"不知其仁也"。这说明"仁"在孔子心目中是一种至高无上的道德准则，所以不轻易以之许人。

当代学者傅佩荣说："仁分三个层次，人之性，人之道，人之成。人之性是向善的，你只要真诚就会发现力量由内而发，要求自己能行善。人之道是择善坚持，很可能要你付出很大的代价；学习儒家思想，你不能碰到危险就放弃了，要在择善坚持过程中来验证是否真的了解孔子所说的仁。仁又是止于至善，所以一个人生命的完成，才是止于至善，那更是难上加难的了。"

【引言】端木赐字子贡，春秋时卫国人，是孔子言语科的高材生；颜回字子渊，春秋时鲁国人，是孔子德行科的高材生。孔子认为颜回最优秀，不知道子贡是怎么想的。

5.9 子谓子贡曰："女（rǔ 汝）与回也孰愈？"对曰："赐也何敢望回？回也闻一以知十，赐也闻一以知二。"子曰："弗如也，吾与女（rǔ 汝）【俱】弗如也。"

【通解】孔子试着对子贡说："你和颜回啊，谁更优秀一些？"子贡回答说："赐啊怎么敢和颜回相比？颜回啊听到老师一句话，能悟出十条道理；我啊听到老师一句话、却只能悟出两条道理。"孔子说："是不如他啊，我和你都不如他啊。"

其实，孔子对子贡也是很赞赏的。有一次，子贡问老师："贫而无谄，富而无骄，怎么样？"孔子答："还不如贫而乐、富而好礼的呢。"子贡联想到《诗经》上"如切如磋，如琢如磨"的诗句，孔子称赞道："赐也，始可与言诗已矣，告诸往而知来者。"（见 1.15）

《孟子·尽心上》云："君子有三乐，而王（wàng）天下不与存焉。父母俱存，兄弟无故（无灾），一乐也；仰不愧于天，俯不怍于人，二乐也；得天下英才而教育之，三乐也。君子有三乐，而王天下不与存焉。"孔子以教育教学为乐，这是不争的事实。这种乐事，就是以德服天下的王者也不在话下。

【引言】春秋时鲁国人宰予，字子我，亦称宰我。是孔子弟子，小孔子二十九岁，以擅长辞令著称。

5.10 宰予昼寝。子曰："朽木不可雕也，粪土之墙不可圬（wū）也。于予与（yú）何诛？"子曰："始吾于人也，听其言而信其行；今吾于人也，听其言而观其行。于予与改是。"

【通解】宰予白天睡觉。孔子见了，感叹说："腐烂的木头，是不值得雕琢刻画的；污秽的土墙，是不值得粉刷一新的。对于宰予啊，能责备他什么呢？"后来孔子又说："先前我看待人呢，听到他说了什么，就相信他会做到；如今我看待人呢，听到他说了什么，还要观察他在行动上是否能做到。我是从宰予昼寝以来，才改变了态度的。"

从中国史学传统看，中国史家评论历史人物时，从来都注重言行一致，功业与道德兼顾。了解一个人，不能光凭他能说会道。

《韩诗外传》卷四说："伪诈不可长，空虚不可守，朽木不可雕，情亡不可久。"

东汉学者王充在《论衡·问礼》中说："昼寝之恶也，小恶也；朽木粪土，败毁不可复成之物，大恶也。责小过以大恶，安能服人？"

晋代学者葛洪在《抱朴子外篇·博喻》中说："必死之病，不下苦口之药；朽烂之材，不受雕镂之饰。"

【引言】春秋时鲁国人申枨（chéng）是孔子学生，有些小名气。

5.11 子曰："吾未见刚者。"或对曰："申枨（chéng）。"子曰："枨也欲，焉得刚？"

【通解】孔子说："我没有见过够得上刚强坚毅的人。"有人回答道："申枨算得上一个。"孔子说："申枨啊，他嗜欲不少，怎会有刚强之气？"

清人林则徐有联曰："海纳百川，有容乃大；壁立千仞，无欲则刚。"

俗话说："人到无求品自高。"

【引言】孔子的学生端木赐字子贡，好学深思，善于表达。

5.12 子贡曰："我不欲人之加诸我也，吾亦欲无加诸人。"子曰："赐也，非尔所及也。"

【通解】子贡说："我不希望别人强加于我啊，我也希望自己不强加于人。"孔子说："赐啊，这不是你单方面所能办到的。"

《礼记·中庸》也说是："施诸己而不愿，亦勿施于人。"凡是不愿意别人施加于自己的东西，也就不要施加于别人。这就是说，要以自己之心度人之心，要将心比心。

宋代学者朱熹说："子贡言我所不欲人加于我之事，我亦不欲以此加之于人。此仁者之事，不待勉强，故夫子以为非子贡所及。"

【引言】孔门有不少弟子，都想多学到一点东西。对此子贡有自己的看法。

5.13 子贡曰："夫子之文章，可得而闻也。夫子之言性与天道，不可得而闻也。"

【通解】子贡跟同学们说："老师平日所教的诗书礼乐等课程，是大家都有机会听到的。至于老师偶尔谈及人的性格命运和天体运转盈亏诸问题，就不是大家都有机会可以听得到的了，那是可遇而不可求的。"

明代学者顾炎武说："性也、命也、天也，夫子之所罕言；而今君子之所恒言。"孔子很少谈到的问题，后世学者经常会加以讨论。

我师周有光先生说："孔子只谈现世，不谈来生。'未知生，焉知死''未能事人，焉能事鬼''子不语怪力乱神'。孔子很少谈到'性'与'天道'。子贡说：'夫子之文章，可得而闻也。夫子之言性与天道，不可得而闻也。'孔子学说侧重于社会实践，不作玄虚空谈，实际是启蒙群众的人文社会科学。"

【引言】春秋时鲁国人子路，姓仲名由。是孔子学生，小孔子九岁。以直爽好勇著称。

5.14 子路有闻，未之能行，惟恐有闻。

【通解】子路听到老师的教导，尚未能付诸实践时，就担心又听到新的教导。他怕一下子消化吸收不完，辜负了老师。

《礼记·杂记下》曰："君子有三患：未之闻，患弗得闻也；既闻之，患弗得学也；既学之，患弗能行也。"闻而后学，学而后行，是知行的全过程。

宋代学者朱熹引范氏曰："子路闻善，勇于必行，门人自以为弗及也，故著（记录）之。若子路，可谓能用其勇矣。"

【引言】春秋时卫国大夫孔圉（yǔ）死后被谥（shì）为"文"，称为孔文子。

5.15 子贡问曰："孔文子何以谓之'文'也？"子曰："敏而好学，不耻下问，是以谓之'文'也。"

【通解】古代王公、贵族、士大夫死后，朝廷依其生前事迹给予他称号叫"谥"。《谥法》是一本说明怎样给死者取称号的书。《谥法》上说："勤学好问曰文。"

孔文子生前帏薄不修（家门淫乱），是出了名的。子贡认为他的谥号不合适，因此向老师问道："孔文子凭什么称他为'文'啊？"孔子说："孔文子生前天资聪敏，勤奋好学，肯向地位比他低的人请教而不以为耻，所以就谥他为'文'，并非说他有经天纬地之文也。"

《尚书·仲虺（huī）之诰》曰："好问则裕，自用则小。"读书有不懂之处而好问的人，知识就丰富；不好问，而师心自用的人，知识必浅薄。

宋代学者朱熹说："凡人性敏者多不好学，位高者多耻下问。故谥法有勤学好问为'文'者，盖亦人所难也。孔圉得谥为文，以此而已。"

"不耻下问"有多种情形。清代学者刘开在《问说》一文中说："是故贵可以问贱，贤可以问不肖，而老可以问幼。唯道之所成而已矣。"犹言上级可以向下级请教，贤者可以向愚者请教，老年人可以向年轻人请教。不分贵贱老少，谁懂就向谁请教，才会收益。

【引言】春秋时政治家公孙侨，字子产。由卿入相，在郑国执政二十三年，邦国安宁，百姓安居乐业。

5.16 子谓子产："有君子之道四焉：其行己也恭，其事上也敬，其养民也惠，其使民也义。"

【通解】孔子在谈到郑国的贤相子产时，说道："他有通向君子境界的四条大道，就是，他修炼自己从谦虚谨慎开始，他事奉国君从严肃认真出发，他发展生产以改善民生为上，他使用民力以合乎道义为怀。"

《左传·襄公三十年》载，子产从政一年，人们念叨着："计算我的家产而收费，丈量我的田地而征税，谁去把子产杀了，我助他一臂之力。"过了三年，人们又念叨着："我有子弟，子产倾力教育之；我有田畴，子产鼓励我垦殖；子产如果去世了，有谁能够继承他？"

《左传·昭公二十年》载，子产卒，仲尼闻之，流着泪说道："古之遗爱也。"他的仁爱，是古人的遗风啊。

后人称赞他，修身岂为民传世，为政常恩惠及人。

君子之道，非一般士人所能践行。《老子》第四十一章云："上士闻道，勤而行之；中士闻道，若存若亡；下士闻道，大笑之，不笑不足以闻道。"意思是说：上等士人领悟了道的意义，就极力实行；中等士人听见了道的原理，没什么反应；下等士人一听见道的原理，就哈哈大笑，不笑，道就没有价值了。

子产有君子之道四，比"上士闻道，勤而行之"者，有过之而无不及也。

【引言】春秋时齐国大夫晏婴，字平仲；后任卿相，历仕齐灵公、庄公、景公三

世。以节俭力行，名显诸侯。

5.17 子曰："晏平仲善与人交，久而【人】敬之。"

【通解】孔子说："晏平仲善于与人交往，时间越久，就越发敬重他们。他敬重他们，他们也都敬重他。"

东晋著作郎孙绰曰："交友倾盖如旧，亦有白首如新。隆始者易，克终者难。敦厚不渝，其道可久。故仲尼表焉。"所交的朋友，有的时间虽短，却像老朋友一样；有的直到老年，还仿佛是新交。开头谈得来很容易，始终如一就难了。敦厚不变，其道可久，孔子表彰的是这种朋友。

宋代学者程颐说："人交久则敬衰，久而能敬，所以为善。"

【引言】春秋时鲁国大夫臧孙辰，有政绩；死后谥号"文"，史称臧文仲。

5.18 子曰："臧文仲居蔡，山节藻棁（zhuō），何如其知（zhì 智）也？"

【通解】孔子说："臧文仲负责保管供占卜用的大龟，藏龟的屋宇装饰华美。有雕成山形的斗拱，有画着水草花纹的梁上短柱。臧文仲为此花了不少心思，以祈求神龟庇祐。他的才智怎么是这样的呢？"

《礼记·明堂位》曰："山节藻棁，复庙重檐……天子之庙饰也。"可见臧文仲藏龟之屋有山节藻棁，是一种僭越行为。

我师杨伯峻先生说："这里，孔子批评臧文仲居蔡（让乌龟住在华美之屋）为不智，又曾说无恒之人不必占卜（见 13.22）。这里反映了孔子两种思想：吉凶求其在己，龟卜未必有灵。"

【引言】春秋时楚国人令尹子文，姓斗，名谷于菟（gòu wū tú）。任令尹二十八年，中间有几次被罢免又被任命，一时传为佳话。

5.19 子张问曰："令尹子文三任为令尹，无喜色；三已之，无愠色。旧令尹之政必告新令尹。何如？"子曰："忠矣。"曰："仁矣乎？"曰："未知，焉得仁？"

"崔子弑齐君，陈文子有马十乘（shèng），弃而违之。至于他邦，则曰：'犹吾大夫崔子也。'违之。之【至】一邦，则又曰：'犹吾大夫崔子也。'违之。何如？"子曰："清矣。"曰："仁矣乎？"曰："未知，焉得仁？"

【通解】孔子的学生子张问老师："令尹子文三次担任楚国的宰相，都未尝喜上眉梢；三次卸任下台，也不曾心怀愤怒。每次下台时，都把公事及注意之点向新任宰相交代得一清二楚。老师认为他怎么样？"孔子说："够忠诚的了。"子张问："他达到仁的境界了吗？"孔子说："我不了解情况，哪能肯定他达到了仁的境界？"

子张又问："齐国的大夫崔杼（zhù）杀死了齐庄公，齐国的大夫陈文子放弃了四十四马十辆车的待遇，离开了自己的国家。他到了别国，就说：'这里的近臣和我们的大夫崔子是一丘之貉（hé）啊。'于是离开了这个国家。及至到了另一国，又说：'这里的近臣和我们的大夫崔子也是一丘之貉啊。'于是又离开了这个国家。老师认为他怎么样？"孔子说："够清高的了。"子张问："他达到了仁的境界了吗？"孔子说："我不了解情况，哪能肯定他达到了仁的境界？"

先前，孔子回答孟武伯的问题，谈到子路、冉求、公西赤之时，重复说了三次："不知其仁也"。（见5.8）

现在，孔子回答子张的问题，谈到令尹子文、陈文子之时，重复说了两次："未知，焉得仁。"这说明仁的境界极高，孔子确乎不轻易许人。

当代学者南怀瑾说："陈文子清高，清高的人往往比较自私，不能算是忠臣。否则为什么自己国家有难，弃而不救，到处乱走？这里看不惯，那里看不惯，难道国家太平了就要你来住吗？"

【引言】鲁国大夫季孙行父，历仕鲁文公、鲁宣公、鲁成公、鲁襄公多年，世故颇深，说话谨慎，行为滞后。

5.20 季文子三思而后行。子闻之，曰："再，斯可矣。"

【通解】鲁国大夫季文子遇事多三思而后行。孔子知道以后，说："想两次，也就可以了。"

《韩非子·解老》曰："视强则目不明，听甚则耳不聪；思虑过度，则智识乱。目不明，则不能决黑白之分，耳不聪则不能别清浊之声，智识乱则不能审得失之地。"意思是说，过分地斟酌考虑，反而会感到糊涂，以致分不清是非得失。

唐代诗人白居易《策林》曰："动必三省，言必再思。"

金代学者王若虚说："事有不必三思者，亦有不止于三思者，初无定论也。"意思是说，想几次不是主要的，想妥了才是关键。

现代学者钱穆说："事有贵于刚决，多思转多私。"犹言做事要果断坚决，想得太多反而坏事。

英国作家莎士比亚说："一个人思虑太多，就会失去做人的乐趣。"

【引言】春秋时卫国大夫宁武子，姓宁名俞，以进退有节著称。

5.21 子曰："宁武子邦有道则知（zhì 智），邦无道则愚。其知（zhì 智）可及也，其愚不可及也。"

【通解】孔子说："卫国大夫宁武子，当国家社会清平时，就聪明；当国家社会昏乱时，就愚昧。他的这种聪明，别人可以跟得上，学得会；他的这种愚昧，是别人跟不上，学不会的。"

东晋著作郎孙绰认为："人情莫不好名，咸贵智而贱愚，虽治乱异世，而矜鄙（庄重质朴）不变。唯深达之士，为能晦智藏名，以全身远害。饰智以成名者易，去华以保性者难也。"意思是说，只有思想深刻而通达的人，才能够审时度势，保持朴拙的本性，以全身免害。

宋代学者朱熹说："宁武子仕卫，当文公、成公之时。文公有道，而武子无事可见（显示），此其智之可及也。成公无道，至于失国，而武子周旋其间，尽心竭力，不避艰险。凡其所处，皆智巧之士所不肯为者，而能卒保其身以济其君，此其愚之不可及也。"

【引言】孔子率弟子周游列国，居留于陈国（今河南淮阳一带）期间，鲁国权臣季康子派使者来召唤冉求回鲁国任职。

5.22 子在陈，曰："归与（yú 欤）！归与（yú 欤）！吾党之小子狂简，斐然成章，不知所以裁之。"

【通解】孔子想，冉求此去，不是小用，可能会有大用的。孔子又想到，自己六十多岁了，可能不会受到重用了，所以应当寄希望于学生。

想到这里，孔子对随行弟子说："回去吧！回去吧！我门下那些后生小子们，意气扬扬，行为疏略，能说会写，斐然可观；一个个心比天高，对未来编制着美好的梦想。我长年在外，正不知道怎么去点拨引导他们呢。"

当代学者南怀瑾说："孔子认为，天下国家所以安定，必须要以教育文化为基础，于是他决心回到自己的国家讲学去。他决心把精神放在教育上，培养国家的根本。"

当代学者傅佩荣说："孔子把学生称作小子，小子跟小人不一样。小人是自己没有志向，明明长大成人了，但是只顾自己，不替别人着想的人，没有立志成为君子。而小子，是指年轻人。"年轻人经过培养是可以大有前途的。

【引言】伯夷、叔齐是商朝孤竹君的两个儿子。孤竹君临终时遗命由次子叔齐继位。叔齐让位给伯夷，伯夷不受。谁也不肯继位，结果兄弟俩都跑到别处去了。

5.23 子曰："伯夷、叔齐不念旧恶，怨是用希。"

【通解】孔子说："伯夷、叔齐从来不记挂人家有什么缺点错误，从来不记挂人家和他俩有什么嫌隙，因此，也很少有人会怨恨他们俩。"

《孟子·尽心下》云："故闻伯夷之风者，顽夫廉，懦夫有立志。"所以听到伯夷的风操的人，贪得无厌的人清廉起来了，懦弱的人也有独立不屈的意志了。

当代学者傅佩荣说："其实人只要反省一下，就会发现，怨恨是双向的。有时候别人怨我，有时候我怨别人，怨来怨去，到最后，就是没有办法自我反省。多反省自己，少记住别人的过错，世间就会多一些和谐与温暖。"

凡事从自己做起为佳。有道是，平生不做皱眉事，世上应无切齿人。

英国学者培根说："一个念念不忘旧仇的人，他的伤口将永远难以愈合，尽管那本来是可以痊愈的。"

【引言】鲁国人微生高以诚实守信直接爽快著称。

5.24 子曰："孰谓微生高直？或【人】乞醯（xī 醋）焉，乞诸其邻而与之。"

【通解】孔子说："谁说微生高直爽？有人向他讨点醋，他自己没有，却转向邻居讨了一点醋给他。"

当代学者傅佩荣认为："孔子为什么说微生高不够直爽呢？因为你拿邻居的醋给人，别人感激的是你，不是你的邻居，差别就在这里。孔子强调的是什么？如果有人跟你要醋，你家里正好没有，就说没有；如果需要，可以引见他向邻居要，让他直接感谢这个邻居。"

其实，向邻居讨点醋来给自己的熟人，各领各的人情，也没有什么不好。

【引言】春秋时鲁国史官左丘明，相传有一定声望。

5.25 子曰："巧言、令色、足恭，左丘明耻之，丘亦耻之。匿怨而友其人，左丘明耻之，丘亦耻之。"

【通解】孔子名丘字仲尼。孔子说："花言巧语，面带微笑，作揖打躬，这种人，左丘明认为他可耻，丘也认为他可耻。心里头怨恨某人，还要和他套近乎，这种人，左丘明认为他可耻，丘也认为他可耻。"

汉代史家司马迁《报任安书》曰："盖文王拘而演《周易》，仲尼厄而作《春秋》。屈原放逐，乃赋《离骚》；左丘失明，厥有《国语》。"他们都是"天行健，君子以自强不息"的瑰伟绝特之士。

【引言】颜回字子渊，亦称颜渊；子路姓仲名由，字子路，亦称季路。颜渊在孔门德行科名列第一，季路在孔门政事科名列第三。

　　5.26 颜渊、季路侍。子曰："盍（hé）各言尔志？"子路曰："愿车马衣轻裘，与朋友共敝之而无憾。"颜渊曰："愿无伐善，无施劳。"子路曰："愿闻子之志。"子曰："老者安之，朋友信之，少者怀之。"

【通解】颜渊和季路恭恭敬敬地站在老师跟前。孔子说："何不各自谈谈你们的志向呢？"子路说："我的志向是，我的车马衣服和皮袄，都可以与朋友共享，直到用坏了也不遗憾。"颜渊说："我的志向是，不夸耀自己的好处，也不宣扬自己的功劳。"子路说："我们想听听老师的志向呢。"孔子说："那就是让老年人生活安定，让朋友们互相信任，让青少年得到关心、爱护和培养。"

《礼记·礼运篇》引孔子曰："大道之行也，与三代之英，丘未之逮也（我未及见到夏商周三代英杰），而有志焉。大道之行也，天下为公。选贤与能（选拔贤能者掌权），讲信修睦。故人不独亲其亲，不独子其子（不光是爱自己的亲人）。使老有所终，壮有所用，幼有所长，矜（guān）寡孤独废疾者皆有所养。"由此可知，孔子的志向是面向天下国家，面向全民百姓的。

《礼记·表记》曰："是故君子不自大其事，不自尚其功。"君子不夸大自己的好事，不夸耀自己的功劳。

《老子》第二十二章曰："不自伐，故有功；不自矜（jīn），故长。"第二十四章曰："自伐者无功，自矜者不长。"意思是说，不自我夸耀，所以能成功；不唯我独尊，所以能长进。

由此可知，颜渊的志向是侧重自我修养的，侧重以身作则的。季路为人豪爽，忠于友情，出于至诚：车马衣裘与朋友共，敝之而无憾。不愧为孔门高足。

【引言】指出别人的错误容易，发现自己的错误就难了。

5.27 子曰："已矣乎！吾未见能见其过而内自讼者也。"

【通解】孔子说："罢了吧，我至今还没有见过那种能发现自己错误并从严责备自己的人呢。"

宋代学者朱熹说："人有过而能自知者鲜（xiǎn）矣，知过而能内自讼者为尤鲜。能内自讼（口不言而心自咎），则其悔悟深切而能改，必矣。夫子自恐终不得见而叹之，其警学者深矣。"

先前，孔子说："过则勿惮改。"（见 1.8）有了过失，就别怕改正。现在强调的是，有了过失，最好是自己能够意识到，自己作思想斗争，自己主动改正之。

【引言】万物生长靠阳光，事业有成靠好学。

5.28 子曰："十室之邑，必有忠信如丘者焉，不如丘之好学【者】也。"

【通解】孔子说："十多户人家的聚落，肯定有忠诚守信像我孔丘这样的人在，只不过不会像丘这样爱好学习的。"

《说苑·建本》曰："少而好学，如日出之阳；壮而好学，如日中之光；老而好学，如炳烛之明。"这说明，好学是一辈子的事。

宋代学者朱熹说："夫子生之（天分好），而未尝不好学，故言此以勉人。言美质易得，至道（最高道德）难闻，学之至（学得最好）可以为圣人，不学则不免为乡人而已。可不勉哉！"

又，《说苑·谈丛》曰："十步之泽，必有香草；十室之邑，必有忠士。"此亦孔子之意也。

雍也篇第六（凡30章）

【引言】本篇继续对弟子们进行评论，从而引发出对崇高精神境界的探求。

冉雍字仲弓，春秋时鲁国人。是孔子学生，小孔子二十九岁，名列孔门德行第四。本章写孔子对冉雍的评价。

6.1 子曰："雍也，可使南面。"

【通解】孔子说："冉雍啊，可以使他身居高位，面朝南而坐，掌权治事，造福一方。"

宋代学者朱熹说："南面者，人君听治之位。言仲弓宽洪简重，有人君之度也。"

当代学者傅佩荣说："'雍也，可使南面'是《论语》里面谈到政治、谈到做官非常具体的一句话。他特别推荐仲弓，深信他可以胜任一个诸侯国的卿相职位。当然仲弓最终也没有做到这么高的位置，只是在季氏家族里面担任家臣。当时是贵族世袭制，诸侯国的卿相大部分是世袭的。"

【引言】春秋时鲁国大夫子桑伯子姓桑，名户，字伯，也教有若干学生，有一点名气。

6.2 仲弓问子桑伯子。子曰："可也，简。"仲弓曰："居敬而行简，以临其民，不亦可乎？居简而行简，无乃大【太】简乎？"子曰："雍之言然。"

【通解】仲弓听到老师称赞后，就问，子桑伯子怎么样，是否也"可使南面"？孔子说："可以的，他作风简易。"仲弓说："他自处时严肃认真不马虎，推行政令时删繁就简不扰民，不就可以了吗？但如果自处时也简简单单，马马虎虎；行政时又删繁就简，含含糊糊，那岂不是太简易了吗？"孔子说："雍的说法是对的。"

《说苑·修文》曰："孔子见子桑伯子，子桑伯子不衣冠而处。弟子曰：'夫子何为见此人乎？'曰：'其质美而无文，吾欲说（shuì）而文之。'"孔子想说服他不要太不修边幅了，得注意一点仪表。

宋代学者朱熹曰："言自处以敬，则中有主而自治严，如是而行简以临民，则事不烦而民不扰，所以为可。若先自处以简，则中无主而自治疏矣，而所行又简，岂不失之太简，而无法度之可守乎？"

【引言】好学是一个永恒的话题，千古之佳话。

6.3 哀公问："弟子孰为好学？"孔子对曰："有颜回者好学，不迁怒，不贰过。不幸短命死矣，今也则亡（wú 无），未闻好学者也。"

【通解】鲁哀公问孔子："你的学生里面数谁好学？"孔子回答道："有个叫颜回的学生好学，他在发怒的时候，从不拿别人出气；他犯过的错误，从不会犯第二次。不幸他英年早逝了，现在好学的人已经没有了，我没听说，还有谁是好学的。"

宋代学者王安石在《礼乐论》中说："不迁怒者求诸己，不二过者，见不善之端而止之也。"不迁怒的人，要经常检查自己；不二过的人，要随时遏止不好的苗头。

士先器识而后文艺，好学不好学首先体现在品质上。"不迁怒，不贰过"，说明他品质优秀，正是好学的结果。好学的内涵是多方面的。孔子曾说："君子食无求饱，居无求安，敏于事而慎于言，就有道而正焉，可谓好学也已。"（见 1.14）君子吃住不讲究，办事敏捷，说话谨慎，请有德者指正自己，这可说是好学了。

【引言】公西华名赤，字子华，是孔子学生，小孔子四十二岁。他将出使到齐国，家中需作些安排。

6.4 子华使于齐，冉子为其母请粟。子曰："与之釜。"请益。曰："与之庾。"冉子与之粟五秉。子曰："赤之适齐也，乘肥马，衣轻裘。吾闻之也：君子周急不济富。"

【通解】风度翩翩的公西华将出使到齐国去，同学冉有为公西华之母申请粮食补贴。孔子说："给他六斗四升。"冉有请求多给些。孔子说："给他十六斗好了。"结果，冉有一共给了公西华之母五百一十二斗之多。孔子说："赤这回到齐国去，驾的是高头大马，穿的是皮袄丝绸，待遇不低。我听说了：君子当救贫济困，雪中送炭，而不是锦上添花。"

俗话说："求人须求大丈夫，济人须济急时无。"冉求有实权多给就多给了；孔子是主管，倒也没有责备他，但道理还是得说。

【引言】春秋时鲁国人原宪，字子思，亦称原思。是孔子学生，小孔子三十六岁。家贫而乐道，蓬门荜户粗衣蔬食而不减其乐。

6.5 原思为之宰，与之粟九百，辞。子曰："毋！以与尔邻里乡党乎！"

【通解】孔子任鲁司寇（主管司法）时，以原思为家邑宰（总管），给他九百斗粟米的俸禄。原思苦惯了，不需要这么多俸禄，表示不接受。

孔子说："别这样！你可以用来分给隔壁邻居乡里乡亲嘛！"

《史记·仲尼弟子列传》载，孔子卒，原思隐居在草泽中。子贡任卫相，而结驷连骑，排藜藿杂草入穷门，看望原宪。原宪摄敝衣冠见子贡。子贡耻之，曰："夫子岂病乎？"原宪曰："吾闻之，无财者谓之贫，学道而不能行者谓之病。若宪，贫也，非病也。"子贡惭，不欢而去，终身耻其言之过失也。

【引言】冉雍，字仲弓，相传他父亲是"贱人"。仲弓是孔子学生，以道德高尚著称，受到孔子的称赞。

6.6 子谓仲弓，曰："犁牛之子骍（xīng）且角，虽欲勿用，山川其舍诸？"

【通解】孔子谈到仲弓时，说："毛色斑驳的耕牛生下的牛犊，毛色红赤，头角峥嵘，可以作为牺牛，专用来祭祀天帝，祭祀祖宗，祭祀山川之神。虽然因其为耕牛而不配作牺牛，天帝不会说什么，祖宗也不会说什么，然而山川之神难道会舍弃它吗？"

孔子的意思是说，那出身微贱的人，如果够条件自然就会被选拔任用，而不受其父的影响。这是对仲弓的再一次肯定。

宋代学者朱熹说："言人虽不用骍牛以祭，神必不舍也。仲弓父贱而行恶，故夫子以此譬之。言父之恶，不能废其子之善；如仲弓之贤，自当见用于世也。"

【引言】颜回在孔门弟子中，是德行最高的一位。

6.7 子曰："回也，其心三月不违仁，其余则日月至焉而已矣。"

【通解】孔子说："回呀，在较长期间，从不曾背离他自己固有的仁爱之心；其他弟子就只在较短期间，才偶尔有着一颗仁爱之心罢了。"

北宋文士苏东坡云："夫子默而察之，阅三月之久，而造次颠沛（随时随地）无一不出于仁（无一不发自仁爱之心），知其终身弗畔（叛）也。"

英国人士丘吉尔说："比海更宏伟的是蓝天，比蓝天更宏伟的是良心。"颜回之心"三月不违仁"，说明了颜回的仁爱善良之心的宏伟。孔子"七十而从心所欲，不逾矩"（见2.4），说明孔子的仁爱善良之心的更加宏伟。

【引言】春秋时鲁国权臣季康氏秉持国政，他想知道孔门弟子中有谁可以协助他从政，分管一部分政务。

6.8 季康子问："仲由可使从政也与（yú 欤）？"子曰："由

也果，于从政乎何有？"曰："赐也可使从政也与？"曰："赐也
达，于从政乎何有？"曰："求也可使从政也与？"曰："求也艺，于
从政乎何有？"

【通解】季康子问孔子："可以使仲由出来从政吗？"孔子说："由啊，他办事
果决，从政有什么困难呢？"季康子再问："可以使端木赐出来从政吗？"孔子
说："赐啊，他事理通达，从政有什么困难呢？"季康子又问："可以使冉求出来
从政吗？"孔子说："求啊，他多才多艺，从政有什么困难呢？"

宋代学者程颐说："季康子问三弟子之才可以从政乎？夫子答以各有所长。非
唯三弟子，人各有所长。能取其长，皆可用也。"

【引言】春秋鲁国人闵子骞名损，是孔子学生，小孔子十五岁，以德行高洁
著称。

6.9 季氏使闵子骞为费（bì）宰，闵子骞曰："善为我辞焉！如
有复我者，则吾必在汶（wèn）上矣。"

【通解】鲁国季氏家族中的季康子执政时，想给所属费邑物色一位贤邑宰，就
派使者去请孔子弟子闵子骞出任。闵子骞根本不想当县官，他对使者说："请好生
为我辞去这个差使。而且不要再来了；如果再来的话，那我就肯定会逃到汶水以
北的齐国去了。"

《史记·仲尼弟子列传》载："闵子骞不仕（不出任）大夫，不食污君之禄。"意
思是说，不在季氏家族中任职，不接受那种不干净的俸禄。

宋代学者程颐说："仲尼之门，能不仕大夫之家者，闵子、曾子数人而已。"

当代学者傅佩荣说："闵子骞是良禽择木而栖，他不愿为季氏家族效劳。"

【引言】春秋时鲁国人冉耕，字伯牛，是孔子学生，在孔门德行科排名第三。

6.10 伯牛有疾，子问之，自牖（yǒu）执其手，曰："亡（wú 无）之，命矣夫！斯人也而有斯疾也！斯人也而有斯疾也！"

【通解】冉伯牛得了恶病，孔子去看望他，伸手从窗户里握着他的手，叹息道："没法子呀，真是时运不济呀！这么好的人却得了这样的病啊！这么好的人却得了这样的病啊！"

《淮南子·精神训》云："冉伯牛为厉。"厉通"癞"，古代指麻风病。其症状为：皮肤麻木，形成结节，毛发脱落，手指脚趾变形。

宋代学者朱熹云："根据礼制，病人躺在北窗下。如果国君来看望他，则迁于南窗之下，使君可以坐北朝南看着他。伯牛家以此礼尊孔子，孔子不敢当，故不入其室，只从南窗外与他握手，以表示永诀之意。"

【引言】春秋时鲁国人颜回，字子渊，是孔子优秀弟子，以安贫乐道著称。

6.11 子曰："贤哉，回也！一箪食，一瓢饮，在陋巷，人不堪其忧，回也不改其乐。贤哉回也！"

【通解】孔子说："品德高尚的颜回啊！吃的是小筐的饭，饮的是一瓢的水，住的是简陋狭隘的屋。人们都不堪忍受生活贫困的忧愁，颜回却丝毫也不减自身的快乐。品德高尚的颜回啊！"

《诗·陈风·衡门》曰："衡门之下,可以栖迟。"是说鄙陋的住处,同样可以安身。

《韩诗外传》记载，孔子尝谓颜回曰："家贫居卑，何不仕（做官）乎？"颜回对曰："有郭外（城外）之田五十亩，足以给饘（zhān）粥；郭内（城内）之田四十亩，足以为丝麻；鼓琴足以自娱；所学于夫子者足以自乐也，回不愿仕也。回愿贫如富、贱如贵，无勇而威，与士交通（交往），终身无患难，亦且可乎？"孔子曰："善哉，回也！夫贫而如富，其智足而无欲也；贱而如贵，其让而好礼也；无勇而威，其恭敬而不失于人也；终身无患难，其择言而出之也。若回者，其至（最佳）矣乎！"

"陋巷"指简陋之屋，非指简陋之巷也。清代学者王引之《经义述闻·通说上》云，《论语·雍也篇》"在陋巷"，陋巷谓隘狭之居。曹植《谏取诸国士息表》曰："蓬户茅牖，原宪之室也，陋巷箪瓢，颜子之居也。"应璩《与尚书诸郎书》曰："陋巷之居，无高密之宇；壁立之室，无旬朔之资。"则陋巷为隘狭之居明矣。《战国策·秦策》曰："穷巷窭门桑户棬（quān）枢之士。"《史记·陈臣相世家》曰："家乃负郭穷巷，以敝席为门。"则巷为所居之宅又明矣。今之说《论语》者，以陋巷为街巷之巷，非也。

宋代学者周敦颐《通书》云："颜子一箪食，一瓢饮，在陋巷，人不堪其忧；而回不改其乐。夫富贵，人所爱也；颜子不爱不求而乐乎贫者，独何心（什么想法）哉？天地间有至贵至爱可求而异乎彼（有人与他不同）者，见其大而忘其小焉尔（志存高远而忽略小事罢了）。"

孔子乐以忘忧，颜回安贫乐道，前后一脉相承。宋代思想家提出，要寻找孔、颜乐处，以作为道德修养的最高典型。此至今仍有现实意义。

【引言】冉求知道颜回受到老师的表彰，心想，我不可能像颜回那样含辛茹苦啊。

6.12 冉求曰："非不说【悦】子之道，力不足也。"子曰："力不足者，中道而废。今女（rǔ汝）画。"

【通解】冉求跟老师说："我不是不悦服您的教导，只因我力量不够，怕做不到啊。"孔子说"力量不够的人，须走到半路上，累了，才会停下来。而今你尚未起步，就先画上一道线，看来是不想走啊。"

孔子还说过："有能一日用其力于仁矣乎？我未见力不足者。盖有之矣，我未之见也。"（见4.6）是否有一旦用力于践行仁德的人呢？我没有见到力量不够的。也许有吧，可我尚未见到呢。

这就是说，凡事只要下决心去做，总会有成功的一天。再说，主观上尽力而为，做到什么程度算什么程度，功不唐捐（工夫不白费），总会有些收获的。

最关键的是起步。唐代作家柳宗元《戒惧箴》曰："君子之惧，惧乎未始。"君子最怕的是尚未开始。

最要紧的是坚持。宋代作家王安石《游褒禅山记》曰："力足以至焉（而不至），于人为可讥，而在己为有悔；尽吾志也，而不能至者，可以无悔矣，其孰能讥之乎？"意思是说，在游览奇伟瑰怪非常之观时，自己的足力完全可以走到而没有走到，这在别人看来是可笑的，在自己想来也是会后悔的；如果尽了我的心力，仍然不能到达目的地时，自己可以无悔了，又有谁还会讥笑我呢？

清代学者彭端淑《为学一首示子侄》曰："天下事有难易乎？为之，则难者亦易矣；不为，则易者亦难矣。"所以说，天下无难事，只怕有心人。

"中道而废"殊可惜。广东肇庆鼎湖半山亭有一联曰：

到此处才进一步

愿诸君莫废半途

【引言】儒者为人类所必需，耳濡目染而为儒，儒有两种。

6.13 子谓子夏曰："女（rǔ 汝）为君子儒，无【毋】为小人儒。"

【通解】孔子对子夏说："你要成为君子式的儒者，任重而道远；不要成为小人式的儒者，心胸不开朗。"

宋代学者朱熹引谢氏曰："君子小人之分，义与利之间而已。然所谓利者，岂必殖货财之谓？以私灭公，适己自便，凡可以害天理者皆利也。子夏文学虽有余，然意其远者大者或昧（不明白）焉，故夫子语之以此（用此话告诫他）。"

《三国演义》第四十三回记载诸葛亮舌战群儒，忽又一人大声曰："公好为大言，未必真有实学，恐适为儒者所笑耳。"孔明视其人，乃汝南程德枢也。孔明答曰："儒有君子小人之别。君子之儒，忠君爱国，守正恶（wù）邪，务使泽及当时，名留后世。若夫小人之儒，唯务雕虫（雕章琢句），专工翰墨，青春作赋，皓首穷经（白头死啃书本），笔下虽有千言，胸中实无一策；且如杨雄以文章名世，而屈身事莽（投靠王莽），不免投阁（跳楼）而死，此所谓小人之儒也；虽日赋万言，亦何取哉！"程德枢不能对。众人见孔明对答如流，尽皆失色。

【引言】春秋吴国人言偃，字子游，是孔子学生，小孔子四十五岁，以擅长文学著称。

6.14 子游为武城宰。子曰："女（rǔ 汝）得人焉尔乎？"曰："有澹台（tán tái）灭明者，行不由径，非公事，未尝至于偃之室也。"

【通解】子游在鲁国做官，任武城县宰，有一段时间了。孔子问他："你是否发现当地有没有可以起用的人？"子游答道："有一位叫澹台灭明的人，他步行惯于走正路，从不抄近道；他除了公事，从不到我这儿来。"

《史记·仲尼弟子列传》载，武城人，澹台灭明，字子羽。少孔子三十九岁。状貌甚恶。欲事孔子，孔子以为材薄。既已受业，退而修行，行不由径，非公事不见卿大夫。南游至江（江南一带），从弟子三百人，设取予去就（立取予进退之规），名施（yì）乎诸侯（闻名于各国）。孔子闻之曰："吾以言取人，失之宰予；以貌取人，失之子羽。"（意思是说，因宰予能言善辩，而对他估计过高了；因子羽的容貌不佳，而对他估计过低了。）

今南昌市绳金塔公园大成殿内，有孔子、颜回和澹台灭明三人的塑像。明清时南昌府城东有永和门。永和门，古名澹台门。澹台门，民间讹为"坛坛门"，今之老年人尚有称永和门旧址为"坛坛门"者。

【引言】春秋时鲁国大夫孟之反率军与齐国作战，大败而归。

6.15 子曰："孟之反不伐，奔而殿，将入门，策其马，曰：'非敢后也，马不进也。'"

【通解】孔子说："孟之反不自夸，败军撤退时，他是在最后。将抵达城门时，来迎接的人认为他有功。他鞭策其马，说道：'我哪敢在后面拒敌，是我的马走不动了啊。'以掩饰其功。"

《老子》第二十二章云："不自伐，故有功；不自矜（jīn），故长。夫唯不争，故天下莫能与之争。"意思是说，不自我夸耀，所以能成功；不自高自大，所以能长进。正因为不与人争，所以没有谁能与他争高比低。

当代学者傅佩荣说："战败了要有人垫后，挡住敌人，那是九死一生的危险，结果最后进城的时候居然说不是我敢在后面垫后，是我的马跑得太慢了。他不夸耀自己的勇敢。"

【引言】春秋时卫国大夫祝鮀（tuó）善于辞令，受到卫灵公宠爱；宋国公子宋朝（zhāo）容貌俊美，在卫国做官，受到卫灵公夫人南子的宠爱，南子是宋国贵族之女。

6.16 子曰："不有祝鮀（tuó）之佞（nìng），而有宋朝之美，难乎免于今之世矣。"

【通解】孔子说："如果没有祝鮀那样的谄媚之术，如果没有宋朝那样的俊美之貌，都很难免于祸害呢，在当今之世。"

宋代学者朱熹说："言衰世好谀悦色，非此难免于祸，盖伤之也。"孔子对此衰败之风感到伤痛。

【引言】古代宫室建筑，外半为堂，内半为室，室南有壁，东侧开户以至堂。故"户"为内外出入的必由之处。

6.17 子曰："谁能出不由户【者】？何莫由斯道也？"

【通解】孔子说："谁能够出入不经过'户'的？为什么做人就不遵循一定的

轨道呢？"

《礼记·礼器》云："礼有大有小，有显有微。大者不可损，小者不可益。显者不可掩，微者不可大也。故经礼三百，曲礼三千，其致一也。未有人室不由户者。"犹言礼有多种多样，而做人的轨道就同出入的门户一样，必是不可或缺的。

人皆知出必由户，而不知行必由道，故孔子怪而叹之。

【引言】现在形容一个人文雅有礼貌，叫"文质彬彬"。在古代"文质彬彬"是什么意思呢？

6.18 子曰："质胜文则野，文胜质则史。文质彬彬，然后君子。"

【通解】孔子说："质朴超越了文采，会显得粗略鄙野，不雅致；文采超越了质朴，会显得富丽堂皇，不踏实。文质兼而有之，形式与内容二者相辅相成，既文雅又朴实，这才是君子的风格。"

《韩非子·难言篇》云："捷敏辩给，繁于文采，则见以为史；殊释文学，以质信言，则见以为鄙。"犹言口才敏捷，富于文采，就被认为是炫耀；撇开辞藻，实话实说，就被认为是粗鄙。

《淮南子·谬称训》曰："文者，所以接物也；情，系于中而欲发外者也。以文灭情则失情，以情灭文则失文。文情理通，则凤鳞极矣，言至德之怀远也。"犹言文采是表达感情的，二者不可偏废；情文并茂才是好文章，才可以传之久远。

我师杨伯峻先生说："儒家认为礼乐是文，仁义是质，两者必须配合适当。"

近代学者辜鸿铭说："当一个人的自然属性战胜了教育效果，他就是一个粗俗不堪的人；当教育效果战胜了人的自然属性，他就会变得很有涵养。只有当人的自然属性和教育效果很好地结合在一起，那么我们就可以看到一个聪明而品德高尚的人。"

【引言】人应该成为一个诚恳正直的人，但是有的人却做不到。

6.19 子曰：“人之生也直，罔之生也幸而免。”

【通解】孔子说：“人们之所以活得舒坦，是因为他们为人正直，走的是正道；不正直而走邪道的人也有活得蛮好的，那是由于他偶然的侥幸。”

仁者寿，智者乐。好人心态好。正直的人坦荡荡，理应活得自在且长寿。

唐代诗人邵谒《送徐群宰望江》诗云：“为丝若不直，焉得琴上声？”丝弦不直，没法子奏琴；为人不直，没法子立身。

现代学者蔡元培在《运动会的需要》一文中说：“宁正直而败，毋诡诈而胜。”运动员弄虚作假，虽胜犹败。

【引言】人们从事于任何一种职业或钻研任何一门学问，怎样才能到达于最佳境界呢？

6.20 子曰：“知之者不如好之者，好之者不如乐之者。”

【通解】孔子说：“知道某种业务或学问的人，不如爱好某种业务或学问的人来得专心；爱好某种业务或学问的人，又不如能够从其中自得其乐的人来得深入和持久。”

东晋著作郎李充云：“虽知学之为益，或有计（打算）而后知学，利在其中，故不如好（hào）之者笃（扎实）也。好（hào）有盛衰，不如乐之者深也。”

为什么知之者不如好之者？好之者不如乐之者？因为知之者目的在求知，完成任务而已；好之者旨在好奇，能从中获取满足；乐之者乐在其中，直感到生命沉醉的大欢喜，他非所计也。

“乐之者”所到达的乃人之最佳境界，恰如晋人陶渊明在《饮酒》诗中所写的：“山气日夕佳，飞鸟相与还；此中有真意，欲辨已忘言。”

近代学者辜鸿铭说：“了解不如喜欢，喜欢不如乐在其中。”

【引言】人们的智力，大致可以划分为高中低三种水平。孔子因材施教，怎样看待他们呢？

6.21 子曰："中人以上，可以语上也；中人以下，不可以语上也。"

【通解】孔子说："对于中等以上的人才，可以和他们讲讲高深一些的道理，他们会愉快接受；对于中等以下的人，不可以和他们讲述高深一些的道理，因为他们不理解。"

何谓中人？汉代学者王充《论衡·本性篇》曰："无分于善恶，可推移者，谓中人也，不善不恶，须教成者也。故孔子曰：'中人以上，可以语上也；中人以下，不可以语上也。'"

宋代学者朱熹说："言教人者，当随其高下而告语之，则其言易入，而无躐（liè）等（不循序渐进）之弊也。"

近代学者辜鸿铭认为："你可以把高深的事情和道理讲给心智高于平均水平的人，却不可以同心智低于平均水平的人谈论这些事情和道理。"

当代学者傅佩荣认为："'中人以上'是指中等才智中愿意上进的人，'中人以下'是指中等才智中自甘堕落的人。因此，中等才智的人愿意上进，就可以告诉他们高深的道理；中等才智的人自甘堕落，就没有办法告诉他们高深的道理了。"

【引言】春秋时鲁国人樊迟，是孔子学生，小孔子四十六岁；曾三次向孔子问仁，两次向孔子问智，一次问孔子学稼学圃。

6.22 樊迟问知（zhì智）。子曰："务民之义，敬鬼神而远之，可谓知（zhì智）矣。"问仁。曰："仁者，先难而后获，可谓仁矣。"

【通解】樊迟问老师，什么叫智。孔子说："尊重民众的愿望，以实现民众的愿望为当务之急；尊重民众的信仰，对鬼神抱着尊敬而远离的态度，可够得上是智了。"樊迟问什么是仁。孔子说："仁嘛，遇到困难时走在前面，收获成果时走在后面，可够得上是仁了。"

现代作家鲁迅说："记得还是去年（1926 年）在厦门岛上的时候，因为太讨人厌了，终于得到'敬鬼神而远之'式的待遇，被供在图书馆楼上的一间屋子里。"

当代学者张岱年说："务民之义，敬鬼神而远之。即以人为终极关怀，反对求助于鬼神，可以说是古代的人本主义。这种以人为本的学说在现代仍是有重要意义的。"

什么叫"先难而后获"呢？宋人范仲淹在《岳阳楼记》中说得好："其必曰'先天下之忧而忧，后天下之乐而乐'欤！"

【引言】山水怡情，人们各有所好（hào）。

6.23 子曰："知（zhì 智）者乐水，仁者乐山。知者动，仁者静。知者乐，仁者寿。"

【通解】孔子说："有智慧的人，钟爱河川，有爱心的人钟爱峰峦。有智慧的人像河流一样灵动，永不衰竭；有爱心的人像峰峦一样安详，积善成德。有智慧的人豁达乐观，有爱心的人健康长寿。"

南宋学者朱熹说："智者达于事理而周流无滞，有似于水，故乐水；仁者安于义理，而厚重不迁，有似于山，故乐山。动静以体（形体）言，乐寿以效（效果）言也。动而不括（不受拘束）故乐，静而有常（保持常态）故寿。"

当代学者南怀瑾对此有不同理解。他说："智者的快乐，就像水一样，安详活泼；仁者的快乐，就像山一样，崇高伟大。智者的乐是动性的，仁者的乐是静性的。智者兴趣广泛，所以常快乐；仁者遇事冷静，所以能长寿。"

仁者不忧，故长寿；仁者寿，故常乐。北京颐和园有"乐寿堂"当即此意。

"仁者静"有道是："忙处会偷闲，闲中能取静，便是安身立命的功夫。"静何以能安身立命呢？蜀汉丞相诸葛亮《诫子书》曰："君子之行，静以修身，俭以养德。非澹泊无以明志,非宁静无以致远。夫学须静也，才须学也；非学无以广才，非静无以成学。"是说"静"有助于修身养德，有助于高瞻远瞩；"静"有助于潜心学习，学习也需要清静；好学才可以成才，好学才可以不断提高自己。

【引言】改革的思想，盖古已有之，人生正道是沧桑。

6.24 子曰："齐一变，至于鲁；鲁一变，至于道。"

【通解】孔子说："齐国急功近利，喜夸诈，以刑法治国；若进行改革，将达到鲁国的境界。鲁国重仁厚礼，崇信义，以礼治国；若加以改革，将进入大同的境界。"

大同境界是古人一种理想。《礼记·礼运篇》云："大道之行也，天下为公。选贤与能，讲信修睦。故人不独亲其亲，不独子其子。使老有所终，壮有所用，幼有所长，矜寡孤独废疾者，皆有所养。男有分，女有归。货恶（wù）其弃于地也，不必藏于己；力恶（wù）其不出于身也，不必为己。是故谋闭而不兴，盗窃乱贼而不作。故外户而不闭。是谓大同。"

【引言】盛行于商代和西周初期的一种盛酒器具叫"觚"（gū）。觚呈喇叭形，细腰，鼓腹，高圈足。腰部和圈足上，有棱有角，甚美观。

6.25 子曰："觚（gū）不觚，觚哉！觚哉！"

【通解】春秋后期的觚已经没有棱角了，孔子因而叹息道："觚也不是原先的觚了，觚啊！觚啊！"

宋代学者程颐说："觚而失其形制，则非觚也。举一器，而天下之物莫不皆然。故君而失其君之道，则为不君（不像个君主）；臣而失其臣之职，则为虚位（占着官位白吃饭）。"

其实从发展的角度看，一切都在变。器物也好，制度也罢，发展变化乃是必然的趋势。这正合着一句话："逝者如斯夫，不舍昼夜！"旧事物合当成为过去时。

【引言】春秋鲁国人宰我，姓宰名予，字子我，是孔子学生，以善于辞令著称。

6.26 宰我问曰："仁者，虽告之曰：'井有仁【人】焉'，其从之也？"子曰："何为其然也？君子可逝也，不可陷也；可欺也，不可罔也。"

【通解】宰我问老师道："作为有爱心的人，如果有人告诉他说'井里有个人掉下去了'，他会跟着下去救吗？"孔子说："怎么能这样说呢？作为君子，他可以到井边去，想办法营救，但不可以自己也陷进去；君子，你可以欺哄他，但不可以诬罔他。"

何谓君子"可欺也，不可罔也"？《孟子·万章上》记载，从前有人送条活鱼给郑国的执政子产，子产让主管池塘的人蓄养起来，那人却煮着吃了，向子产汇报说："刚放下池塘有些不自然；一会儿便摇头摆尾的游起来了；忽然间速度加快，潜入深水，便不见踪影了。"子产赞叹道："得其所哉！得其所哉！"说鱼儿到了最合适的地方。那人出来后，对人家说："谁说子产聪明呢？我已经把那条鱼煮着吃了，他还说得其所哉，得其所哉。"孟子说："故君子可欺以其方，难罔以非其道。"犹言对待君子，可以用合情合理的情节来欺蒙他，而难以用违背道义的事情来忽悠他。

宰我信道不诚，修养不深，见有人落井，不知道自己该不该下去救他，于是去问老师。孔子反诘道："为什么事情会是这样呢？营救的方式多着，何需乎从井救人？对待君子，你可以促使他行可行之事，不可以诱使他践必无之理。从井救人，即必无之理也。"

【引言】君子务本，君子好学，君子不重则不威。君子的最低条件是什么？

6.27 子曰："君子博学于文，约之以礼，亦可以弗畔矣夫！"

【通解】孔子说："君子广泛地学习古代典籍，同时用礼仪约束自己，也就不至于离经叛道了。"

《荀子·劝学篇》曰："君子博学而日（每天）参（三）省（xǐng）乎己，则知（zhì 智）明而行无过矣。"

《孔子家语·致思》云："故君子不可以不学，其容不可以不饰。不饰无类，无类失亲，失亲不忠，不忠失礼，失礼不立。夫远而有光者，饰也；近而愈明者，学也。"

宋代学者朱熹说："君子学欲其博，故于文无所不考；守欲其要，故其动必以礼。如此，则可以不背于道矣。"一个博学，一个守礼，就这么简单。

【引言】孔夫子周游列国，在卫国住了下来。卫灵公夫人南子邀请他来见，孔子固辞不获，不得已而往见之。

6.28 子见南子，子路不说【悦】。夫子矢之曰："予所否者，天厌之！天厌之！"

【通解】孔子与南子相见，因南子名声不好，故子路很不高兴。孔子发誓道："我如果有什么错，老天会厌弃我！老天会厌弃我！"

《史记·孔子世家》记载，卫灵公夫人南子，派人向孔子传话，说是："四方来的客人若想得到卫君的信用，必须经由我转达。我愿意会见孔子。"孔子辞谢，不得已而见之。晋见时，夫人在帷帐中，孔子入门，南北叩头至地。夫人自帷中回拜，环佩玉声叮当。孔子感到尴尬，回来跟弟子说："我本来不想见她，后来既然见了，也只好以礼相答。"秉性直爽的子路很不高兴，他觉得孔子有失身份。孔子急了，发誓说："予所否者，天厌之！天厌之！"

【引言】不偏不倚叫中，持久和谐叫庸，中庸就是长时期处于恰到好处的状态。

6.29 子曰："中庸之为德也，其至矣乎！民鲜（xiǎn）久矣。"

【通解】孔子说："中庸作为一种道德标准，那是最高的标准，也是最合适的一种标准！这做起来也不难，但是长久以来很少有人能够做到了。"

《礼记·中庸》云："喜怒哀乐之未发，谓之中（不偏不倚，无过无不及）；发而皆中（zhòng）节，谓之和。中也者，天下之大本（根本）也；和也者，天下之达道（普遍准则）也。致（达到了）中和，天地位（各得其所）焉，万物育（发育生长）焉。"

有谁达到了中庸的标准？《礼记·中庸》引孔子曰："回之为人也，择乎中庸，得一善，则拳拳服膺（yīng）而弗失之矣。"颜回的为人，选择了中庸之道，得到了这一善道，便牢牢记在心中，永远都不会忘记了。

毛泽东 1939 年 2 月 20 日在《致张闻天》的信中说："孔子的中庸观念没有这种发展的思想，乃是排斥异端树立己说的意思为多，然而是从量上去找出与确定质而反对'左'右倾则是无疑的。这个思想的确如伯达所说，是孔子的一大发现，一大功绩，是哲学的重要范畴，值得很好地解释一番。"

【引言】为实现远大理想，总须从实际出发，从近处入手吧？

6.30 子贡曰："如有博施于民而能济众，何如？可谓仁乎？"子曰："何事于仁！必也圣乎！尧舜其犹病诸！夫仁者，己欲立而立人，己欲达而达人。能近取譬，可谓仁之方也已。"

【通解】子贡说："如果能广施恩惠于民且周济众多百姓，怎么样？可以说是'仁'了吗？"孔子说："这何止是仁呢？！这是品行最高的圣德了！博施而济众可能连唐尧虞舜还担心自己能否完全做到哩！胸怀仁爱的人，自己能立业，也让别人能立业！自己谋发展，也让别人能发展。能设身处地，将心比心，从近处入手，从小事做起，这可以说是践行仁爱的一条切实可行之路吧。"

宋代学者张载说："仁性者，万物一源，非我所得而私也，唯大人为能尽其道。故立必俱立，知必周知，爱必兼爱，成不独成。"

法国作家罗曼·罗兰说："要散布阳光到别人心里，先得自己心里有阳光。"否则，怎么能推己及人呢？

述而篇第七（凡38章）

【引言】本篇在孔子的自我评价中，进一步体现其教育思想。

本章写孔子自比于老彭。古代的学术掌于史官，老彭是商朝的贤大夫，是掌握文史的官，以博学著称。

7.1 子曰："述而不作，信而好古，窃比于我老彭。"

【通解】孔子说："只阐述古代文献的内容而不撰写自己的著作，信守传统，而热爱古代文化，我愿把自己比作老彭。"

《礼记·乐记》云："作者之谓圣，述者之谓明。"孔子不以圣自居，故自称述而不作。

东晋学者葛洪说："或人难曰：人中之有老彭，犹树中之有松柏，禀之自然，何可学得乎？"老彭是殷代贤大夫，孔子以他自比，是为了向他学习之意。

南宋学者朱熹说："老彭，商朝贤大夫，见《大戴礼》，盖信古而传述者也。孔子删《诗》《书》，定《礼》《乐》，赞《周易》，修《春秋》，皆传先王之旧而未尝有所作也，故其自言如此。"

近代学者辜鸿铭说："孔子通过《中庸》说：'夫孝者，善继人之志，善述人之事者也。'总而言之，孔子就是这么一个人，他宣扬周礼并不是因为他有什么野心或者名声的期盼，而是他真的喜爱周礼，渴望将他发扬光大。"

【引言】学习是一个永恒主题，学习没有终点，能学才能教。

7.2 子曰："默而识（zhì 记住）之，学而不厌，诲人不倦，何有于我哉？"

【通解】孔子说："留心观察和体会，默默地记住一些东西；学习不感到厌烦，教学而不知道疲倦。这些对于我来说，又算得了什么呢？"

《孟子·公孙丑上》记载，昔者子贡问于孔子曰："夫子圣矣乎？"孔子曰："圣则吾不能，我学不厌而教不倦也。"子贡曰："学不厌，智也；教不倦，仁也。仁且智，夫子既圣矣乎。"

《吕氏春秋·尊师》载，子贡问孔子曰："后世将何以称夫子？"孔子曰："吾何足以称哉？勿已者，则好学而不厌，好教而不倦，其唯此邪！"

学无止境。《荀子·劝学篇》云："君子曰：学不可以已。青，取之于蓝，而青于蓝；冰，水为之，而寒于水。"意思是说，学习不可以停止。靛青是从蓼蓝草中提炼出来的，而颜色比蓼蓝草更深；冰，是由水变成的，而冰比水更冷。只有不断学习，才能超越前人。

现代教育家陶行知在《我们的信条》中说："教师必须学而不厌，才能诲人不倦。"

【引言】人都有自己的忧虑，孔夫子也不另外。他忧虑的是什么呢？

7.3 子曰："德之不修，学之不讲，闻义不能徙（xǐ），不善不能改，是吾忧也。"

【通解】孔子说："道德方面不加强修养，学问方面不经常讲习，领悟了道理而行动跟不上，发现了缺点错误而不能及时改正，这些都是我所忧虑的。"

南宋学者朱熹引尹焞（tūn）曰："德必修而后成，学必讲而后明，见善能徙（能付诸行动），改过不吝（不顾惜），此四者，日新（进步）之要也。苟未能之，圣人犹忧，况学者乎？"

孔子早说过："过则勿惮改。"（见 1.8）有了错误和缺点，就不要怕改正。这话是对学生说的，说应该知错必改。如今又说"不善不能改，是吾忧也"，也是对学生说的，说的是自己知错不改也不行。这说明孔子要求学生严，要求自己更严。育人于育己之中，这也是一种教育。

【引言】孔子经常在忧自己、忧家忧国忧天下，他就没有放松的时刻吗？

7.4 "子之燕居，申申如也，夭夭如也。"

【通解】孔夫子偶或在家里休闲的时候，服饰是整齐清洁的样子，肢体是伸展自如的样子，心情是自然愉悦的样子。

东晋著作郎孙绰（chuò）曰："燕居无事，故云心内平和，外体舒畅者也。"

【引言】周公姓姬名旦，是周文王之子。他辅佐周武王灭纣，建立周王朝，厥功甚伟。相传周朝的礼乐制度，均由他所制定。

7.5 子曰："甚（shèn）矣吾衰也！久矣吾不复梦见周公！"

【通解】孔子说："我已经非常衰老了，很久以来都不曾梦见周公了！"

周朝初年的太平盛世，是孔子所十分向往的，所以会常常想到或梦到周公的业绩。到了暮年，体力渐衰，而壮心未已，故有此叹息之言。

《吕氏春秋·博志篇》云："盖闻孔丘，墨翟（dí）昼日讽诵习业，夜亲见文王、周公旦而问焉。用志如此其精也，何事而不达？何为而不成？"这是说，孔子经常会梦见周公，向他请教，故事理通达而事业当成。

宋代学者朱熹说："孔子盛时，志欲行周公之道，故梦寐之间，如或见之。至其老而不能行也，则无复此心，而亦无复此梦矣，故因此而自叹其衰之甚也。"

孔子一直就认为，创造了光辉灿烂的西周文化的，是五百年前的周公旦。周公助武王灭商，辅成王执政；平定叛乱，分封诸侯。周公制礼作乐（yuè），建立法治以取代殷商的神权统治。孔子对周公倾慕备至，沦肌浃髓，所以经常会梦见周公而欢；及至年老体衰，夜寐无痕，才会有不复梦见周公之叹。

【引言】孔子心目中的治世能人，是品德高尚而又精通业务的人才。他从实践经验中，总结出了十二字的教育纲领。

7.6 子曰："【士】志于道，据于德，依于仁，游于艺。"

【通解】孔子说："士人应立志钻研和信奉大道理，坚守住做人的基本道德，秉持着仁爱之心不迟疑，调节于礼乐射御书数之中。"

礼是指礼仪，乐指音乐，射指弯弓射箭，御指驾驭车马，书指文字之学，数指算术与推算历象之术。此六者，总称为六艺。

士人当立志向道，据守于德，依存于仁，游憩于艺。意思是说道为本，艺为末；故重艺而轻道之风，皆昧之于本末轻重者。

《礼记·学记》曰："故君子之于学也，藏焉，修焉，息焉，游焉。夫然，故安其学而亲其师，乐其友而信其道，是以虽离师辅而不反也。"意思是说，君子对待学业呀，沉浸于其中，修炼于其中，生发于其中，游憩于其中。这样，自然安心于其学而亲敬于其师，乐于与同学相处而坚守自己的信念；所以，即使离开师友，学业也不会因此而回生。

【引言】孔子办学，学生甚多，入学条件是什么？

7.7 子曰："自行束脩以上，吾未尝无诲焉。"

【通解】孔子说："凡在十五岁以上能自己束发修身的少年，只要稍微有一点报酬，我没有不对他进行教诲的。"

记得1934年，我五岁发蒙，就只送了六枚鸡蛋给老师作"束脩"。

当代学者南怀瑾说："我认为孔子这句话的意思是说，凡是那些能反省自己、检束自己而又肯上进向学的人，我从来没有不教的，我一定要教他。"

南怀瑾还说："如果说束脩是腊肉，孔子三千弟子，哪里吃得了这许多腊肉，放也没有这样大的地方来放。还有孔子的学生中如颜回，连一个好一点的便当（盒饭）都没有，哪里来的腊肉送给老师？而孔子不但教他，并且以他为最得意的学生。"

【引言】在世界教育发展史上，孔子提出了启发式教学法，比古希腊哲人苏格拉底提出的"助产士"教学法要早半个多世纪。

7.8 子曰："不愤不启，不悱（fěi）不发。举一隅【而示之】不以三隅反，则不复也。"

【通解】孔子说："在教学过程中，不到学生想来想去想不通的时候，不去启发他。告诉他那里是东方，他不能以此类推出南西北三方，就不再重复告诉他了。"

《礼记·学记》云："力不能问，然后语之；语之而不知，虽舍之可也。"意思是说，学生不具备提出问题的能力，然后告诉他怎么提问；告诉了还是不理解，那就不再告诉他也是可以的。

《孟子·告子下》云："教亦多术矣，予不屑之教诲也者，是亦教诲之而已矣。"犹言教学也有多种方式，我不屑于教诲他，这也是一种教诲呢。

外因通过内因起作用。如果学生不想学，甚至不耐烦，老师讲得再多也白搭。如果学生有期待，而且会联想，老师画龙点睛一下就成了。

唐代学者刘知几《史通·叙事》云："睹一事于句中，反三隅于字外。"读书时从句中看到一件事，会从字句外类推出其他事情，就是说要触类旁通，举一反三。

"不愤不启，不悱（fěi）不发。"现在叫启发式教学。老师只从旁指点而决不直接灌输。《孟子·尽心上》云："引而不发，跃如也。"犹言拉满了弓，却不把箭射出去。只作出跃跃欲试的样子。盘马弯弓故不发，是一种教学艺术。

【引言】礼节都是具体的，它存在于社会生活的方方面面。

7.9 子食于有丧（sāng）者之侧，未尝饱也。

【通解】孔子在有丧事的人身边吃饭，从未吃饱过。

自然而然，这也是一种礼节。

《礼记·檀弓上》云："食于有丧者之侧，未尝饱也。"这是为了和丧家的悲哀气氛相协调，为了增加一些悲哀气氛的缘故。

我师杨伯峻先生说："从这里可见孔子富于同情心。"

《孟子·告子上》曰："恻隐之心，人皆有之；恻隐之心，仁也。"

【引言】喜怒哀乐，皆发乎情。情绪是喜怒哀乐的调节器和出发点。

7.10 子于是日哭，则不歌。

【通解】孔子也有悲哀的时候，在哭了的这一天，就不唱歌。

《礼记·檀弓》云："吊（吊丧）于人，是日不乐（yuè 奏乐唱歌）。"

南宋学者朱熹云："哭，谓吊哭。一日之内，余哀未忘，自不能歌也。"

这说明孔子平时爱好音乐，常歌唱；但在帮人家主持丧礼时，因哀丧而哭泣，便不复唱歌。他帮人家治丧，说明他对生命的重视。古人云："死生亦大矣。"岂不痛哉！

【引言】孔子的学生颜回以谦抑为本，子路以好勇著称，孔子对他俩态度如何？

7.11 子谓颜渊曰："用之则行，舍之则藏，惟我与尔有是夫。"子路曰："子行三军，则谁与？"子曰："暴虎冯（píng 凭）河，死而不悔者，吾不与也。必也临事而惧，好谋而成者也。"

【通解】孔子对颜渊说："被任用，就出任，不被任用，就退隐，这是只有我和你才有此境界吧。"子路问："老师如果去带兵，将和谁一同去呢？"孔子说："徒手打老虎，徒步过大河，一身勇气，死而无悔的那种人，我不会和他共事的。我需要的是对事情抱着敬畏之心，考虑周详，多谋善断，以底于成的那种人啊。"

"临事而惧"，是孔子初战必慎之意；"好谋而成"，是孔子战则必胜之心。

《孟子·尽心上》云："古之人，得志，泽加于民；不得志，修身见（xiàn）于世。穷则独善其身，达则兼善天下。"意思是说，古代的人，在位时，恩惠普施于百姓；不在位时，则加强修养，以此表现于世人。无权就洁身自好，有权就为民尽忠，这也就是"用之则行，舍之则藏"的意思了。

"暴虎凭河"是先前就有的古话。《诗·小雅·小旻》曰："不敢暴虎，不敢冯（píng 凭）河。"不敢徒手打老虎，不敢徒步过大河。孔子把两句话合成一句说，是一种创举。

【引言】为人师表的孔子，在学生面前，从来不隐瞒自己的观点。

7.12 子曰："富而【如】可求也，虽执鞭之士【事】，吾亦为之。如不可求，从吾所好。"

【通解】孔子很坦率地说："富裕如果是可以追求得到的，哪怕是持鞭子帮人驾马车之事，我也干。如果不是追求得到的，那我还是干我所最爱好的事业罢。"

《史记·管晏传赞》曰："假令晏子而在，余虽为之执鞭，所忻慕焉。"司马迁愿意为齐国卿相晏婴驾车，是表示一种景仰。

《史记·孔子世家》载："鲁自大夫以下皆僭（jiàn 越位）离于正道。故孔子不仕（不做官），退而修《诗》《书》《礼》《乐》。弟子弥众，至自远方，莫不受业焉。"这说明，整理古籍，开门授徒，乃是孔子最好的事业。

"从吾所好"的想法，对后世影响很深。

《儒林外史》第五十五回记载，有一个裁缝师傅叫荆元，五十多岁了，每日替人家做了生活，余下的工夫就弹琴写字，还喜好做诗。朋友们劝他："你既要做雅人，为什么还要当裁缝？何不同学校中人交往交往？"他道："我也不是要做雅人，也只为性情相近，故此时常学学。至于我们这个贱行（háng）是祖、父遗留下来的，难道读书识字，做了裁缝便玷（diàn）污了不成？况且那些学校中的朋友，他们另有一番见识，怎肯和我们交往！而今，每日寻得六七分银子，吃饱了饭，要弹琴，要写字，诸事都由得我。又不贪图人的富贵，又不伺（cì）候人的颜色，天不收，地不管，倒不快活？"

现代学者胡适一辈子都在追求"从吾所好"的境界。有一次住院，基本复原后，有一位护士递上个本子来请他题字。他不假思索地写下一句话，是："做自己喜欢做的事。"此即"从吾所好"之意也。

【引言】如何对待祭祀，如何保卫国家安全，如何维护生民健康，孔子都非常重视。

7.13 子之所慎：齐（zhāi 斋）、战、疾。

【通解】孔子所慎重对待的大事有三：斋戒、战争、疾病。

孔子对斋戒的要求是居处清静，身体清洁；饮食素净，衣服整齐；思想纯正，言语得体，举止端庄。这是筹备虔诚祭祀的需要。

孔子对战争的要求是临事而惧，好谋而成；以和为贵，战则必胜。这是捍卫国家安全的需要。

由于医疗水平低下，古人对疾病几乎一筹莫展。孔子对疾病医疗极为关注。他阅读《黄帝内经》《神农本草》以掌握知识，及时探望病人尽可能予以救治，将爱护自己身体定为孝道之一。这是维护生民健康的需要。

【引言】孔子在齐国的政治活动失败了，但在学术上却颇有收获。

7.14 子在齐闻《韶》【乐】，三月不知肉味。曰："不图为乐之至于斯也。"

【通解】孔子在齐国听到虞舜时所作的《韶》乐（yuè），美得不得了，以至于三个月之久感觉不到吃肉的滋味，他深有感触地说："还真没想到《韶》乐，在齐国会演奏得如此之尽善尽美呀。"

春秋时陈国在今河南淮阳一带，陈国的国君是虞舜的后裔。陈公子完因避祸到齐国居住改姓田。田完把传统的韶乐也带到齐国去了，所以孔子能听到。

孔子也是因避难而到了齐国，本想接近接近齐景公，惜未能如愿。《史记·孔子世家》记载：孔子年三十五，鲁昭公奔于齐，鲁乱。孔子适（前往）齐，"与齐太师（乐官长）语乐（谈音乐），闻《韶》音，学之，不知肉味。"

所谓"不知肉味"，原来是孔子曾经全身心投入《韶》乐三个月，因而食不甘味了。

《八脩篇》第二十五章记载，子闻《韶》，"尽美矣，又尽善也。"谓《武》，"尽美矣，未尽善也。"这说明孔子很喜爱和谐之音，而不甚喜爱征伐之乐（yuè）。

【引言】孔子在卫国期间，卫国的政权发生了一些微妙的变故。孔子对此持什么态度？学生们极为关心。

7.15.1 冉有曰："夫子为（wèi）卫君乎？"子贡曰："诺，吾将问之。"

【通解】卫灵公在位时，因儿子蒯聩无道，便将他逐到国外去了。卫灵公死后，由夫人南子立蒯聩之子辄继任为国君。辄即位不久，蒯聩由晋国正卿赵鞅率军护送他到卫国边境，准备继位。卫国君辄已在位，不承认他父亲蒯聩有继任国君的资格。

此时孔子在卫国，弟子们很关心老师对此事的态度。冉有问子贡："老师会站在卫国君辄一边吗？"子贡说："好吧，等我去问问老师看。"

冉有是孔门政事科的优等生，子贡是孔门言语科的优等生。冉有关心孔子的政治态度，但怎么问老师呢？还得请善于言辞的子贡出面去问。

7.15.2 入，曰："伯夷、叔齐何人也？"曰："古之贤人也。"曰："怨乎？"曰："求仁而得仁，又何怨？"出，曰"夫子不为（wèi）也。"

【通解】子贡进入老师的居所，问道："伯夷、叔齐是怎样的人呢？"孔子说："他们是古代的贤人。"子贡又问："他们后来饿死了会后悔吗？"孔子说："他们追求仁德就具备了仁德，还后悔什么？"子贡辞别了老师出来，对冉有说："老师是不支持卫君辄的，当然，也并不支持蒯聩。"

善于辞令的子贡，怕孔子为难，所以没有直接问卫国之事，而是采取了旁敲侧击的方式。此方式果然奏效。子贡知道，伯夷叔齐两兄弟巴不得对方当国君，自己不当；而今子贡明白，老师既然如此高度赞扬伯夷叔齐，那么对待蒯聩与辄的冷淡态度也就可想而知了。

子贡问老师，伯夷叔齐何人也？孔子认为是"古之贤人也"。那么，何谓贤人呢？

《荀子·哀公篇》记载，鲁哀公问孔子，何如斯可谓贤人矣？孔子对曰："所谓贤人者，行为合乎规矩，而不伤本性；言语为天下取法，而不伤于己；掌握着天下财富，而身无余财；恩惠施于天下人，而不患贫困。如此则可谓贤人矣。"

这是孔子对一般贤人的定义，伯夷叔齐是贤人中的特例，远胜于一般贤人。所以，孔子特加一"古"字，称之为"古之贤人"。《孟子·万章下》谓，"伯夷，圣之清者也"，则视之为圣人矣。

【引言】富贵与贫贱是一对矛盾，该如何处理才是呢？

7.16 子曰："饭疏食饮水，曲肱（gōng）而枕之，乐亦在其中矣。不义而富且贵，于我如浮云。"

【通解】孔子说："吃素食，饮水，弯着胳膊当枕头，心地坦然，快乐的感觉也就油然而生了。来路不正的财富与官位，就像天上的浮云一般，是与我毫不相干的。"

孔子并不否定富贵，只否定来路不正的富贵。与其陷入来路不正的富贵，不如安于清贫之自得其乐也。

孔子早说过："富与贵是人之所欲也；不以其道得之，不处也。"（见 4.5）犹言富贵是人所盼望的，不因正当手段而得到，宁愿不要它。现在干脆说："不义而富且贵，于我如浮云。"是深一层的说法。俗话说得好："富贵如浮云，看破了，得亦不喜，失亦不忧。"

《盐铁论·地广》曰："临财不苟（不随便得），见利返义；不义而富，无名（无端）而贵，仁者不为也。"不合义而富有，乃不义之财；没有名望而贵，乃不义之举。仁人不搞这些的。

现代学者杨树达说："孔子疏食饮水，乐在其中；颜渊箪食瓢饮，不改其乐（见6.11）。此孔门弟子中颜渊所以独为孔子所称赞也。"

近代学者辜鸿铭说："我们要从三个方面来提高自己的修养：第一，内心恬淡而少有欲望；第二，谦虚知礼；第三，生活简朴。"这也就是不慕富贵，自甘恬淡而乐在其中之意。

唐代诗人李白《江上吟》曰："功名富贵若长在，汉水亦应西北流。"汉水发源于陕西，由西北流向东南，于湖北汉阳汇入长江。李白以汉水不可以倒流，说明功名富贵不长久，如过眼烟云罢了。

【引言】在孔子以前，记录占卜经验的书有三种：《连山》《归藏》《周易》。到孔子时，只剩下《周易》一书，其他都已失传了。

7.17 子曰："加【假】我数年，五十以学《易》，可以无大过矣。"

【通解】孔子四十三岁时，鲁国的贵族季氏掌控了大权，臣子阳货作乱专政。孔子不愿当官了，退下来整理《诗》《书》《礼》《乐》等典籍，结合教学，乐在其中。

四十七岁时孔子说："假如能多活几年，《诗》《书》《礼》《乐》的整理告一段落，五十岁开始钻研《周易》，到一定程度，就可以免于大的过错了。"

孔子学《易》二十年，写下了《彖（tuàn）》《系》《象》《说卦》《文言》等心得多篇；又广纳善言，加强修养，以臻于炉火纯青。孔子暮年总结道："五十而知天命，六十而耳顺，七十而从心所欲，不逾矩。"（见2.4）说的正是这个意思。

《史记·孔子世家》载，孔子晚而喜《易》，序《彖》（分别总说某卦的意思）、《系》（简要总述《周易》之理）《象》（专门解释爻辞）《说卦》（解说八卦变化之理）《文言》（专门解释乾、坤两卦的卦辞）。读《易》，韦编三绝（穿联简策的皮绳子多次被磨断）。曰："假我数年，若是（如果能这样），我于《易》则彬彬（能深透领会）矣。"

"韦编三绝"说的是，孔子晚年，对《周易》萌发了浓烈的兴趣，经反复阅读钻研深有心得。当时无纸张印刷书籍，将字刻在竹片上，再用熟皮带绳把竹片编成帘子状而成册。因翻来覆去地读啊读啊，以致编联《周易》竹简的熟牛皮绳子磨断了多次。

【引言】现代有多种方言，幸有普通话可以沟通。古代情况如何呢？

7.18 子所雅言，《诗》《书》执礼，皆雅言也。

【通解】孔子在正式场合，讲的是一种雅言（古代的普通话），比如讲诵《诗》《书》，执掌礼仪，说的就都是雅言。

雅与俗相对，唐代颜真卿《干禄字书序》曰："所谓俗者，例皆浅近。唯籍帐、文案、卷契、药方，非涉雅言，用亦无爽（无损）。"

雅言与方言相对。我师杨伯峻先生说："春秋时代各国语言不能统一，不但可以想象得到，即从古书中也可以找到证明。当时较为通行的语言便是雅言。"

比如齐国与楚国，方言差异就很大。《孟子·滕文公下》记载，孟子谓戴不胜曰："有楚大夫于此，欲其子之齐语也，则使齐人傅诸？使楚人傅诸？"曰："使齐人傅之。"曰："一齐人傅之，众楚人咻（xiū）之，虽日挞（tà）而求其齐也，不可得矣；引而置之庄岳之间数年，虽日挞而求其楚，亦不可得矣。"意思是说，孟子对老戴说："有一位楚国官员，想让他儿子学齐国话，那该让齐国人来教呢？还是让楚国人来教呢？"老戴说："让齐国人来教。"孟子说："一个齐国人教他，许多楚国人干扰他，纵然每天用鞭子抽他，也说不好齐国话；如果把他放到济南街上住上几年，那时纵然每天鞭打他，想让他说楚国话，也是办不到的了。"

【引言】孔子周游列国，受困于陈国蔡国一带，好不容易才到达于楚国边境的负函（今河南信阳）。当时驻守在负函地段的，是楚国的大夫沈诸梁，他当过叶县的长官，人称"叶公"。

7.19 叶公问孔子于子路，子路不对。

子曰："女（汝 rǔ）奚不曰：其为人也，发愤忘食，乐以忘忧，不知老之将至云尔。"

【通解】六十二岁的孔子，来到了楚国边境，楚国大夫叶公向子路打听孔子的为人，子路不知道怎样回答，所以什么也没说。孔子知道了此事，当即告诉子路："你为何不这样说，他这个人哪，发奋用功，忘记了吃饭，自得其乐，忘记了忧怨，以至忘了自己的年龄，好像不知道快要老了似的。"

孔子晚年学《易》非常投入，也非常开心。

《易·系辞传上》曰："旁行而不流，乐天知命，故不忧。"犹言正道直行而不放任自流，乐于接受自然规律，所以不会有什么忧愁。孔子自己说："五十而知天命。"可见从那时候起，就已经"发愤忘食，乐以忘忧"了。

有道是，廉不诉穷，勤不诉苦，公而忘私，乐而忘忧。

【引言】人的知识是从哪里来的？就人类总体而言，知识来源于实践；从个别的人来说，不可能事事亲历，那该怎么办呢？

7.20 子曰："我非生而知之者，好（hào）古，敏以求之者也。"

【通解】孔子说："我不是生下来就有知识的，是热爱古代文化，勤快钻研而得来的啊。"

禀赋不常有，且可遇而不可求；唯一可求的是主观努力和切身感受。

世间有没有生而知之的天才？现代学者胡适说："今日青年人的大毛病是误信'天才''灵感'等等最荒谬的观念，而不知天才没有功力，只能蹉跎自误，一无所成。世界大发明家爱迪生说得最好：'天才是一分钟神来，九十九分汗下。'他所谓'神来'，即是玄学家所谓'灵感'。用血汗苦功到九十九分时，也许有一分灵巧新花样出来，那就是创造了。"

"好古敏以求之者"，为什么呢？因为历史不可能割断。俗话说得好："知今宜鉴古，无古不成今。"

唐代学者韩愈不相信有"生而知之"的人，他在《师说》一文中说："人非生而知之者，孰能无惑？惑而不从师，其为惑也，终不解矣。"人不是生而知之的，谁没有疑惑之处？有疑惑而不求师，则此疑惑之处，始终难以清除了。

近代学者辜鸿铭认为，孔子之所以好古敏求，获得那么多知识，盖由于老子对他的一番劝告。《史记·老子韩非列传》载，孔子至周，向老子问礼。老子曰："你所说的人，其人与骨皆已朽矣，独其言尚在耳。君子得其时则为官乘车，不得其时则似蓬蒿飘转。我听说了，会做生意者深藏货财，似一无所有；而君子德行深厚，其外貌似一无所知。去掉你的傲气与多欲，态色与幻想，这些对你都没有好处。我能告诉你的，仅此而已。"

辜鸿铭说："孔子，圣人也，而老子诫之若此。谁谓孔子之所以成为万世敬仰之学者，非受老子此一番之告诫也耶？"

【引言】君子有为有不为，有言有不言。孔子不为酒困，不言的是什么呢？

7.21 子不语怪，力，乱，神。

【通解】孔子不谈论怪异、强力、骚乱、神鬼等荒诞之事。

怪异指木石水土之怪及妖星妖术之异。

强力者，非常人能有之力，如传说中夏朝的奡（ào）能陆地行舟，秦国的乌获能举千钧（三万斤）之类。

骚乱谓悖逆叛乱之事。

神鬼含天神地祇（qí）魑魅魍魉之属。

南宋学者朱熹引谢氏曰："圣人语常而不语怪，语德而不语力，语治而不语乱，语人而不语神。"

孔子之所以不语怪力乱神，说明他是一个面对现实的人，不作兴那些虚无缥缈的东西。

【引言】孔子的聪明才智从何而来？原来是由于他最善于学习。

> 7.22 子曰："三人行，必有我师焉；择其善者而从之，其不善者而改之。"

【通解】孔子说："同若干人相处，其中必然有我的老师；对他的长处，我向他学习向他看齐；对他不足之处，便作为借鉴以戒惕自己，有则改之无则加勉。"

孔子称郑国的执政子产为"古之遗爱"（古来受人敬爱的人）。子产说过："其所善者，吾则行之；其所恶者，吾则改之。是吾师也。"子产以百姓为师，百姓赞成的事就做，百姓厌恶的事就改正，故政绩斐然。

好学必尊师，尊师必好学。故好学之人，处处都有老师，无处而非学问也。

《老子》第二十七章云："善人者，不善人之师；不善人者，善人之资。不贵其师，不爱惜其资，虽智大迷。"意思是说，善人可作不善人的老师，不善人可作善人的借鉴。如果不重视自己的老师，不爱惜自己的借鉴，即使有智慧，也会招致很大的迷惑。

孔子也说过："见贤思齐焉，见不贤而内自省也。"（见4.17）犹言遇见贤人，便应该向他看齐；发现不贤的人，便应当自我反省，有则改之，无则加勉。

唐代学者韩愈认为"道之所存，师之所存"，道理或技艺所在之处，即老师所在之处。他在《师说》一文中说："圣人没有固定的老师。孔子以郯（tán）子为师，以苌（cháng）弘为师，以师襄为师，以老子为师。郯子他们的贤能都比不上孔子。故而孔子说，三人行，则必有我师。"

【引言】年近花甲的孔子经过宋国（今河南省东部）时，掌握大权的宋司马（武官）桓魋（tuí），想杀害孔子，孔子从容地离开了宋国。

7.23 子曰："天生德于予，桓魋（tuí）其如予何！"

【通解】孔子与弟子们说："上天赋予我德操，授予我拨乱反正的使命与能力，桓魋能把我怎样！"

自矜自负自信，此乃孔子"五十而知天命，六十而耳顺"有以致之也。

《史记·孔子世家》载，孔子离开曹国到宋国，与弟子演礼于大树下。宋司马桓魋（tuí）欲杀孔子，拔其树。孔子离开现场。弟子曰："可以速矣。"孔子曰："天生德于予，桓魋其如予何！"

法国思想家伏尔泰说："所有的人都是平等的，使人们有所不同的不是出身，而是德行。"

孔子离开宋国后，到了郑国。《史记·孔子世家》载，孔子抵郑，与弟子相失，孔子独立于郑国（今河南新郑）外城之东门。郑国人对子贡说："东门有人，其额似尧，其脖子类皋陶（yáo），其肩类子产，不过自腰以下比禹少三寸，疲惫若丧家之狗。"子贡如实转告于孔子。孔子欣然地笑曰："形状，不一定像；而谓似丧家之狗，然哉！然哉！"——其风趣乐观如此。

【引言】孔子的弟子学习要求很高，他们见孔子平时言语无多，就觉得老师有所保留似的。

7.24 子曰:"二三子以我为隐乎?吾无隐乎尔。吾无行而不与二三子者,是丘也。"

【通解】孔子说:"你们以为我保留了什么吗?我没有什么可保留的。我没有任何行为举止不亮在你们眼前的,你们看我的行为举止,这就是我孔丘为人的本色啊。"

这说明身教重于言教,规范的行为举止比高头讲章更有效。孔子践行的是"敏于事而慎于言"(见1.14),"讷于言而敏于行"(见4.24)。

世事洞明皆学问,人情练达即文章。当代学者南怀瑾说:"孔子的教育法是在日常生活行为上,处处表达无遗;不要有神秘感,不要有好奇心;他随时随地都在教学,学问就从生活经验得来。书本上是求知识,求前人的经验和前人的见解与心得。但是要把这些知识、见解与心得用到自己身上,就要加以体验了。"

【引言】曾子每天反思:为人谋而不忠乎?与朋友交而不信乎?传不习乎?其实,这也体现了孔子教学的目的要求。

7.25 子以四教:文,行,忠,信。

【通解】孔子从四个方面教育学生:历代文献、社会实践、忠于所事、诚实守信。

南朝梁学者刘勰《文心雕龙·宗经》云:"夫文以行立,行以文传,四教所先,符采相济。"意思是说,孔子以文行忠信为四教,四教之中,以文为首,可见文章与道德是相互为用的。文章反映出作者的品德,而作者的品德又靠文章来传播。此二者相辅相成,相得而益彰。

宋代学者程颐说:"教人以学文修行而存忠信也,以忠信为本。"

近代学者蔡元培为"四教厅"撰书对联曰:

博学于文,行已有耻,亭林毕生铭诸座;

为人谋忠,与友交信,曾子每日省其身。

意思是说,广泛地学习历代文献,用羞恶之心约束自己,顾炎武一生以此作为座右铭；为别人办事尽忠竭力，与朋友交往诚实守信，曾子每天以此反省自身。

当代学者南怀瑾认为，文行忠信不是四科，而是教育的中心。文包括了文学，乃至一切学问的完成。行，狭义的是行为品德，广义的是事业的成果。忠、信是内心的修养，是人格的造就。

【引言】孔子看到当时礼崩乐坏，世风颓靡的景象，有无限感慨。

7.26 子曰："圣人，吾不得而见之矣；得见君子者，斯可矣。"

子曰："善人，吾不得而见之矣；得见有恒者，斯可矣。亡【无】而为有，虚而为盈，约而为泰，难乎有恒矣。"

【通解】孔子叹息道："品德最高的圣人，我不可能见到他了；能见到品德高尚的君子人也就可以了。"

孔子又叹道："长期坚持做好事的善人，我不可能见到他了；能见到长期坚持守本分的常人，也就可以了。明明没有，却自以为有；明明空虚，却自夸为盈；明明穷困，却装着很奢华。这样的人一多，能长期坚持守本分的人也就难以找到了。"

南宋学者朱熹曰："圣人，神明不测之号。君子，才德出众之名。"

南宋王应麟《困学纪闻》曰："善人，周公所谓吉士也；有恒，周公所谓常人也。"

怎样才能成为一个君子呢？孔子说："先行，其言而后从之。"（见2.13）先把想说的话付诸实行，然后再说出来。这就够得上是一位君子了。

怎样才能成为一个有恒的人呢？有恒的人就是长期坚持守本分的人，他不虚夸，不自诩，不弄虚作假；真诚面对现实，真诚面对自己，始终坚持不懈，这就够得上是一个有恒的人了。

始终坚持不懈，是有恒者的最高表现，也是成败的关键。《孟子·尽心上》云："有为者譬若掘井。掘井九仞而不及泉，犹为弃井也。"掘井掘到二十多米深，没有见到水，就不挖了；剩下一口废井，诉说着无恒之败。

【引言】鱼在水中游，鸟在天上飞，怎样去获取它们呢？孔子获取它们时有自己的准则。

7.27 子钓而不纲，弋不射宿。

【通解】孔子只以钓鱼竿钓鱼，而不挈纲撒网以捕鱼；只在白天以带绳的箭射鸟，而不射夜宿之鸟。

南宋学者朱熹引洪氏曰："孔子少贫贱，为养生与祭祀或不得已而钓弋，如猎较（打猎助祭）是也。然尽物取之（大量获取），出其不意，亦不为也。此可见仁人之本心矣。待物如此，待人可知；小者如此，大者可知。"

孔子获取鱼鸟的准则，古人亦颇为称颂。而现代人类面临自然资源日益减少，生态环境急剧恶化之时，我们才深切体会到，孔子反对过度捕杀鱼鸟，其智慧与现代生态伦理学的观点颇相契合也。

【引言】怎样学习？怎样写作？孔子有自己一套行之有效的办法。

7.28 子曰："盖有不知而作之者，我无是也。多闻，择其善者而从之；多见而识（zhì 记住）之；知之次也。"

【通解】孔子说："可能有人会无知妄作，我没有这种事。我的办法是：多听听，把其中真实合理的东西加以吸收；多看看，记住其中确实有用的东西；其次再结合自己确切知道的东西来进行写作。"

孔子编《春秋》，就是这样进行的。

虚言难以服人，事实胜于雄辩。《孟子·滕文公下》曰："孔子成《春秋》，而乱臣贼子俱。"孔子著作了《春秋》，把先前的乱臣贼子钉在历史的耻辱柱上，使后起的乱臣贼子不得不有所戒惧。

孔子不作兴无知妄作。毛泽东主张："你对于某个问题没有调查，就停止你对某个问题的发言权。这不太野蛮了吗？一点也不野蛮。你对那个问题的现实情况和历史情况既然没有调查，不知底里，对于那个问题的发言便一定是瞎说一顿。"

【引言】孔子从来不炫耀自己，也从不看轻别人。

7.29 互乡难与言，童子见，门人惑。

子曰："与其进也，不与其退也，唯何甚？人洁己以进，与其洁也，不保其往也。"

【通解】互乡人难与打交道，有一名少年来求见孔子，孔子接见了他，弟子们感到困惑。

孔子解释道："我赞许他远道专程来见我，并不等于赞许他今后的一切。你们别想太多了。再说，人家正心诚意地来见我，我赞许他这一点，并不意味着肯定他以往的一切呀。"

这叫面对现实，尽可能与人为善。

《孟子·尽心下》记载：孟子到了滕国，住在馆舍。有一双没有织成的草鞋不见了，旅馆中人找不着。有人便向孟子说："看来是跟随您的人把它藏起来了吧？"孟子说："你以为他们是为偷草鞋而来的吗？"答道："大概不是的。不过您老人家开设课程，对待学生去的不追问，来的不拒绝。只要他们想来学，您都接受了，这难免良莠（yǒu）不齐呢。"

孟子对学生宅心仁厚，来者不拒往者不追。这跟孔子的面对现实，与人为善，精神上是相通的。

【引言】"仁"是孔子哲学思想的核心，一般人都以为高不可攀，远不可及，与自己无缘。

7.30 子曰："仁远乎哉？我欲仁，斯仁至矣。"

【通解】孔子说："仁德离我们很远吗？我想着要有仁德，于是仁德就来了。"

没有学不到的东西，只要你真心肯学。

《孟子·梁惠王上》载孟子曰："挟（xié）泰山以超北海，语人曰：'我不能。'是诚不能也。为长者折枝，语人曰：'我不能。'是不为也，非不能也。"意思是说，把泰山夹在胳臂下跳过北海，告诉人说："我办不到。"这是真的办不到。替老人折取树枝，告诉人说："我办不到。"这是不肯办，不是办不到。

为长者折枝，只要有诚意，必然办得到。向仁德出发，只要有诚心，则必有所成。

仁并非高不可攀。当代学者傅佩荣说："'仁'的结构是，左边是人，右边是二，代表二人为仁。你要行仁，一定要跟别人相处。比如见到父母亲，行仁就是孝顺；见到老师，行仁就是尊敬；对朋友，行仁就是守信讲道义；对领导，行仁就是恪尽职守。"

我欲仁斯仁至矣，心有灵犀一点通。法国作家雨果说："世界上最宽阔的是海洋，比海洋更宽阔的是天空，比天空更宽阔的是人的心灵。"

【引言】自古同姓不婚。鲁国君姓姬，鲁昭公娶吴国姬姓女为夫人，此事引起了强烈反响。

> 7.31 陈司败问："昭公知礼乎？"孔子曰："知礼。"
>
> 孔子退，揖巫马期【旗】而进之，曰："吾闻君子不党，君子亦党乎？君取【娶】于吴，为同姓，谓之吴孟子。君而知礼，孰不知礼？"
>
> 巫马期以告。子曰："丘也幸，苟有过，人必知之。"

【通解】孔子在陈国时，陈国大夫陈司败去问孔子："鲁昭公懂得礼吗？"孔子说："懂得礼。"

孔子说完就走了，陈司败很不满意，把孔子的学生巫马期请了进来，告诉他："君子不偏护，难道说你的老师也会偏护吗？鲁昭公娶了位吴国夫人，两家都姓姬，叫吴姬有所不便，故称之为吴孟子。鲁昭公如果懂得礼，世间还有谁不懂礼的呢？"

巫马期把陈司败的这番话转告老师。孔子说："我真幸运哪，一旦有过失，必然会有人知道，并给我指出来。"

同姓结婚不合于礼法，孔子说鲁昭公"知礼"是为了替他掩饰。既然被人说穿了，乃坦然承认错误，可谓睿智而又识时务者也。

《史记·仲尼弟子列传》引孔子的话说："臣不可言君亲之恶，为讳者，礼也。"意思是说，为君主或父亲隐讳缺点错误，这是合乎"礼"的呀。孔子说昭公"知礼"，盖出于为尊者讳，这是他的局限性。

孔子对学生说的一番话，一没有议论鲁昭公之事，二没有责怪陈司败之意，而是直截了当地承认了自己的过失，而以陈司败的质问为幸，这是他的实事求是处。

【引言】孔子讲究礼，也喜欢乐（yuè）。

7.32 子与人歌而善，必使反之，而后和（hè）之。

【通解】孔子听到别人唱歌觉得好听，一定请他再唱一遍，然后和谐地跟他一块儿练着。

《史记·孔子世家》云："《诗》三百五（305）篇，夫子皆弦歌之，以求合《韶》《武》《雅》《颂》之音。"

宋代学者朱熹曰："必使复歌者，欲得其详而取其善也。而后和之者，喜得其详而与（肯定）其善也。此见圣人气象从容，诚意恳挚，而其谦逊审密，不掩人善又如此。"

【引言】人贵有自知之明，孔子对自己是怎样评价的呢？

7.33 子曰："文，莫吾犹人也；躬行君子，则吾未之有得。"

【通解】孔子说："在文化和文辞方面，我可能相当于一般人的水平；作为身体力行的君子，那我尚未能达到。"

这是孔子的谦抑之辞。实际上孔子的文化修养和道德修养，都已经达到了博大渊深的境界。

另一方面，我们也可以看出，孔子是把文化知识看成枝叶的，文辞表达是花朵，而道德修养的身体力行，才是根本。

【引言】同学们爱戴老师，子贡认为：老师既有圣人的智慧，又有仁爱的胸怀。

7.34 子曰："若圣与仁，则吾岂敢？抑为之不厌，诲人不倦，则可谓云尔已矣。"公西华曰："正唯弟子不能学也。"

【通解】孔子说："若讲到圣智与仁爱，则我怎么敢当？不过是朝着圣智仁爱的方向努力不厌烦，用圣智仁爱的精神来教育学生不懈怠，则可以说是有这么一回事罢了。"公西华说："这正是我辈学生想学而学不到的所在呀。"

孔子曾说过："学而不厌，诲人不倦。"（见7.2）这里又说，"为之不厌，诲人不倦。"反复强调，可见其不厌不倦之心，已经成了习惯了。

孔子曾说过："圣人，吾不得而见之矣；得见君子者，斯可矣。"（见7.26）这说明，孔子不轻易许人。但孔子自己，亦未尝以圣人或君子自居。

孔子曾说过："躬行君子，则吾未之有得。"（见7.33）这里又说"若圣与仁，则吾岂敢"，此可谓水唯善下能成海，山不矜高自摩天也。

《孟子·公孙丑上》载，昔者子贡问于孔子曰："夫子圣矣乎？"孔子曰："圣则吾不能，我学不厌，而教不倦也。"子贡曰："学不厌，智也；教不倦，仁也。仁且智，夫子既圣矣乎！"

《吕氏春秋·尊师》谓，子贡问孔子曰："后世将何以称夫子？"孔子曰："吾何足以称哉？勿已者，则好学而不厌，好教而不倦，其唯此耶。"犹言我哪里值得称道呢？如果一定要说的话，那就是喜好学习而不知满足，喜好教学而不知疲倦，大概仅此而已。

孔子这样做，意义何在呢？《说苑·谈丛》认为："学问不倦所以治己也；教诲不厌，所以治人也。"意思是说，如饥似渴地学习，是为了充实自己；耐心忍性地教人，是为了使人充实。

耐心忍性地教人，也是孔子的一种乐趣。《孟子·尽心上》云："君子有三种乐趣。父母兄弟都健康，是第一种乐趣；上无愧于天，下无愧于人，是第二种乐趣；聚天下优秀人才来教育他们，是第三种乐趣。"

【引言】子路长时间伺候孔子，耿耿忠心，随处都有所流露。

7.35 子疾病，子路请祷。子曰："有诸？"子路对曰："有之，《诔（lěi）》曰：祷尔于上下神祇。"子曰："丘之祷久矣。"

【通解】孔夫子病重，子路请求允许他帮老师祈祷。孔子问："有用吗？"子路回答道："有用的，《诔文》有规定：帮你祈祷于上下神祇（qí 地神）。"孔子说："我向天神地祇祷告，已经很久很久了。"

孔子的意思是说，我平时饮食起居，待人接物，都非常注意。这是我用行动在向天地做祷告，用不着临时请求神祇来护佑。

我师杨伯峻先生说："孔子对于鬼神的是否存在，本来抱怀疑态度，因之对于祈祷一事，认为作为'礼文'则可；若靠它来治病，则未必管用。但子路既以认定有此事，自未便轻于否定。'丘之祷久矣'，意思是'我早已祷过了，不必再祷了'，是一种拒绝的婉辞。"

【引言】办事开销诸用度，是奢侈一些好呢？还是节俭一些好呢？

7.36 子曰："奢则不孙【逊】，俭则固。与其不孙也，宁固。"

【通解】孔子说："办事铺张奢侈，将导致骄横不逊；节俭朴素，将导致逡（qūn）巡简陋。与其骄横不逊，毋宁逡（qūn）巡简陋。"

《说苑·权谋》云："孔子曰：'奢则不逊。'夫不逊者必侮上；侮上者，逆之道也；出人之右，人必害之。"意思是说，骄横不逊的人必然是目无领导，将走上叛逆之路；一时出人头地，最终是害了自己。

孔子还说过："礼，与其奢也，宁俭；丧，与其易也，宁戚"。(见 3.4)意思是说，在礼仪方面，与其铺张奢侈，宁可节俭朴素；办理丧事时，与其仪文周到，宁可哀戚衔悲。

孔子还说过："以约失之者鲜矣。"（见 4.23）意思是说，由于精简节约而导致失误的，这种事是极少的哩。

俗话说："由俭入奢易，由奢入俭难。"

有道是："处事待人诚为本，持家立业俭当先。"

【引言】君子与小人，有不同心态。

7.37 子曰："君子坦荡荡，小人长戚戚。"

【通解】孔子说："君子襟怀坦荡，小人忧心忡忡。"

《荀子·子道篇》载，子路问于孔子曰："君子亦有忧乎？"孔子曰："君子，其未得也，则乐其意；既已得之，又乐其治，是以有终身之乐，无一日之忧。小人者，其未得也，则忧不得；既已得之，又恐失之，是以有终身之忧，而无一日之乐也。"意思是说，君子未得到职位时，以加强修养为乐；得到职位后，则以励精图治为乐。小人呢，未得到时，担心得不到；既已得到后，又唯恐失去。故君子有终身之乐，而小人有终身之忧也。

北宋学者程颐说："君子循理，故常舒泰；小人役于物（受物的驱使），故多忧戚。"

君子坦荡荡，海阔天地宽。朱德元帅 1959 年《游七星岩》诗云："七星降人间，仙姿实可攀。久居高要地，仍是发冲冠。开心才见胆，破腹任人钻。腹中天地阔，常有渡人船。"此顶天立地之坦荡也。

现代学者陈独秀狱中题字曰："行无愧怍心常坦，身处艰难气若虹。"

【引言】孔子对学生了如指掌，学生对他也印象深刻。

7.38 子温而厉，威而不猛，恭而安。

【通解】孔夫子温文尔雅而处世谨严，仪态俨然而待人和气；谦恭克己而心地安详。

清代学者李光地《论语札记》云："温者，春生之气；威者，秋肃之气；恭者，内温外肃，阴阳合德之气也。"

孔子的仪容举止都透露出内心的力量，流露出安详的态度。这大概是学生们给老师画的一幅素描吧。

近代学者辜鸿铭引了德国诗人席勒的一首诗，来比喻孔子的彬彬风貌：

这美丽的姑娘带着乡间的清纯，

能站在她的身边就让人感到多么幸福！

顿觉晴空万里，豁然开朗，

可是她是那么不亢不卑，甚至有些高贵！

真让人不敢显出丝毫过分亲昵！

泰伯篇第八（凡21章）

【引言】本篇记述了孔子和曾子在继承优秀传统的基础上，对中华文化发展做出的贡献。

自古及今热衷于争权夺位者有之，能主动避让权位者不多，泰伯是其中之一。本章写孔子对泰伯的推崇。

8.1 子曰："泰伯，其可谓至德也已矣。三以天下让，民无得而称焉。"

【通解】殷商末年，居于岐山的周族领袖太王有三个儿子，泰伯、仲雍和季历。季历的儿子姬昌天资聪颖，深受太王的赏识。泰伯和仲雍为了让季历和姬昌依次接班，他们以采药为名，避让于吴地（今江苏南部）。太王去世，他俩回到岐山（今属陕西）。季历请大哥主丧，泰伯再次避让。丧事既毕，季历请大哥继位；泰伯说自己在吴地已断发纹身，成了南方人，不宜回北地继任领袖，所以又避让了，依旧回到吴地去。

孔子说："泰伯，可以算得是德行最高的人了。三次避让名位，民众都不知道怎么去赞美他。"

姬昌的儿子姬发，推翻了殷纣王，建立了周朝。

他追尊父亲姬昌为周文王；他自己成了西周第一个王，即周武王。他俩都成了孔子心目中的圣人。

我师杨伯峻先生说："孔子主张'孝悌'，又主张'礼让'，泰伯使他父亲的意图得以实现，兄弟让国，都合于孔子的主张，因此极端称赞他。"

【引言】孔子认为世间最本质的东西是"礼"，人的各种美德都离不开"礼"的节制。

8.2 子曰："恭而无礼则劳，慎而无礼则葸（xǐ），勇而无礼则乱，直而无礼则绞。君子笃于亲，则民兴于仁；故旧不遗，则民不偷。"

【通解】孔子说："恭敬而不合礼数将劳而无效，谨慎而不合礼数将畏葸不前，勇敢而不合于礼数将盲目添乱，直爽而不合于礼数将使人揪心。君子能厚待亲族长辈，百姓就会激发出爱心；君子不忘记旧臣故交，百姓就不会相互隔阂。"

这番话的意思，前半是说"礼"不可须臾离，后半是说首长"带头"的重要性。

《礼记·曲礼上》云："道德仁义，非礼不成。"道德仁义皆体现于礼，礼才是用来衡量仁义道德的标准，所以说，仁义道德都离不开礼。

"君子笃于亲，则民兴于仁。"曾子根据这一点，进一步发挥道："慎终追远，民德归厚矣。"（见1.9）养老送终，尽心尽哀，追念先人，尽诚尽礼，从而使民德民风复归于淳厚。

《诗·鄘风·相鼠》云："相鼠有体，人而无礼；人而无礼，胡不遄（chuán）死？"看那老鼠都有体，人却无礼；人若无礼，何不早些死了去！

【引言】儒家以孝悌为做人的根本，一辈子都应该坚持不懈。

8.3 曾子有疾，召门弟子曰："启予足！启予手！《诗》云：'战战兢兢，如临深渊，如履薄冰。'而今而后，吾知免夫！小子！"

【通解】《孝经》上引孔子对曾参说："身体发肤，受之父母，不敢毁伤，孝之始也。"自己的毛发皮肤是父母给的，要精心爱护保养，否则便是不孝。

曾子病了，召集几名学生来，说道："看看我的脚！看看我的手！《诗·小雅·小旻》上说：'战战兢兢，小小心心，好比站在深潭边，生怕会跌下去；好比踩在薄冰上，生怕会陷下去。'如果我身躯完好，那么从今以后，就可以知道我可以免于不孝之罪了！学子们！"

宋代学者朱熹说："曾子平日以为身体受之父母，不敢毁伤，故于此使弟子开其衾（qīn 被子）而视之。曾子以其所保之全以示门人，而言其所以保之之难如此；至于将死，而后知其得免于毁伤也。"

明代学者吕坤说："心事如青天白日，言动如履薄临深。"

【引言】曾子的临终遗言，启后人无限遐思。

8.4 曾子有疾，孟敬子问之。

曾子言曰："鸟之将死，其鸣也哀；人之将死，其言也善。君子所贵乎道者三：动容貌，斯远暴慢矣；正颜色，斯近信矣；出辞气，斯远鄙倍矣。笾豆之事，则有司存。"

【通解】曾子有病，鲁国大夫孟敬子来慰问他。

曾子告诉他："鸟之将死，会发出悲哀的叫声；人之将死，会发出善意的言语。我现在跟你说，君子最关键的修行之道有三条：容貌端庄，仪态俨然，无人敢粗鲁放肆于你；表情真挚，平易近人，才能得到大家的信任；言语得体，心气和平，谁还会轻视或反驳你呢。至于笾（biān）豆等祭祀器具和礼仪的种种细节，则有主管其事的官员在，不必你费心。"

关于"出辞气"，清代学者刘熙载说："'出辞气，斯远鄙倍矣。'此以气论辞之始。"三国·魏文帝曹丕《典论·论文》云："文，以气为主，气之清浊有体，不可力强而致。"此即源于曾子也。

"笾豆之事，则有司存"，是说在上位者，当处处从大事着眼，而不在小处操心。《吕氏春秋·贵公》云："夫相，大官也。处大官者，不欲小察，不欲小智。故曰：大匠不斫（zhuó），大庖不豆，大勇不斗，大兵不寇。"是说大匠不亲自刀砍斧削，大厨不亲自摆席布器，大将不亲自上阵拼杀，正义之师不骚扰百姓。

【引言】智外慧中，敏而好学，不耻下问，是很高尚的一种品质。

8.5 曾子曰："以能问于不能，以多问于寡；有若无，实若虚，犯而不校（**jiào**）。昔者吾友尝从事于斯矣。"

【通解】曾子说："有能耐的向无能耐的求教，学识有余的向学识不足的求教；拥有却仿佛无有，充实却仿佛虚空，受侵犯而不与计较。从前我的朋友曾经这样实行过。"

"吾友"指他的同学颜回，已先于他而去世。

以能问于不能，则更多能；以多问于寡，则更多智。视有若无，方不自欺；视实若虚，方不自满。犯而不校，方能捐除我私，接受他人意见的合理成分。

清代诗人袁枚《随园诗话》卷九（上）云："孔子入太庙，每事问。颜子以能问于不能，以多问于寡，非谦也；天分高，故心虚也。"

现代作家鲁迅说："'犯而不校'是恕道（宽以待人之道），'以眼还眼，以牙还牙'是直道（直来直去之道）。"

【引言】在政治生活中，经得起生死存亡的考验，不是一般人容易做到的。

8.6 曾子曰："可以托六尺之孤，可以寄百里之命，临大节而不可夺也。君子人与（**yú** 欤）？君子人也。"

【通解】曾子说："为臣能受托抚养幼主，能受命摄理国政，面临重大关节能坚拒固守。这是君子人吗？这确乎是君子人啊。"

不遇盘根错节，无以见利器；不遇重大关节，无以明操守。百折不回，忠于所事，非才德出众的君子不足以当之。

宋代学者朱熹说："其才可以辅幼君，摄国政，其节至于死生之际而不可夺，可谓君子矣。"

什么样的人，才可以称为君子？孔子曾指出，郑国的执政子产，"有君子之道四焉：其行己也恭，其事上也敬，其养民也惠，其使民也义。"（见 5.16）他修炼自己从谦虚谨慎开始,他侍奉国君从严肃认真出发,他发展生产以改善民生为上,他使用民力以合乎道义为佳。

如此看来,孔子讨论的是太平盛世的君子,曾子谈的是非常时期的君子,故要求有所不同也。

【引言】仁爱是什么?仁爱是一种高尚情怀,是一种人格担当,是一种始终不渝的气度。

8.7 曾子曰:"士不可以不弘毅,任重而道远。仁以为己任,不亦重乎?死而后已,不亦远乎?"

【通解】曾子说:"社会人士不可以没有担当,不可以没有毅力,他责任重大且路程遥远哪。以践行仁爱为己任,责任不是很重吗?坚持一辈子不停留,路程不是很远吗?"

南宋学者朱熹曰:"非弘不能胜其重,非毅无以致其远。仁者,人心之全德,而必欲以身体而力行之,可谓重矣。一息尚存,此志不容少懈,可谓远矣。"

明代学者顾炎武曰:"今日者,拯斯人于涂炭,为万世开太平,此吾辈之任也。仁以为己任,死而后已。"

曾子对夫子之道,原先的体会是"忠恕而已矣"(见 4.15);现在的体会是"任重而道远"。眼界不同,境界各异,二者区以别矣。

现代学者胡适说:"不必愁年纪的老大,路程的遥远,只要有智慧有毅力有恒心,就可以一直向前,完成大业。"

【引言】古代有诗教、礼教、乐教,都有些什么作用?

8.8 子曰:"兴于《诗》,立于礼,成于乐(yuè)。"

【通解】孔子说:"活跃思维首先要学《诗》,立身处世离不开学礼,乐音和谐可提升学《诗》学礼的成效。"

诗有潜移默化之力，礼有和谐社会之功，乐有融汇天人、贯通古今中外之效。

诗教、礼教、乐教都是孔子对学生的重要教育手段。诗教和乐教是从内心通过真情来感染人，礼教是从外部通过行为来规范人。内外结合才能事半而功倍。

近代学者辜鸿铭引用英国诗人华兹华斯的话说：

诗歌可以在成长中使想象力增强，

赋予头脑感悟的力量，

凭借诗歌可以迅速知晓

事物的范畴及道德高尚。

辜鸿铭说："中国学校就是通过诗歌的教育，来唤起学生内心最美好的情感，让他们做人会自然的优雅起来，然后就能自然地遵守道德准则。"

【引言】在上位者，除整肃内部之外，该如何对待民众？

8.9 子曰："民可使由之，不可使知之。"

【通解】孔子说："可以使民众跟着走，不可以使民众知道其所以然的道理。"

另一种理解为："民众认可的，让他自动跟着走；不认可的，就将道理告诉他，使他也能跟着走。总之，能上下一致就好。"

《孟子·尽心上》云："行之而不著焉，习矣而不察焉，终身由之而不知其道者，众也。"是说，如此做去，却不明白其当然；习惯了且不深知其所以然，一生从这条路上走去，却不了解这是什么道路的，这是一般的民众。

《孟子·梁惠王上》云："谨庠（xiáng）序之教，申之以孝弟（tì悌）之义。"是说要办好学校，反复地用孝顺父母，敬爱兄长的大道理去教育民众，使他们都会敬老尊贤，好生为老人服务。

《易·系辞上》云："仁者见之谓之仁，智者见之谓之智；百姓日用而不知，故君子之道鲜矣。"是说对于"道"，仁者认为它是仁，智者认为它是智；百姓在日常生活中时时应用它，却不认识它。因此，君子心目中的"道"，普通人能理解的确乎太少了。

【引言】对于形势要有个估计，怎样的人才会作乱呢？

8.10 子曰："好勇疾贫，乱也。人而不仁，疾之已甚，乱也。"

【通解】怎样的人会作乱呢？孔子说："勇士如果痛恨自己的贫困，可能会作乱的。对于不仁的人，我们如果憎恨他过了头，他也会作乱的。"

《大戴礼记·曾子立事篇》曰："君子恶人之为不善，而弗疾也。"意思是说，有人做了不好的事，君子会厌恶他，但不到痛恨的程度，以免于激化矛盾。

《孟子·离娄下》引孟子曰："言人之不善，当如后患何？""仲尼不为已甚者。"意思是说，宣扬别人的缺点错误，引起了后患，该怎么办呢？孔子是一位做什么事都不会过头的人。

孔子还说过："勇而无礼则乱。"（见8.2）勇敢而不合礼数将导致作乱。

礼数来源于充足的物质生活，它不是凭空产生的。《管子·牧民》云："仓廪（lǐn）实而知礼节，衣食足而知荣辱。"意思是说，粮食富裕，人们就知道自觉遵守礼节；衣食丰足，人们就懂得主动争取光荣而远离耻辱。

【引言】周公名姬旦，是古代的圣人，他受到了孔子的高度尊崇。

8.11 子曰："如有周公之才之美，使骄且吝，其余不足观也已。"

【通解】周公是周文王的儿子，武王之弟，辅助周武王伐纣，建立周王朝。武王死，其子成王年幼，由周公辅政。管叔、蔡叔挟殷纣王之子武庚一同作乱，周公东征，平定了武庚、管叔、蔡叔。周代的礼乐制度，相传皆为周公所制定。周公以礼贤下士闻于世。

孔子说："如果一个人有周公那样的才能与美德，如果他骄傲自大且吝啬保守，其余一切也就不值一提了。"

《老子》第九章曰："富贵而骄，自遗其咎。"富贵者如果骄傲，就会给自己留下灾害。

《尚书·仲虺（huī）之诰》曰："德日新，万邦惟怀；志自满，九族乃离。"说的是，德行日日革新，天下万国就都会怀念；意气自满自大，亲近的九族也会离散。

《尚书·大禹谟》曰："满招损，谦受益，时乃天道。"骄傲自满必招来损害，谦虚谨慎将受益无穷，这是一条永远不变的规律。

"满招损，谦受益"，有实物可以证明。《荀子·宥（yòu）坐》载，孔子参观鲁桓公之庙，看到有一件欹（qī）器。孔子问守庙者："此为何器？"守庙者说："这是置放在座位右边的一种器具。"孔子说："我听说这种宥坐之器，空着的时候是斜着的，如灌入一半的水就端正了，如果将水灌满了就会翻掉的。"孔子回身向弟子们说："把水灌到欹器里面去！"弟子舀水来灌了。灌到一半时，欹就端正了；灌满了水时，欹就倾覆了；水都倾覆了时，欹仍旧斜着呢。孔子叹了口气说："唉！哪有满而不倾覆的呢？"

毛泽东1956年9月15说："虚心使人进步，骄傲使人落后，我们应当永远记住这个真理。"

人贵有自知之明。俄国作家列夫·托尔斯泰说："一个人就好像一个分数，他的实际才能好比分子，而他对自己的估价好比分母。分母愈大，分数值就愈小。"

阿塞拜疆有句谚语说得好："结满果子的树总是下垂的，真正有成就的人总是谦虚的；只有什么果子也没结的树，才会伸枝舞叶，两眼朝天。"

【引言】读书的目的是为了什么，这是一个历久弥新的问题。

8.12 子曰："三年学，不至于谷，不易得也。"

【通解】孔子说："读了几年书，一心向学，不想到做官求俸禄之事，这样的人真是难得啊。"

近代学者康有为说："盖学者之大患，在志于利禄。一有此心，即终身务外欲速，其志趣卑污，德心不广，举念皆温饱，萦情皆富贵，成就抑可知矣。而人情多为禄而学，此圣人所由叹也。"为做官而读书，可叹可悲。

当代学者南怀瑾说："孔子在生时那么可怜，死后影响千秋万代，没有空间的范围，也没有时间的界限，这就是真正的学问。可是一个读书人开始念书时，说是立志为这种学问而学问的，那就太少了。"

目标远大的读书人也是有的。1910年，少年周恩来跟随他伯父从江苏淮安到东北辽宁，先在铁岭的银岗书院读了半年，然后进沈阳东关模范两等小学堂就读。有一天，教师在课堂问学生："诸生读书是为了什么？"有的同学说，是为了谋求出路；有的说是为了发财致富；有的说，是为了当官，光宗耀祖。周恩来的回答是："为中华之崛起而读书！"

【引言】个人的出处进退，不是一件小事情，须高度重视。

8.13 子曰："笃信好学，守死善道。危邦不入，乱邦不居。天下有道则见（xiàn 现），无道则隐。邦有道，贫且贱焉，耻也；邦无道，富且贵焉，耻也。"

【通解】孔子说："真心向道,故潜心钻研，舍生忘死以践行真理。不安定的国度不进入，有动乱的国度不居留。国家政治清明就竭诚行道，国家社会昏暗就避世隐居。国家政治清明，自己却贫穷卑贱，这是可耻的；国家社会昏暗，自己却富贵荣华，这也是可耻的。"

南宋学者朱熹云："世治而无可行之道，世乱而无能守之节,碌碌庸人,不足以为士矣,可耻之甚也。"

孔子曾说过："用之则行，舍之则藏。"（见 7.11）被任用，就出仕；不被任用，就隐退。这里又说："天下有道则见，无道则隐。"然则"行"是为了践行可行之道，"藏"是为了远离无道之人也。

汉代学者刘向同意孔子的观点，他在《新序·杂事第五》中说："圣人伏匿，天下之不祥也。"既然有德才的人避地隐居，是由于社会昏暗；那么，圣人隐藏着，不出来做官，正说明这是国家的不祥了。

【引言】各种职务，各有其职责范围，当各负其责。

8.14 子曰："不在其位，不谋其政。"

【通解】孔子说："不在那个职位上，就不去谋划那个职位上的事。"

《庄子·逍遥游》："疱（páo）人虽不治疱，尸祝不越樽俎（zǔ）而代之矣。"厨子虽不下厨作供品，主祭的人也不会越位去代他烹饪制作的。

1980年8月，邓小平在《党和国家领导制度的改革》一文中说："应该承认，现在一些中青年同志的知识，比我们那个时候并不少。经过的斗争考验少一点，领导经验少一点，这是客观条件造成的。不在其位，不谋其政嘛。放在那个位置上，他们就会逐步得到提高。"在其位乃谋其政，历来如此。

孔子说："不在其位，不谋其政。"言外之意自然是："在其位，谋其政"乃天经地义，义不容辞之事。因此，只有我们每个人都做好本职工作，汇成巨大的流量，才是国家富强的源泉，也才是我们自己发展的根基。

【引言】音乐能陶冶人的情操，所以是一件很隆重的事。

8.15 子曰："师挚之始，《关雎》之乱，洋洋乎盈耳哉。"

【通解】孔子说："举行典礼时，先由鲁国乐师挚指挥演奏开始曲，然后由各种乐器分奏与合奏，最终以演奏《诗经》中《关雎》等乐歌作为总结和尾声，这乐音洋洋洒洒美极了，直在耳轮中回荡。"

南朝梁·刘勰（xié）《文心雕龙·诠赋》云："既履端于倡序，亦归余于总乱；序以建言，首引情本；乱以理篇，写送文势。"意思是说，这些赋用序言开头，用总论结尾。序言作为发端，开始引出作赋的情事根由；结论用来总结全篇，以加强文章的气势。

刘勰所说的是文章的架构，也完全适用于乐章的组成。

【引言】孔门弟子多才俊，但也有比较难于教育的人。

8.16 子曰："狂而不直，侗（tóng）而不愿，悾悾（kōng）而不信，吾不知之矣。"

【通解】孔子说："勇于进取却不够直率，幼稚无知却不够老实，恭谨诚恳却不讲信用，我不知道他们这是怎么了。"

"吾不知之矣"是说这样的人太差劲了，不知道怎样去教育他们。

宋代学者朱熹说："吾不知之者，甚决绝之辞，亦不屑教诲之也。"

【引言】学习是一种永恒的需要，关键是要有一种迫切感。

8.17 子曰："学如不及，犹恐失之。"

【通解】孔子说："赶紧学，好像晚了就学不到什么似的；学到后尚未复习，又担心会失掉它似的。"

所以，只有做到"学而时习之"，才能够经常保持愉悦。

我师杨伯峻先生说："孔子的意思是追求学问，巩固所得，必须以全力赴之。"

人学始知道，不固亦徒然。有道是，学如逆水行舟，不进则退。

《三字经》甚至于说："犬守夜，鸡司晨，苟不学，曷（hé）为人？蚕吐丝，蜂酿蜜。人不学，不如物！"

为学须趁早，民间有诗云："三更灯火五更鸡，正是男儿立志时。黑发不知勤学早，白头方悔读书迟。"

【引言】领导的责任在于用人，出主意，不在于事必躬亲。

8.18 子曰："巍巍乎！舜禹之有天下也而不与焉。"

【通解】孔子说："多么崇高伟大啊！虞舜、夏禹君临天下时，任用贤臣，共襄盛举，有为而不拥有，以乐观其成。"

西晋·刘寔（shí）在《崇让论》中说："舜禹有天下而不与，谓贤人让于朝，小人不争于野，已抑其成，何与（yù）之有？"是说上下和顺，自己有什么必要亲身参与呢？

在此之前，东汉·王充在《论衡·语增篇》中说："舜承安继治，任贤使能，恭己无为而天下治。"故孔子曰："巍巍乎！舜禹之有天下也而不与焉。"是说舜继承了安定太平的局面，任用有德有才能的人，使自己尊严端庄，不插手具体政务而天下大治。

在此以前，孔子自己也说过："为政以德，譬如北辰，居其所而众星共【拱】之。"（见2.1）是说以德来治国理政，好比北辰星一样，在自己的位置上基本不动，而众星自然地环绕在它周围。

【引言】孔子所称颂的圣人，数唐尧为第一。

8.19 子曰："大哉尧之为君也！巍巍乎！唯天为大，唯尧则之。荡荡乎！民无能名焉。巍巍乎其有成功也，焕乎其有文章！"

【通解】孔子说："广大无边啊唐尧之作为人君哪！多么崇高伟大啊！只有上天是大得无与伦比，只有唐尧能以上天为法则。其深仁厚泽浩浩荡荡无涯际呀！黎民百官没法用语言来形容他哟。多么崇高伟大啊，唐尧的事业十分成功，其礼乐制度光耀鲜明。"

在司马迁的笔下，尧帝也有所刻画。《史记·五帝本纪》曰："帝尧者，放勋。其仁如天，其知（zhì）如神。就之如日，望之如云。富而不骄，贵而不舒。黄收纯衣,彤车乘白马。能明训德,以亲九族。九族既睦,便章百姓。百姓昭明,合和万国。"意思是说,帝尧名放勋。他的仁德有如天之大,他的智慧有如神之明。接近他如和煦朝阳,远望他如绚丽云彩。富而不骄傲,贵而不特殊。黄冠黑衣,红车白马。能弘扬美德,敦睦亲族。亲族和洽了,就治理百官。百官之治绩卓著,从而协调与团结万邦。

【引言】治国安邦,贵在用人得当。

8.20 舜有臣五人而天下治。武王曰:"予有乱臣十人。"孔子曰:"才难,不其然乎?唐虞之际,于斯为盛,有妇人焉,九人而已。三分天下有其二,以【犹】服事殷。周之德,其可谓至德也已矣!"

【通解】虞舜因为有五位贤臣的辅佐而使天下大治。周武王说:"我有治国安邦之臣十人。"孔子说:"人才难得,难道不是这样吗?人才以唐虞之际及武王之时为最盛。不过,武王的十人,有一妇人在内,男性仅九人而已。周文王已拥有天下的三分之二,仍向殷商称臣不息。周朝之德很突出,堪称是至高无上之德了。"

人才难得,能否加以重用,关系甚大。《史记·高祖本纪》载,汉高祖刘邦置酒于洛阳南宫。高祖说:"列侯诸将不许隐瞒朕,都直言其情。吾所以能拥有天下的原因何在?"高起、王陵回答道:"陛下傲慢而侮辱人,项羽仁厚而爱护人。然而,陛下使人攻城略地,就将此地封给该将帅,与天下人同享其利。项羽妒贤嫉能,对有功者加以杀害,对贤能者加以怀疑,战胜者不记其功,得地者不予其利,这就是他失去天下的原因。"高祖说:"你等只知其一,未知其二。能运筹于帷幄之中,决胜于千里之外,吾不如张良。能镇守国家,安抚百姓,供应粮饷,吾不如萧何。能率百万大军,战必胜,攻必克,吾不如韩信。此三人皆人杰也,吾能用之,此吾所以能取得天下也。项羽有一谋士范增而不能用,此其所以为我所擒也。"

《吕氏春秋·审分》云:"君主想干出大事很难,如能任用贤人,就很容易。人和千里马赛跑，人跑不过千里马；人坐在车上驾驭千里马，千里马就胜不了人了。"所以君王要善于发现和使用有才能之臣。

另一方面，人主贤明，有才能之臣自然会投奔于他而为他所用。《吕氏春秋·功名》曰："水泉深则鱼鳖归之，树木盛则飞鸟归之，庶草茂则禽兽归之，人主贤则豪杰归之。"

【引言】上古圣人中，禹是最朴素的了。

8.21 子曰："禹，吾无间（jiàn）然矣。菲饮食而致孝乎鬼神，恶衣服，而致美乎黻（fú）冕，卑宫室而尽力乎沟洫。禹，吾无间然矣。"

【通解】孔子说："大禹，我对他没有什么可说的了。自己饮食菲薄而祭祀则务期丰盛，平时穿着简单而典礼必衣冠华美，居处多年卑旧而沟渠水利则尽力兴修。大禹，我对他没有什么可说的了。"

孔子曾说过："舜禹之有天下也而不与焉。"（见8.18）是说舜禹君临天下时，任用贤臣，共襄盛举，为而不有，以乐观其成。

大禹之所为，饮食吾得而菲之，衣服吾得而恶之，宫室吾得而卑之，简朴至极，皆尽其在我之事而无毫发之缺失。故孔子一再嗟赏曰："吾无间然矣。"

《说苑·君道》载："禹出见罪人，下车问而泣之。左右曰：'君王何为痛之至於此也？'禹曰：'今寡人为君也，百姓各自以其心为心，是以痛之也。'"这叫作以人为本。

当代学者南怀瑾说："中华民族奠定了农业社会的基础，发展成就了后来几千年以农立国的民族精神，是从禹开始的。"

中华民族之以农立国首先得益于大禹治水，常年"尽力乎沟洫"。《史记·夏本纪》载，当帝尧之时，洪水滔天，下民其忧。尧命鲧（gǔn）治水，鲧用土掩法失败。舜即位后，命鲧之子禹继续治水。禹改用疏导法，依据山形地势，让山水由小渠入大川，再由江入海。禹劳思焦虑，居外十三年，过家门不敢入，终底于成。乃命下属教人民在卑湿处种稻及稼穑（sè）之法，并调剂余缺，使能相足。

子罕篇第九（凡31章）

【引言】本篇从三个角度描绘了孔子的真实形象。一是同时代人的评说，二是孔门弟子的赞颂，三是孔子自己的叙述。

本章言孔子待人接物，都有些什么特点？

9.1 子罕言利与命与仁。

【通解】孔子很少谈到利，很少相信命，很少肯定谁达到了仁的境界。

清代学者阮元《论语·论仁篇》云："孔子言仁者详矣，曷（hé）为曰罕言也？所谓罕言者，孔子每谦不敢自居于仁，亦不轻以仁许人也。"《论语》谈仁的话，有九十余处，可谓多矣。但孔子从不以仁人自居，亦不轻易肯定谁达到了仁的标准，被他肯定者盖屈指可数。

孔子很少谈到利，主要是谈义；很少相信命，主要是相信人；很少肯定谁是仁人，主要肯定仁是一种永恒的目标，任重而道远。

【引言】当时孔子听到了有人议论他，也不免有些情绪。

9.2 达巷党人曰："大哉孔子！博学而无所成名。"子闻之，谓门弟子曰："吾何执？执御乎？执射乎？吾执御矣。"

【通解】达巷乡有人认为："气宇宏大啊孔子！博学多能而没有一项专长可以成名。"孔子获悉后，对学生们说："我掌握什么专长好呢？掌握驾车吗？掌握射箭吗？我掌握驾车好了。"

孔子是主张"君子不器"（见 2.12）的，君子和器具不同，君子不等于器具，他要适应多方面的需要。既然有人要强调专长，那也好。反正礼乐射御书数我都会，那就专门驾车吧！

孔子原先也说过："富而可求也，虽执鞭之士，吾亦为之。"（见 7.12）如果富裕能够追求得到的话，哪怕是帮人驾车，我也干。

这也是一种即兴的情绪，当不得真。

【引言】万事都在发展变化之中，礼仪制度也不例外。该如何适应这种变化呢？

9.3 子曰："麻冕，礼也。今也纯，俭，吾从众。拜下，礼也。今拜乎上，泰也。虽违众，吾从下。"

【通解】孔子说："黑麻布礼冠（含 2400 缕经线，其工艺细密，难成），合乎古代礼仪。如今用蚕丝制成礼冠（丝质细，容易织成），合乎俭约原则，我从众而不从古。古代臣见君之礼，须在堂下作揖下跪俯首至地，然后升堂再作揖下跪俯首至地，凡两次，才合乎礼仪。如今在升堂后，才作揖弯腰而已，显得骄慢无礼。虽则与众不同，我还是按古制从堂下便行礼如仪，升堂再次行礼，宁从古而不从众。"

孔子曾说过："盖有不知而作之者，我无是也。多闻，择其善者而从之。"（见 7.28）意思是说，可能有人会无知妄作，我不会这样的。多了解了解，以吸收其中真实合理的部分。

一个礼冠的形制，一个臣见君之礼，或者从众，或者从古，都是"择其善者而从之"的意思。

【引言】真正的智慧皆发自于内心，内心首先要有一个高尚的境界。

9.4 子绝四：毋意，毋必，毋固，毋我。

【通解】孔子远离四件事：不凭空臆想，不主观武断，不固步自封，不坚持已见。

这是孔子严于律己处，也是他对学生的要求。"仁"的基本要求是尊重别人，摒弃以我为中心。这样，在实践中自然就会表现为孔子的"绝四"。

孔子曾说过："君子之于天下也，无适也，无莫也，义之与比。"（见4.10）犹言君子面对天下事怎样做不怎样做，不是一成不变的；唯当取决于符合不符合道义以为断。

这就是"毋意，毋必，毋固，毋我"的意思了。

【引言】孔子周游列国，有一次，在卫国的匡地（今河南长垣县西）被拘留起来了。

9.5 子畏于匡。曰："文王既没，文不在兹乎？天之将丧斯文也，后死者不得与（yù）于斯文也。天之未丧斯文也，匡人其如予何？"

【通解】先前，阳虎曾施暴于匡地，同行者颜刻是孔子的学生。此时颜刻为孔子驾车路过匡地。匡人认出了颜刻，又见孔子容貌与阳虎相似，因此拘留了他们一行。

孔子因在匡地受窘而戒惕起来。他跟学生们说："周文王已经不在了，中华的文化传统不正在我们这儿吗？老天如果要消灭这一文化传统，我们就不可能参与继承它了。老天如果不想消灭这一文化传统，这传统依然在我们手中，匡人能把我们怎么样呢？"

孔子序《诗》《书》，正礼乐，作《春秋》，都是对中华文化的传承。

孔子曾说过："天生德于予，桓魋（tuí）其如予何？"（见 7.23）是说上天赋予我德操，宋国的武官桓魋想加害于我，他能把我怎么样？

此次又说："天之未丧斯文也，匡人其如予何？"两次皆处于危难之中，孔子皆从容不迫，充满自矜自负自信。这不是靠天，靠的还是他自己的大智大勇。

【引言】有人问孔子是圣人吗？孔子承认自己只不过会干些具体的活儿罢了，算不了什么。

9.6 太宰问于子贡曰："夫子圣者与（yú 欤）？何其多能也？"子贡曰："固天纵之将圣，又多能也。"子闻之，曰："太宰知我【者】乎！吾少也贱，故多能鄙事。君子多乎哉？不多也。"

【通解】某宰相问子贡道："孔夫子是圣人吗？为什么那样多才多艺呢？"子贡说："是上天让他成为大圣人，而又多才多艺的。"

孔子获悉后，说："太宰是了解我的啊！我年轻时贫困微贱，所以会干一些具体活儿。君子就一定多才多艺吗？是不一定那么多才多艺的。"

孔子曾说过："吾何执？执御乎？执射乎？吾执御矣。"（见 9.2）他说，我掌握什么技能好呢？驾车吗？射箭吗？我掌握驾车好了。其实，驾车他本来就会的。礼乐射御书数，他哪样不会呢？

毛泽东在 1964 年春节座谈会上说："孔夫子出身于没落奴隶主阶级，也没有上过什么中学、大学，开始的职业是替人办丧事，大约是个吹鼓手。他弹琴、射箭、驾车子，也了解一些群众情况。开头做过小官，管理粮草和管理牛羊畜牧。后来他在鲁国当了大官，群众的事就听不到了。"

【引言】春秋时卫国人琴牢，字子开，是孔子学生。

9.7 牢曰："子云：吾不试，故艺。"

【通解】孔子的学生琴牢转述道："孔子曾说过，我没有受到什么重用，所以多掌握了一些技艺。"

孔子先前说过："我掌握什么技能好呢？驾车吗？射箭吗？我掌握驾车好了。"还说过："我年轻时贫困微贱，所以会干一些具体活儿。"（见 9.6）琴牢的话是对孔子后来的话的复述。

没有受到什么重用，所以多学了一些技艺。这说明孔子的确是"学而不厌"的，什么情况下都坚持学习，一学习起来就永不满足。

【引言】人们都觉得孔子很有学问，孔子自己却认为并不是这样的。

9.8 子曰："吾有知乎哉？无知也。有鄙夫问于我，空空如也；我叩其两端而竭焉。"

【通解】孔子说："我有知识没有呢？没有什么知识的。有普通人来问我，他神色一片迷茫，我脑中一片空白。我问明了他的情况和事情的来龙去脉，然后我把事情的本与末、善与恶、是与非、利与害、现在与将来诸方面，都统统说与他知道。"

《礼记·中庸》引孔子曰："舜其大知（zhì）也与（yú）！舜好问而好察迩言，隐恶而扬善，执其两端，用其中于民，其斯以为舜乎！"意思是说，虞舜是有大智慧的人吧！他乐于向人询问情况且善于分析浅近之言，惯于隐恶而扬善，抓住问题的两个方面，用适中的办法来对待民众，处理问题，这大概就是舜之所以成为舜的原因吧！

俗话说："一瓶水，摇不响；半瓶水，叮叮当！"孔子不炫耀自己，此谓之大智若愚。

【引言】古人相信天下太平时，会先期出现一些征兆。

9.9 子曰："凤鸟不至，河不出图，吾已矣乎！"

【通解】古书上说：黄河中有龙马负纹图以出，洛水神龟负纹书以出，凤凰从远方飞来翩翩起舞，这都是天下太平的征兆。

春秋末年，孔子说："凤凰很久没有来过了，黄河龙马很久没有负图出水，周室衰微，算了吧！我希望天下太平的心愿恐怕是再也无法实现了！"

《易·系辞上》曰："河出图，洛出书，圣人则之。"是说黄河有龙马负图，洛水有神龟负书，出现了这种祥瑞征兆，圣人得以取法于它们。相传伏羲仿河图画成八卦，夏禹仿洛书写成治理天下的九种大法。

《白虎通·封禅篇》曰："凤凰者，禽之长也：上有明王，太平，乃来居广都之野。"

我师杨伯峻先生说："这是孔子自己觉得'吾道不行'的悲伤消极的话。'凤鸟不至，河不出图'，孔子不过借此比喻天下无清明之望罢了。"

【引言】对社会上某些人，孔子常怀有虔敬之心。

9.10 子见齐衰（zīcuī）者、冕衣裳者与瞽（gǔ）者，见之虽少（shào）【者】，必作；过之，必趋。

【通解】孔子见到穿重孝服的人、穿官服的人与盲人，都非常尊重。他们中虽然有的还是青少年，孔子坐着时都会站起来，若途中遇见他们，孔子必小步快走向前，以示尊敬之意。

孔子这样做，并不是作秀，而是发自内心的一种深情。

【引言】颜回，字子渊，是孔子最优秀的学生。孔子最赏识颜渊，颜渊对老师有一种特殊的感情。

9.11 颜渊喟（kuì）然叹曰："仰之弥高，钻之弥坚。瞻之在前，忽焉在后。夫子循循然善诱人，博我以文，约我以礼，欲罢不能。既竭吾才，如有所立卓尔。虽欲从之，末由也已。"

【通解】谈到向孔子学习的全过程，颜渊深有感触地说："在老师面前，我抬头仰望着他，他越发高大；低头钻研他的学问，它越发深广。我在他跟前瞻仰着，忽然落在了他的后边。老师循循善诱我向前，他用文化传承启迪我智慧，用礼乐典章滋润我心田，我如痴如醉，欲罢不能。竭尽我全部心力似乎能卓然有成。可是，纵然我打算紧跟老师，却又不知道该从何处着手了。"

类似的记载，亦见于《庄子·田子方》，颜回问孔子说："先生缓步我也缓步，先生快走我也快走，先生奔驰我也奔驰，先生奔逸绝尘，跑得看不见影了，而我却落在后面干瞪眼。"

颜回说："夫子循循然善诱人，博我以文，约我以礼，欲罢不能。"类似的话语，孔子自己也说过："君子博学于文，约之以礼，亦可以弗畔矣夫。"（见 6.27）犹言君子广泛地学习古代典籍，同时用礼仪典章来约束自己，也就不至于离经叛道了。

颜渊所说的"仰之弥高"，含义深远。《诗·小雅·车辖》云："高山仰止，景行行止。"遇到高山就尽情瞻望，遇到大路就顺利通行，表示对道德崇高，行为正大者无限景仰。汉代司马迁对孔子亦极为尊崇景仰，《史记·孔子世家》载，太史公曰："《诗》有之，'高山仰止，景行行止。'虽不能至，而心向往之。余读孔氏书，想见其为人。"说明司马迁的思想感情和颜渊是息息相通的。

【引言】孔子一辈子遵守礼制，晚年病重时也不例外。

9.12 子疾病，子路使门人为臣。病间，曰："久矣哉，由之行诈也！无臣而为有臣。吾谁欺？欺天乎？且予与其死于臣之手也，无宁死于二三子之手乎！且予纵不得大葬，予死于道路乎？"

【通解】孔子病重，子路（仲由）让几个同学担任家臣，负责治丧。按当时规定，孔子已不再是鲁大夫，不可以设置家臣。病好了一些之后，孔子批评道："仲由弄虚作假这么久了啊！我已不在位，无臣变成了有臣。我欺骗谁呢？是欺骗上天吗！而且我与其死在治丧的家臣手里，还不如死在学生们的手里呢！再说，我纵然享受不到官葬的待遇，难道会死在路上吗？"

宋代学者朱熹说："孔子病时不知，稍愈之后乃知其事，故言我之不当有家臣，人皆知之，不可欺也。而为有臣，则是欺天而已。人而欺天，莫大之罪。引以自咎，其责子路深矣。"

我师杨伯峻先生说："无臣而为有臣"不但不老实，而且是逾越礼制的行为，为孔子平生所痛恨的，因之他大发脾气。

孔子发怒道："吾谁欺？欺天乎？"此话有千钧之力。记得孔子曾说过："获罪于天，无所祷也。"如果得罪了上天，任是向何神祷告都无济于事的！

但不久，孔子又一次病了。《史记·孔子世家》载，孔子病，子贡来见。孔子方扶杖在门口散心，说："赐呀，汝来何其晚也？"孔子因而叹息，吟唱道："泰山坏乎！梁柱摧乎！哲人萎乎！"不禁泪下，后七日而逝。

【引言】善于言辞的子贡有话要问老师时，往往会言在此而意在彼。

9.13 子贡曰："有美玉于斯，韫（yùn）椟（dú）而藏诸？求善贾（gǔ）而沽诸？"子曰："沽之哉！沽之哉！我待贾（gǔ）者也。"

【通解】子贡说："有一块美玉在这里，是把它放在匣子里藏起来呢？还是求取一个好价钱，然后把它卖掉呢？"孔子说："卖掉它吧！卖掉它吧！我是在等待着合适的买家呢。"

子贡想知道孔子愿不愿出来做官，孔子的态度是肯定的。孔子既然有抱负，自然就不会拒绝用世。对于子贡的提问，迳答以"沽之哉！沽之哉！我待贾者也"，辞简而意决，其热切济世的情怀，溢于言表。

以前有一次，冉有问子贡："老师会站在卫君辄一边吗？"子贡说："好吧，等我去问问老师看。"子贡进去问老师："伯夷、叔齐是怎样的人呢？"孔子说："他们是古代的贤人。"子贡又问："他们后来饿死了，会后悔吗？"孔子说："他们追求仁德就具备了仁德，后悔什么呢？"子贡辞别老师，出来对冉有说："老师不支持卫君辄，也不支持蒯聩。"（见 7.15）

孔子之事，以美玉为题发问，卫君之事，以伯夷、叔齐为题发问。旁敲侧击，不落痕迹，子贡的口才不同一般。

"玉求善价"后来成了个典故。《红楼梦》第一回记载，有一个穷儒贾雨村，表字时飞，因进京赶考，路上耽搁了，暂住在一所庙内委身，每日以卖字作文为生。一日忽见一女子，在院里撷花，生得仪容不俗，眉清目秀，临去时竟回头看了他两次。他从此放在心上，中秋那天，便吟了一首诗，表达对她的思念。表示若得科举及第，必来向她求婚之意。接着又对天长叹，复高吟一联曰："玉在椟中求善价，钗于奁（lián）内待时飞。"这里贾雨村自比为玉、钗，企图能有幸飞黄腾达。上句谓美玉藏在匣子里，等着卖个好价钱；下句谓金钗放在梳妆盒中，等待时机飞上天。

【引言】孔夫子也曾有过移居边远地区的打算，这是为什么呢？

9.14 子欲居九夷。或曰："陋，如之何？"子曰："君子居之，何陋之有？"

【通解】孔子感到不得志，表示想到东方某处去定居。有人问："那儿辽远简陋，怎么办？"孔子说："君子住在那儿，满目生辉，有什么辽远简陋的问题呢？"

忽闻海上有仙山，山在虚无缥缈间。《山海经·海外东经》云："君子国在奢比之尸北，衣冠带剑，食兽，使二文虎左右，其人好让不争。"

孔子为何要移居九夷呢？原来他曾经说过："道不行，主张行不通，乘木筏到海上去，跟随我的，大概是仲由（子路）吧？"（见5.7）

再简陋的地方，有君子去住，浩气盈门，就不简陋了。

唐代文学家刘禹锡《陋室铭》曰："山不在高，有仙则名；水不在深，有龙则灵。斯是陋室，唯吾德馨。苔痕上阶绿，草色入帘青。谈笑有鸿儒，往来无白丁（浅人）。可以调素琴，阅金经（佛经）。无丝竹之乱耳，无案牍之劳形。南阳诸葛庐，西蜀子云亭。孔子云：'何陋之有？'"

1978年2月23日《文汇报》在谈到当代数学家陈景润的宿舍时说："六平方米的陋室，在陈景润眼里，犹如灵山仙境。屋小志大，何陋之有？"

【引言】孔子周游列国时，鲁国礼崩乐坏。鲁哀公十一年（公元前 484 年）始有所改变，因为孔子回来了。

9.15 子曰："吾自卫反鲁，然后乐正，《雅》《颂》各得其所。"

【通解】孔子说："我从卫国回到鲁国，对乐理声律进行了一番整理，使《雅》《颂》之乐各自回归到原先的门类。"

此事较详的记载，见于《史记·孔子世家》。孔子对鲁国的大乐官说："音乐演奏的过程和规律是可以掌握的。开始时，八音五声配合，往往很平和；接着，音乐慢慢放开之后，就越发圆润纯美，节奏厉厉清晰，声气络绎不绝；就这样直到整首乐曲的演奏完成。"（见 3.23）孔子又说："我从卫国回到鲁国后，才把那些乱了套的古乐分类订正了，使《雅》乐和《颂》乐都回归到了原先的门类。"古代所传的《诗》原有三千多篇，到孔子手里，去其重复者，取其可配合礼仪教化者，凡三百零五篇。孔子把它们入乐歌唱，以期合乎虞舜的韶乐、武王的武乐，以及朝廷雅乐、庙堂诵乐的精神境界。先王的礼乐可得而称述，于是王道完备，六艺亦齐全了。

孔子精通乐理，对音乐的形式和内容都有深入的研究。他认为，音乐在教育上，在品德修养上，都有巨大的作用，是达到仁的境界的必由之路。他说："诗有助于振奋精神，礼有助于立身处世，乐有助于完美情操。"（见 8.8）孔子晚年归国后，对原有音乐整理加工为《乐经》，把《乐经》作为"六艺"（礼乐射御书数）的教材之一。可惜的是，此《乐经》早已失传。

【引言】君子的标准有许多条，但基本的要求也就那么几点。

9.16 子曰："出则事公卿，入则事父兄，丧事不敢不勉，不为酒困；何有于我哉？"

【通解】孔子说："在外侍奉地位高的人，在家侍奉年龄大的人，对丧事按礼制尽心尽力，不因为饮酒乱了方寸，我有什么没有做到呢？"

换言之，这些都不难做到。作为一个合格的人，这些也都是应该做到的。

孔子恒严以律己。《礼记·中庸》引述孔子的话说："君子之道有四条，我未能完全做到。要求儿子对父亲孝顺，我做得不够；要求臣子对君王尽忠，我做得不够；要求对兄长敬重，我做得不够；要求对朋友宽厚，我做得不够。"严以律己，责人先责己，才有说服力。

【引言】世间一去不复返的，一是光阴，二是水。

9.17 子在川上曰："逝者如斯夫！不舍昼夜。"

【通解】孔子在河边说道："就这样流啊流啊！白天黑夜，永不停息。"

此言光阴易逝，努力须及时；君子务本，源远而流长。

《孟子·离娄下》记载，孟子的学生徐辟问老师："孔子多次称赞水，说'水呀，水呀'，这是什么意思呢？"孟子说："源头的水滚滚直流，昼夜不停，把低洼之处注满，再继续向前奔流，放乎四海。有源头的都这样，孔子所取的就是这一点。"孟子面向流水，所强调的是做人的根本。

《淮南子·原道训》曰："夫日回而月周，时不与人游，故圣人不贵尺之璧，而重寸之阴，时难得而易失也。"

光阴如流水，惜之者有成。《晋书·陶侃转》记载，陶侃性聪敏，勤于政事，恭而近礼，爱好群伦。终日敛膝端坐，内外多事，千绪万端，无有遗漏。远近书信，莫不亲手作答，笔下如流，未尝壅滞。引接疏远，门无停客。常语人曰："大禹圣者，乃惜光阴，至于众人，当惜分阴，岂可逸游荒醉，生无益于时，死无闻于后，是自弃也！"

晋代诗人陶渊明《杂诗八首》之一云："盛年不重来，一日难再晨；及时当勉励，岁月不待人。"

乐府古辞《长歌行》曰："百川东到海，何时复西归，少壮不努力，老大徒伤悲！"

光阴如流水，须好好生活。唐代诗人李白《将进酒》诗云："君不见黄河之水天上来，奔流到海不复回。君不见高堂明镜悲白发，朝如青丝暮成雪。人生得意须尽欢，莫使金樽空对月。"

滚滚洪流，能启人发思古之幽情。宋代词人苏轼《念奴娇·赤壁怀古》云："大江东去浪淘尽，千古风流人物。故垒西边，人道是，三国周郎赤壁。乱石崩云，惊涛裂岸，卷起千堆雪。江山如画，一时多少豪杰！遥想公瑾当年，小乔初嫁了，雄姿英发。羽扇纶巾，谈笑间，樯橹灰飞烟灭。故国神游，多情应笑我，早生华发，人间如梦，一尊还酹（lèi）江月。"

滚滚洪流，亦能使或人万虑俱空。《三国演义》第一回有《临江仙》一首云："长江滚滚东逝水，浪花淘尽英雄。是非成败转头空，青山依旧在，几度夕阳红。白发渔樵江渚（zhǔ）上，惯看秋月春风。一壶浊酒喜相逢，古今多少事，都付笑谈中。"

滚滚洪流尤能启人以无限遐思。毛泽东 1956 年有《水调歌头·游泳》一首云："才饮长沙水，又食武昌鱼。万里长江横渡，极目楚天舒。不管风吹浪打，胜似闲庭信步，今日得宽余。子在川上曰：逝者如斯夫！风樯动，龟蛇静，起宏图。一桥飞架南北，天堑变通途。更立西江石壁，截断巫山云雨，高峡出平湖。神女应无恙，当惊世界殊。"

源远流长，昼夜不停，继往开来，自强不息。世界充满了生机，蕴含着无穷力量。光阴似水，逝者如斯。盛世刍荛欣创业，年华谁肯付江流。

又，孔子之于水，盖情有独钟。《荀子·宥（yòu）坐篇》记载，孔子观于东流之水。子贡问于孔子曰："君子之所以见大水必观焉者，是何原因？"孔子曰："此水，它普育众生而不为己，似德；其流也卑下，弯弯曲曲，必循其理，似文；浩浩荡荡，奔流不息，似道；若决然流行，山鸣谷应，奔向万丈之渊而不惧，似勇。是故君子见大水必观焉。"

总之，人生是有限的，人的一生瞬间即逝，如同一江春水向东流。所以，在有限的一生中，必须学习，工作，奋进，奉献，尤不宜片刻懈怠自己的修养功夫。

【引言】春秋时各诸侯卿大夫，多好色而不好德。

9.18 子曰："吾未见好德如好色者也。"

【通解】孔子说："我还从来没见过那种好德尚贤就像好色猎艳一样热心的人哪。"

《史记·孔子世家》载，孔子在卫国待了个把月，卫灵公和夫人同乘一辆车，宦官雍渠陪侍在右侧，出了宫门，让孔子乘第二辆车跟着，一路招摇过市。孔子感慨地说："我还没见过爱慕德行像爱慕美色一般热切的人。"于是对这里的一切感到厌恶失望，就离开卫国到曹国去了。这一年（公元前495年）鲁定公死了。

其实不光是好色，任何一种癖好，比如说酗酒、贪财，都是于德有损的。

【引言】为与不为，进与退，主动权操之在己。

9.19 子曰："譬如为山，未成一篑（kuì），止，吾止也。譬如平地，虽覆一篑，进，吾注也。"

【通解】谈到为学进德，孔子说："比如积土成山，只差一筐土了，如果不再干了，这是我自己要停下来的。比如在平地上开始积土成山，才倒下一筐土，如果还在继续干，这是我自己决心要干的。"

《尚书·旅獒（áo）》："为山九仞（20多米高），功亏一篑。"前功尽弃，是很可惜的。

《荀子·宥（yòu助）坐篇》："孔子曰：如垤（dié小土堆）而进，吾与之（是我决定的）。如丘（小土山）而止，吾已矣（是我自己停止的）。"说法不同，意思基本上未变。

德国作家歌德说："无论是大事或小事，只要自己认为办得到的，就坚定去办。这就是性格。"

反过来说，无论何事，如果认为办不到，或者不该办，就坚决不办。这也是性格。

【引言】孔子在教学过程中，学生的领会程度各异。

9.20 子曰："语之而不惰者，其回也与（yú 欤）？"

【通解】孔子跟学生说话，有两种情况：一种是答其所问，这比较容易理解；一种是主动告诉，这就不是那么好懂了。

孔子说："有时候，我主动告诉学生们一些事理，每一次都能听得津津有味、孜孜不倦的，大概只有颜回了吧？"

孔子勤于教，颜回勤于学。师生于教学之际，侃侃而谈，耳聆心会，绝无倦容，是一种春风化雨的境界。

宋代学者朱熹引范氏曰："颜回闻夫子之言，而心解力行，仓忙困顿之间未尝违反。如万物得及时雨之润，发荣滋长，从不倦怠，此群弟子所不及也。"

【引言】孔子的学生颜回，字子渊，简称颜渊，不幸中年早逝了。

9.21 子谓颜渊，曰："惜乎！吾见其进也，吾未见其止也！"

【通解】孔子谈到颜渊时，说："可惜啊！我只看到他一路奋进，从未见到他有所停留。"

宋代学者朱熹说："颜子既死而孔子惜之，言其正在前进尚未有成也。"

【引言】无论做什么，都贵在坚持，坚持了才会有结果。

9.22 子曰："苗而不秀者有矣夫！秀而不实者有矣夫！"

【通解】孔子说："禾苗长大了而不抽穗开花的现象是有的啊！抽穗开花后而不结籽实的现象也是有点啊！"

"苗而不秀"说的是别的学生，"秀而不实"说的是颜回，因此有无比痛心。

《诗经·大雅·生民》云："实发实秀，实坚实好，实颖实栗。"是说禾苗在舒展发育吐穗开花，其根茎既坚且好；禾穗下垂着，籽粒饱满。可见颜回正就是一株秀而未实的禾茎。

秀而未实，颜回是怎样一个人呢？孔子早说过："回也不愚"，子贡（端木赐）则认为："赐也何敢望回？回也闻一以知十，赐也闻一以知二。"子路的志向是"愿车马衣轻裘与朋友共，敝之而无憾。"颜回的志向是："无伐善，无施劳"，不夸耀自己的好处，不表白自己的功劳。颜回对老师尊崇备至，他跟人说："夫子循循善诱人，博我以文，约我以礼，欲罢不能。"孔子对颜回曾多次赞赏："贤哉回也！一箪食，一瓢饮，在陋巷，人不堪其忧，回也不改其乐。贤哉回也！""吾见其进也，吾未见其止也。"并引颜回为同道："用之则行，舍之则藏，惟我与尔有是夫！"有人用我呢，就去干；不用呢，就待着，只有我和你才能这样吧！当鲁哀公问到"弟子孰为好学"时，孔子说："有颜回者好学，不迁怒，不贰过。不幸短命死矣，今也则无。未闻好学者也。"其痛无以复加矣。

【引言】青年必胜于老年吗？得具体分析。

9.23 子曰："后生可畏，焉知来者之不如今也？四十、五十而无闻焉，斯亦不足畏也已。"

【通解】孔子说："青年人值得敬畏，哪里知道他将来的发展会不如现在的人呢？不过，如果到了四、五十岁还没有什么名声，那就不值得敬畏了。"

《大戴礼·曾子立事篇》云："三十、四十之间而无艺（才能），即无艺矣；五十而不以善闻（以某种特长出名）即不闻矣。"

什么叫"四十、五十而无闻"？孔子曾说过"四十而不惑"（见2.4），又说是"智者不惑"，然则惑者肯定不智了；孔子还说过"五十而知天命"，又说是"不知命，无以为君子也"，然则不知命者肯定不是君子了。所以说："四十五十而无闻，斯亦不足畏也已。"

唐代诗人李白《上李邕（yōng）》诗云："宣父犹能畏后生，丈夫未可轻年少。"是说孔子尚且畏后生，希望前辈勿轻视年轻人，希望卫尉卿李邕能重视我李白。

现代学者赵元任的观点是："现在不像从前，怎见得将来总像现在？"犹言社会是进步的，人也不例外，所以说"后生可畏"。

【引言】教育不是万能的，教与学相互配合才管用。

9.24 子曰："法语之言，能无从乎？改之为贵。巽（xùn）与之言，能无说【悦】乎？绎（yì）之为贵。说而不绎，从而不改，吾末如之何也已矣。"

【通解】孔子说："合乎礼法的话，能不听从吗？改正了才可贵。谦逊和婉的话，听了能不愉悦吗？加以分析反思才可贵。如果心中愉悦后而不反思，表面听从后而不改正，这种人我没有办法奈何他了。"

《大戴礼记·曾子立事篇》曰："惧之而不恐，说之而不听，虽有圣人，亦无若何矣。"

一个人，如果软硬都不吃，水泼不进，谁还能把他怎么样！这不是教育所能为力的，得综合治理。

【引言】怎样做一个高尚纯粹有修养的人呢？

9.25 子曰："主忠信，毋友不如己者，过则勿惮（dàn）改。"

【通解】孔子说："为人以忠诚守信为主；不跟不如自己的人为友，也不跟志不同道不合的人为友；有了错误就不怕及时改正。"

此话已见于"1.8"，这里再一次强调忠信为怀，慎交朋友和勇于改过的基本修养。

学习与修养乃《论语》一书的宗旨所在，重复一下有必要。

《荀子·大略篇》曰："友者，所以相有也；道不同，何以相有也。"犹言朋友是贵在互相亲善的，道术志向不同，怎么能互相亲善，互相帮助呢？也就是说，志不同，道不合的两方，不可能成为朋友。

《伊索寓言·烧炭的与漂布的》："话说烧炭的在一所房子里工作，他看见漂布的迁到他旁边来住的时候，走去劝他来同住，说这样可以彼此更亲密。但是那漂布的答道：'可是这在我是完全不可能的，因为我所漂白的，你将把它弄黑了。'这故事说明，凡不相类的不能相交。"

"过则勿惮改"有错误改了就好。《左传·宣公二年（公元前 607 年）》记载，晋灵公昏庸无道，草菅人命。大臣赵盾、士季进宫去劝谏。晋灵公见了赵盾，知道他是为什么来的，就先开口说："吾知所过矣，将改之。"赵盾听了，叩拜说："人谁无过，过而能改，善莫大焉。"谁没有错误呢，错了就改，再好也没有了。

"毋友不如己者（不跟不如自己的人为友）"也有一定道理。明末诗人申涵光《荆园进语》云："凡弈棋与胜己者对，则日进；与不如己者对，则日退。取友之道亦然。"和高手下围棋就天天进步，和低手下围棋就天天退步。比喻交友须结交德高才大的人。

【引言】独立之精神，自由之思想，是人都应该有的。

9.26 子曰："三军可夺帅也，匹夫不可夺志也。"

【通解】孔子说："作战部队的统帅是可以被俘获的，普通百姓的志向是不可以夺取的。"

为什么"匹夫不可夺志也"？因为航船之舵，操之在己；个人的理想信念之能否坚持，俯仰之间，完全取决于自己之故也。

我师杨伯峻先生说："从这里可以看出，孔子早已懂得，要改造一个人的意志，不能用强制性的办法。"

当代学者张岱年认为，孔子这句话"肯定了人民都有不可夺的独立意志"。

1932 年 10 月 15 日，共产党人陈独秀被捕于上海，次年 4 月被判处有期徒刑十三年，关押于南京老虎桥 45 号江苏第一监狱。被捕后，国民党高官何应钦请他题字，陈独秀挥毫写道："三军可夺帅也，匹夫不可夺志也。"

【引言】子路只比孔子小九岁，二人的关系不同一般。

9.27 子曰："衣（yì）敝（bì）缊（yùn）袍，与衣狐貉（hé）者立，而不耻者，其由也与（yú 欤）？'不忮（zhì）不求，何用不臧（zāng）？'"
子路终身诵之。子曰："是道也，何足以臧？"

【通解】孔子说："自己穿着旧绵袍，与穿着狐皮袄的人站在一起，而不感到羞耻的，那该只有仲由（子路）吧？《诗·邶风·雄雉》说得好：'不嫉妒，不妄求，走到哪儿不舒坦呢？'"

子路很高兴，经常都吟诵着这两句诗。孔子提醒他："这是道义的一项内容，重在实践，哪里就值得这样老念着而自以为佳呢？"

孔子曾说过："士志于道，而耻恶衣恶食者，未足与议也。"（见 4.9）士人立志于道义，却以穿得破旧、吃得粗糙为可耻，这种人不值得与他交谈。故子路之风必予以充分肯定也。

自己以恶衣恶食为可耻者有之，以朋辈恶衣恶食为可耻者亦有之。《史记·仲尼弟子列传》载，孔子卒，其学生原宪隐居于卫国的荒村水边。其学生子贡在卫国当了大官，他乘着四马大车，带着一队骑士，排开杂草，进入荒村来看望原宪。原宪穿着破衣，戴着破帽接待子贡。子贡觉得不光彩，就问道："你是不是病了？"原宪道："我听说了，无财者谓之贫，学道而不能行者谓之病。说到我呢，是贫，不是病。"子贡听了很惭愧，闷闷不乐地走了，一辈子都以自己失言为可耻。

"不忮（zhì）不求"为心情舒畅之本，亦愉快平安之本。《淮南子·诠言训》曰："利则为害始，福则为祸先。唯不求利者为无害，唯不求福者无祸。"求利有可能得害，求福有可能得祸。只有不求利的人才无害，只有不求福的人才无祸。

晋代学者葛洪《抱朴子外篇·接疏》云:"明者举大略细,不忮不求,故能取威定功,成天平地。"明智的人办事,从大处着眼,不计较细节,对人不嫉妒,不苛求。所以能赢得威信,获得成功,风调雨顺,五谷丰登焉。

【引言】人的一生,贵在坚守。谁笑在最后,谁笑得最美。

9.28 子曰:"岁寒,然后知松柏之后凋也。"

【通解】当周游列国之时,孔子与其弟子在陈、蔡(今河南淮阳、新蔡)之间受困,几乎绝粮的情况下,孔子说:"严寒岁逼,草木凋零,方显出松柏要到最后才稍微有些凋谢,且随时都在恢复的。"

《荀子·大略篇》曰:"岁不寒无以知松柏,事不难无以知君子。"

《吕氏春秋·慎人》曰:"大寒既至,霜雪既降,吾是以知松柏之茂也。"

唐代诗人张九龄《感遇十二首》之七云:"江南有丹橘,经冬犹绿林。岂伊地气暖?自有岁寒心。"橘子树经冬犹绿,难道是由于地气暖和之故?它自有一颗如松柏耐寒的心。

1917年6月,北京大学举行毕业典礼。学校赠予每位毕业生铜尺一把,上有蔡元培校长临别赠言曰:"各勉日新志,共证岁寒心。"上联与学生共勉,当终生奋斗不息,日新又新,一辈子与时俱进。下联与学生共期,要在艰苦环境中,一同以实际行动,证明自己经得住考验。岁寒后凋,在恶劣的条件下,只有高尚的君子,才能保持住晚节。

有道是,杨柳不随春风老,劲松唯有岁寒知。

【引言】人生以做人为第一要义,要怎样才是一个合格的人呢?

9.29 子曰:"知(zhì智)者不惑,仁者不忧,勇者不惧。"

【通解】孔子说:"智者能辨明事理,所以不迷惑;仁者能克己爱人,所以不忧愁；勇者能见义敢为，所以不畏惧。"

《礼记·中庸》曰："好学近乎智，力行近乎仁，知耻近乎勇。如斯三者，则知所以修身。"

宋代学者朱熹说："明足以烛理，故不惑；理足以胜私，故不忧；气足以配道义，故不惧。"

明代学者李贽（zhì）说："智即识（见识），仁即才，勇即胆。"

孔子曾自称"四十而不惑"（见2.4），可见以孔子之大智，尚须届四十之年，始克判明是非善恶而无所惑。学海无涯盖可想见矣。

什么叫勇？西班牙作家塞万提斯说："太胆小是懦弱，太胆大是鲁莽，勇敢是适得其中。"

孔子有三个亲近的学生，对智和仁各有自己的见解。《荀子·子道篇》记载，子路入，子曰："由，知者若何？仁者若何？"子路对曰："知者使人认识自己，仁者使人爱护自己。"子曰："可谓是一个士人。"子贡入，子曰："赐，知者若何？仁者若何？"子贡对曰："知者知人，仁者爱人。"子曰："可谓是一名士君子。"颜渊入，子曰："回，知者若何？仁者若何？"颜渊对曰："知者自知，仁者自爱。"子曰："可谓是一位明达君子矣。"显而易见，孔子最赞赏的是颜回。

近代学者梁启超1922年向苏州学界演讲曰："求学问为的是学做人。但凡一个人在学校里所学，皆不过是做人所需的一种手段。要成为一个人，要具备智、仁、勇；实现了的状态便是'智者不惑，仁者不忧，勇者不惧。'"

【引言】人生得一知己足矣，但此事并不那么容易。

9.30 子曰："可与共学，未可与适道；可与适道，未可与立；可与立，未可与权。"

【通解】孔子说："能一同读书学习的人，不一定会并肩奔向共同的目标；能并肩奔向共同目标的人，不一定会事事依礼而行；能一起事事依礼而行的人，不一定会一块儿通权达变。"

孔子在这里涉及了四个境界：首先是一起学习，这只要有缘就行；其次是一起前进，这不大容易做到；再次是一同坚守，这需要很大毅力才行；最后是一块儿通权达变，这就难上加难了！

宋代学者程颐说："可与共学，知所以求之也。可与适道，知所往也。可与立者，笃志固执而不变也。权，秤锤也，所以称物而知轻重者也。可与权，谓能权其轻重，使合于义也。"

【引言】思想的翅膀无远弗届，它能超越时空。

9.31 "唐棣之华，偏其反而。岂不尔思？室是远而。"子曰："未之思也，夫何远之有【哉】？"

【通解】古诗云："唐棣树之花翩翩起舞，婀娜多姿。难道说我不思念你？你的家门离此多远哪。"孔子说："你没有真的思念啊，如果真的思念了，有什么远不远的呀？"

所思念的是谁呢？就是那志同道合的人，就是那能够在一块儿通权达变的人。他不在远处。既通达权变，又志同道合，肯定是知心人了。人生得一知己足矣。

"道"也是这样，只要你肯求，它就在近处。孔子早说过："仁远乎哉？我欲仁，斯仁至矣。"（见 7.30）仁德离我们远吗？我想着要有仁德，于是仁德就来了。

"唐棣之华，偏其反而。岂不尔思？室是远而。"这是一首逸诗，不见于今本《诗经》。宋代学者苏轼认为，此诗乃思贤不得之辞。

乡党篇第十（凡27章）

【引言】本篇主要从孔子的言谈举止和生活习惯等细节，来表现孔子以人为本、温和谦恭、谨慎端庄、以诚相待等精神风貌。

昌平乡阙党为孔子故里，约在今山东曲阜一带。本章说明了孔子的言语特点。

10.1 孔子于乡党，恂恂（xún）如也，似不能言者。

其在宗庙朝廷，便便言，唯谨尔。

【通解】孔子在家乡与父老乡亲共处，态度诚恳从容，话语无多，好像不大会说话的样子。在宗庙朝廷等正式场合，孔子说话时言而有据，条理分明，态度是认真而又谨慎。

《史记·孔子世家》云："其于乡党，恂恂似不能言者。其丁宗庙朝廷，辩辩然，唯谨尔。"文字与本章有小异，可互参。

宋代学者朱熹说："乡党，父兄，宗族之所在，故孔子居之，其容貌辞气如此。宗庙，礼法之所在，言不可以不明辩。故必详问而极言之，但谨而不放尔。"

【引言】孔子为官时，上朝的礼节是怎样的？

10.2 朝，与下大夫言，侃侃如也；与上大夫言，訚訚（yín）如也。

君在，踧踖（cùjí）如也，与与（yú）如也。

【通解】春秋时代上朝前，上大夫（相当于卿）、下大夫（下大夫相当于士，孔子为下大夫）先在外朝集中待命。当获悉国君已在内朝入座时，即相率前往，行朝见之礼。

在外朝坐以待命时，大家闲聊。孔子与下大夫交谈，从容不迫，和和气气的；与上大夫交谈和颜悦色，认认真真的。

在内朝，国君在上，群臣入见。孔子的步伐踧踖不安，恭敬而有礼；站定后，小心谨慎，庄重而有度。

《吕氏春秋·异用篇》记，孔子之弟子凡是从远方来的，孔子都首先扛着手杖问候他说："你的爷爷安好吧？"然后持杖拱手问候道："你的父母安好吧？"然后挂着手杖问候道："你的兄弟安好吧？"最后拖着手杖转身问候道："你的妻子儿女安好吧？"

孔子因所问对象不同，且有不同的礼数，更何况在上朝过程中，与不同的人相处而有不同的语气仪容呢？

【引言】忠于职守是一条基本原则，大事小事无非是一个认真对待。

> **10.3** 君召（zhào）使摈（bìn 傧），色勃如也，足躩（jué）如也。
> 揖所与立，左右手，衣前后，襜（chān）如也。
> 趋进，翼如也。
> 宾退，必复命曰："宾不顾矣。"

【通解】鲁国国君召唤孔子任傧相，以接送贵宾，孔子导引宾客时，脸色变成庄重沉着的样子，步履稳健而快捷。

孔子向两旁的人作揖，向左侧的人致意，又向右侧的人致意。衣袍的前后襟飘逸着，整整齐齐的样子。

为进入内朝而加快步伐，小步急行，恭敬地张开两臂摆动着，似云鹰展翅翱翔。

孔子送宾客已毕，必向国君复命道："接送完毕，宾客已经走远了。"

以上各事，看似琐碎，但也告诉我们，送往迎来的工作，值得重视和研究。

【引言】孔子上朝谒见国君时，是怎样一种情况？

> 10.4 入公门，鞠躬如也，如不容。
> 立不中门，行不履阈（yù）。
> 过位，色勃如也，足躩（jué）如也，其言似不足者。
> 摄齐（zī）升堂，鞠躬如也，屏（bǐng）气似不息者。
> 出，降一等，逞颜色，怡怡如也。没阶，趋进，翼如也。复其位，踧踖（cùjí）如也。

【通解】将进入朝廷诸侯之门，孔子郑重谦恭的样子，好像无处可容身似的。

他立于门前偏右侧，行进时不踩踏门槛。进入内朝，他脸色庄重沉着的样子，步履稳健而快捷，内心的感受，无法用言语形容。

提起礼袍的下摆，举步升堂，谒见国君，孔子郑重而谦恭，屏息而凝气，仿佛停止了呼吸似的。

拜辞国君后，孔子出，下第一级台阶，表情开始放松，怡然自乐的样子。下完了台阶，继续以碎步快速前行，似云鹰展翅翱翔。回到原处时，仍保持恭敬而礼貌的样子。

"鞠躬如也"的鞠躬，古代指小心谨慎的样子，后来才有了"弯身行礼"的意思。

【引言】孔子出使他国时，是怎样一种情况？

> 10.5 执圭，鞠躬如也，如不胜。上如揖，下如授。勃如战色，足蹜蹜（sù）如有循。
> 享礼，有容色。
> 私觌（dí），愉愉如也。

【通解】孔子出使别国举行典礼时，手捧玉圭，郑重谦恭的样子，拿着仿佛很吃力似的。以双手执圭，上下缓升缓降，上升时如作揖行礼，下降后似递物与人。他表情庄重沉着又似乎有点紧张，小步快走而雍容有度。

向该国国君敬献礼物时，彼此都感到愉悦。

改日，以使臣个人名义与该国君臣相见，气氛便更为和谐了。

"圭"是古代的一种玉制礼器，长形片状，上端呈三角形，中段以下为长方形。古代诸侯及贵族朝聘、祭祀或丧葬时以圭为礼器。使臣奉命出使于他国，必执持着国君之圭作为礼器，以完成使命。

【引言】孔子在服饰方面，仿佛也特别较真儿。

10.6 君子不以绀緅（gàn zōu）饰。红紫不以为亵（xiè）服。

当暑，袗（zhěn）絺綌（chīxì），必表而出之。

缁（zī）衣，羔裘；素衣，麑（ní）裘；黄衣，狐裘。

亵（xiè）裘长，短右袂（mèi）。

必有寝衣，长一身有半。

狐貉（hé）之厚以居。

去丧，无所不佩。

非帷裳，必杀之。

羔裘玄冠，不以吊。

吉月，必朝服而朝。

【通解】君子的衣着不用深青透红或黑里微红的颜色布来镶边。不用浅红或紫色的衣料做便服。

夏季天热，在家穿粗葛布或细葛布做的单衣，出去的时候，里面得衬上一件内衣。

冬季穿皮袄，黑羊皮袄配黑色的罩衣；白鹿皮袄配以白色的罩衣；狐皮袄配以黄色罩衣。居家的皮袄，比较长，以资保暖；右边的袖子要短一些，便于做事。

夏季睡觉必盖小被子，比身高约长一半。古代的"寝衣"指的就是小被子，小被子在古代就叫寝衣。

冬天用狐貉的皮毛垫坐，以免受凉。

有丧时，身上要除去一切配饰；除丧后，可恢复一切佩饰。

古代上朝或祭祀的服装，是用整幅的布制成，不加剪裁的，叫"帷裳"。平时穿的服装，须裁去一些布，然后缝制。

穿着用小羊皮做的朝服，戴着用黑绸缎制成的朝冠，是不适宜前往吊丧的。

农历每月初一，群臣百官须穿着朝会的礼服去朝见国君一次。

《礼记·玉藻》曰："人们所有的腰带都有佩玉，只有丧带除外。君子无故，玉不离身，君子用佩玉来体现自己的修养。"

【引言】古人在祭祀或典礼前，须作一系列准备工作，以示虔诚，叫斋戒。

10.7 齐【斋】，必有明衣，布【也】。
齐【斋】必变食，居必迁坐。

【通解】斋戒期间沐浴后，须穿上用麻布、苎（zhù）布或葛布做成的洁净衣服。

斋戒期间须戒除嗜欲，不饮酒，不吃荤；居处由偏室迁入正室，与妻子不同房，以修身养性，纯洁心灵。

《庄子·人间世》记载，颜回拜见孔子，向他辞行。谈到治国安民的道理，孔子说："你先斋戒，我再告诉你。你有了诚心去感化卫君，哪里有这么容易呢？如果你以为容易，那就不合自然的道理了。"颜回说："我家里贫穷，不饮酒，不吃荤，已经有好几个月了。这样子，可算是斋戒了吗？"孔子说："这是祭祀的斋戒，并不是心斋。"颜回说："请问什么是心斋？"孔子说："你心志专一，不用耳去听而用心去体会，不用心去体会而用气去感应。"

不吃荤的荤，不仅指鸡鸭鱼肉等；古之所谓荤，连葱、蒜、韭、薤（xiè）等也包括在内。

【引言】孔子在饮食方面也是颇为较真的。

10.8 食不厌精，脍（kuài）不厌细。

食饐（yì）而餲（ài），鱼馁（něi）而肉败，不食。色恶，不食。臭恶，不食。失饪，不食。不时，不食。

割不正，不食。不得其酱，不食。

肉虽多，不使胜食气（xì 饩）。唯酒无量，不及乱。

沽酒市脯（fǔ）不食。

不撤姜食，不多食。

【通解】粮食舂得越细越好，鱼和肉切得越细越好。

饭食变味了，鱼肉腐败了，不吃。颜色不新鲜，不吃。气味不正常，不吃。没弄熟的，不吃。不到季节，不到时间，不吃。

切割不平整的，不吃。调味没有酱醋，不吃。

肉食虽然多种多样，吃的时候仍当以主食为主。饮酒不限量，尽其所能，总以不醉为度。

酒和干肉以自制者为佳；买来的酒和干肉，不吃。

生姜于人体有益，故经常都有，不撤（chè）除，但也不多吃。

关于"食不厌精"，宋代诗人杨万里《庸言》曰："食不厌精，脍（kuài）不厌细。学而不精，可乎？"

关于"割不正，不食"，我师杨伯峻先生说："割和切不同。'割'指宰杀猪牛羊时肢体的分解。古人有一定的分解方法，不按那方法分解的，便叫'割不正'。"

关于"唯酒无量，不及乱"，现代作家叶圣陶从小就每天饮酒，饮了八十年的酒，从来没有醉过，是典型的范例。

关于"不撤姜食"，现代作家鲁迅在《南腔北调集》中说："'割不正不食'，这是孔子他老先生的古板规矩，但'食不厌精，脍（kuài）不厌细'的条令却有些稀奇。他并非百万富翁或能收许多版税的文学家，想不至于这么奢侈的，除了只为卫生，意在容易消化之外，别无解法。况且'不撤姜食'，又简直是省不掉暖胃药了。何必如此独厚于胃，念念不忘呢？曰，以其有胃病之故也。"

关于"沽酒市脯（fǔ）不食"，现代学者胡适在《胡适之晚年谈话录》中说："我想商民族有点像犹太人。商朝亡国了几百年之后，还能保留住他们食物卫生的传统。在《论语》第十篇《乡党》里，如'不撤姜食''沽酒市脯（fǔ）不食'等等，都能记录下来。"

姜为菜中之美者。《千字文》曰："果珍李奈（nài），菜重芥(jiè)姜。"《本草纲目》云："姜味辛，通神明，去臭气。"

【引言】古代的大夫、士都有助国君祭祀之礼，祭祀之后的祭肉该怎样处理呢？

10.9 祭于公，不宿肉。祭肉不出三日。出三日，不食之矣。

【通解】参与国家的祭祀典礼后，分到的祭肉不能留过夜。其他祭祀所用的肉，留存不超过三天。如果超出了三天，就不能吃了。

宋代学者朱熹说："助祭于君，祭后所得胙（zuò）肉，归即颁赐于下属。不待过夜者，不留君惠也。家祭之肉，则不过三日，皆以分赐。盖过三日，则肉必坏。但比君所赐胙，可稍缓耳。"

【引言】饮食作息，都要有好的习惯。

10.10 食不语，寝不言。

【通解】吃饭的时候不讨论问题，睡觉的时候不作兴说话。

食不语，寝不言，自然有益于健康。

宋代学者朱熹引范氏曰："圣人存心无他，当食而食，当寝而寝，言语非其时也。"又引杨氏曰："肺主气而发声，寝食则气息窒而不畅，语言发声，恐伤之也。"

【引言】一粥一饭，当思来处不易也。

10.11 虽疏【蔬】食菜羹，必祭，必齐【斋】如也。

【通解】虽然吃的是粗饭菜汤一类的家常饮食，孔子也会定时间来祭祀发明熟食的先民，而且一定是抱着恭敬虔诚的态度，以示不忘本之意。

我师杨伯峻先生说："这种祭是食前将席上各种食品拿出少许，放在食器之间，祭古代最初发明饮食的人。"

我们现在吃饭时，无须祭祀了。但是仍应当想到，这是农人种出来的，是多人劳动的结果；没有他们的辛劳，便没有我们的饮食。感恩之心，不可不有。

【引言】不求奢华，但求齐整。

10.12 席不正，不坐。

【通解】古人席地而坐，席子如果有移动偏斜，须摆正后再坐。

清代学者刘宝楠说："'不正'者，谓设席有所移动偏斜也。夫子于席之不正者，必正之而后坐也。"

我师杨伯峻先生说："古代没有椅和凳，都是在地面上铺席子，坐在席子上。席子一般是用蒲苇、蒯（kuǎi）草、竹篾以至禾穰（ráng）为质料。现在日本人还保留着席地而坐的习惯。"

【引言】敬老尊贤的传统由来已久。

10.13 乡人饮酒，杖者出，斯【则】出矣。

【通解】乡大夫于每年蜡祭后宴请乡中贤者。宴请结束时，孔子总是让持杖的老人先缓步退席，然后自己才走，绝不与老人争先，示敬老尊贤之意。

《礼记·乡饮酒义》载："乡饮酒之礼，六十者坐，五十者立侍以听老者发布之政教及役使，所以明尊长也。六十者三豆，七十者四豆，八十者五豆，九十者六豆，所以明养老也。"豆是古代的一种高脚盘，这里的几豆代表老人面前放几盘菜。

《礼记·王制》载："五十杖于家，六十杖于乡，七十杖于国，八十杖于朝。九十者，天子欲有问焉，则就其室，以珍从。"这是关于拐杖的礼仪制度，规定了拄拐的年龄和拄拐的行走范围。五十以上的老人可以在家里拄拐，六十以上可以在乡里拄拐，七十以上可以在国中都市内拄拐，八十岁以上可以拄拐上朝。到了九十岁即便天子有事相问，也要登门拜访，并携带珍品食物以赠之。

【引言】古代有迎傩（nuó）之俗，跳舞迎神以驱逐疫鬼，祓（fú）除灾邪；以锣鼓遍至人家，以求利市。

10.14 乡人傩（nuó），朝服而立于阼（zuò）阶。

【通解】古代乡间由乡民扮成傩神，头戴假面，手舞足蹈，有乐器伴奏，并呐喊助威，沿途进行祛除疫鬼的活动，多于岁末举行。

当乡人扮演的傩神经过孔子门前时，孔子穿着上朝的衣服，肃立在门前东边的台阶上。这样，一来是对傩神表示尊敬，二来是让家神得以安宁。

我师杨伯峻先生说："解放前的湖南，如果家中有病人，还有雇请巫师以祛除疫鬼的迷信，叫作'冲傩'，可能是这种风俗的残余。"

现代作家沈从文《自传》载："岁暮年末，居民便装饰红衣傩神于家中正屋，锤大鼓如雷鸣。"

【引言】孔子与列国人士多有交往，自己老了，去不了，就派使者代他去。

10.15 问人于他邦，再拜而送之。

【通解】孔子周游列国十四年，与列国国君多有交往，与列国名流亦多有往来。每当孔子派使者携礼去看望他国某人时，都会郑重其事地向使者施礼作揖两次，送他上路，以表示诚心并寄予厚望之意。

孔子是乐于与人交往的，他早就说过："有朋自远方来，不亦乐乎？"（见 1.1）

有来必有往。《礼记·曲礼上》曰："礼尚（崇尚）往来，往而不来非礼也；来而不往，亦非礼也。"

【引言】孔子病了，不轻易服药。

10.16 康子馈药，拜而受之。曰："丘未达，不敢尝。"

【通解】孔子病了，鲁大夫季康子派人赠送他一些药品，孔子拜谢了使者，把药接受了下来。

大凡药有两种，有毒的与无毒的。药能对路，则有毒者亦能治病；若不对路，则无毒者亦能害人。此非深于医理、达于药性者，不能知。

因此，孔子对他的学生说："我不懂医药，不敢尝，你们先不要去煎。"

孔子所慎重对待的有三：一是斋戒，二是战争，三是疾病。（见 7.13）

【引言】关心人是一种传统美德。

10.17 厩（jiù）焚。子退朝，曰："伤人乎？"不问马。

【通解】孔子家的马棚失火，烧掉了。孔子时为大司寇（主管司法的官），从朝廷回来，问道："伤了人没有？"却不问马怎么样。

《盐铁论·刑德篇》载，古话说："凡生之物莫贵于人，人主之所贵者莫重于人。"故天之生万物以奉人也，人主爱人以顺天也。闻以六畜禽兽养人，未闻以所养而害人者也。鲁厩焚，孔子罢朝，问人不问马，贱畜而重人也。

【引言】孔子是怎样处理他与国君的关系的？

10.18 君赐食，必正席先尝之。君赐腥，必熟而荐之。君赐生，必畜（xù）之。

侍食于君，君祭，先饭。

【通解】国君赐熟食给孔子，孔子必端端正正地坐着品尝一下。国君赐给他生肉，他回去后必把它弄熟，并供奉与祖先而后进食。国君赐给他活禽活畜（chù），他回去后必饲养起来，不随意加以宰杀。

孔子侍奉着国君进食，国君将要祭祀时，孔子先品尝一下祭品，看是否符合要求，再报告国君，俟（sì）国君决定是否开祭。

孔子认为，这些都是起码的礼节。

宋代学者朱熹曰："侍食时，君祭，则己不祭而先饭，似为君尝食然。"

【引言】国君来探望孔子，病中的孔子是如何自处的？

10.19 疾，君视之，东首，加朝服拖绅。

【通解】孔子病了，国君来看他，他躺在南窗下，头朝东，使国君可以坐北朝南就座。孔子因卧病而不能着衣束带，又不可以穿便服见君，故覆盖朝服于身，把束衣带放在朝服上，好像拖下来的样子，以表示对国君的拥戴。

宋代学者朱熹曰："病卧不能着衣束带，又不可以亵（xiè）服见君，故加朝服于身，又引大带于上也。"亵服为古人居家时穿的便服。

【引言】孔子对国君，完全按礼节办事。

10.20 君命召（zhào），不俟驾行矣。

【通解】国君有命令召见。孔子等不及驾好马车，就快步上路了。

《荀子·大略篇》曰："诸侯召其臣，臣不俟驾，颠倒衣裳而走,礼也。《诗》云，颠之倒之,自公召之。"意思是说，国君召见其臣，臣等不及驾好马车，胡乱地穿好衣裳，就快步前去了，这是一种礼节。《诗经·齐风·东方未明》中说："急急忙忙颠颠倒倒，穿上衣裳就赶路，因为国君派来召唤我的人已经到了。"

【引言】"太庙"是鲁国祭祀其始祖周公的庙，孔子有时会去。

10.21 入太庙，每事问。

【通解】孔子为国君助祭，进入周公之庙后，遇到不懂的事物，都会提出来向内行请教。

人民教育家陶行知《每事问》诗云："人力胜天工，只在每事问。"又有一联曰："行是知之始，学非问不明。"

"入太庙，每事问"（见 3.15），比这里详细得多，可参看；这里是重复言之，故从简。

人往往耻于问人，殊不知今日问于人，明日胜于人，有何不可，有何不好呢？其实，不入太庙也可以问的，可以问高人，还可以不耻下问。

【引言】兄弟敦相睦，朋友在诚信。

10.22 朋友死，无所归，曰："于我殡（bìn）。"

【通解】朋友亡故了，没有亲人，孔子说："让我来殡殓他。"

《史记·檀弓上》云："宾客至，无所馆。夫子曰，生于我乎馆，死于我乎殡。"宾客来了，没有地方让他住。孔子说："仁爱的人不当陷人于困境。如有朋友来我家，就得供给他住所；死了，如果没有亲人，就得做他的丧主，妥善地安葬他。"

《史记·汲郑列传》云："一死一生，乃知交情；一贫一富，乃知交态；一贵一贱，交情乃见。"

【引言】门内有君子，门外君子来。

10.23 朋友之馈，虽车马，非祭肉，不拜。

【通解】朋友以物品相赠，哪怕是贵重的车马，因为不属于祭品，所以用不着拜谢，收下来就是了。是朋友祭祖后分给的胙肉，那就要郑重作揖拜谢了。

宋代学者朱熹曰："朋友有通财之义，故虽车马之重，不拜。祭肉则拜者，敬其祖考，同于己亲也。"祭肉是朋友祭祖后分赠的，尊重朋友的祖先，也就是尊重自己的祖先，故必须拜而谢之。

【引言】在正式场合，有许多礼仪规矩，在家休闲时，就不一样了。

10.24 寝不尸，居不容【客】。

【通解】孔子在家休闲时，晚上睡觉，只求能伸展自如，用不着笔直躺着；白天居家，只求能仪态自如，用不着正襟危坐，像接待客人一般。

孔子先前在家休闲时，服饰是整齐清洁的样子，肢体是伸展自如的样子，心情是自然愉悦的样子。（见7.4）这里只说"居不容"，前后的表现是一致的。

【引言】天时人事接踵至，怎样应对他们呢？

10.25 【子】见齐衰（zī cuī）者，虽狎（xiá）必变。见冕者与瞽者，虽亵必以貌。
凶服者式之。式负版者。
有盛馔，必变色而作。
迅雷风烈必变。

【通解】孔子遇见穿重孝服的人，不论关系是疏远或亲近的，脸色都会变得很悲哀的样子。遇见官员或盲者，不论其地位高低，都必以礼貌相待。

孔子乘车时，遇见穿孝服的人，必扶着车前横木以致意。遇见背负着邦国图籍的人，亦必扶着车前横木以致敬。

由主人出面，以丰盛的饮食款待孔子，孔子必改容而起立，表示谢意而后食。

迅雷骤起，烈风劲吹，不管是白天黑夜，孔子必正衣戴冠而坐，所以敬天之怒也。

先前也有记载，孔子见到穿重孝服的人、穿官服的人或盲人，都非常尊重。他们中虽然有的还是青少年，孔子坐着时都会站起来致敬；若途中遇见他们，孔子必小步快走向前，以示尊敬之意。（见9.10）与此章写法各有不同，可参互理解。

《礼记·曲礼上》载，陪侍长者入席时，主人亲自来劝酒，则拜而食之；主人不出面，则不拜而食。

《礼记·玉藻》载，若有疾风、迅雷、甚雨，必慎重应对，即使在夜晚，也必定起床正衣冠而坐，以表示对天威的敬畏。

【引言】衣食住有些规则，行也不例外。

10.26 升车，必正立，执绥。
车中不内顾，不疾言，不亲指。

【通解】古代登车时，国君用大石垫脚而上，受祭的"尸"（shī 古代祭祀时，代替死者受祭的人）以矮桌子垫脚而上。孔子够不上这种待遇。孔子登车时，必先正面站稳了，然后拉着凭以升车的绳索而上。

孔子上车后，不回头看人，不高声快速说话，不用手指东划西，始终保持镇定自若的样子。

《白虎通·车旂（qí）篇》曰："车所以立乘（不坐下）者何？制车以步（移步以保持平衡），故立乘。车中不内顾何？仰即观天，俯即察地，前闻和鸾（铃铛）之声，旁见四方之运（向后旋转的景物），此车教之道（乘车的规矩）。"

《礼记·曲礼上》云："车上不广欬（kài），不妄指。"车上不大声咳嗽，不胡乱指点，以保持安定。

【引言】散步是生活的一个组成部分，孔子也是如此。

10.27 色斯举矣，翔而后集。曰："山梁雌雉（zhì），时哉时哉！"子路共之，三嗅而作。

【通解】孔子和子路漫步郊野，发现前边有只鸟。孔子屏着气，向前轻挪几步想看清是只什么鸟。那鸟霍地飞起，然后停在山涧桥上。孔子有感于自己抱负之未能施展，不禁叹息道："这山涧桥上的雌山鸡呀，自由自在的，能飞能停，多么的走运啊！多么的走运啊！"子路蹑手蹑脚地过去，朝它拱拱手。它向他点了几下头，然后扑棱了几下翅膀，最后还是箭也似的飞去了。

晴空鸟飞，显宇宙活泼之机。山鸡的举止告诉人们，宜认识时务，见机而作，方能远害全身。

宋代学者朱熹曰："言此鸟见人之颜色不善，则飞去，回翔审视而后下止（停下）。人之见机而作，审择所处（生活环境），亦当如此。"

先进篇第十一（凡26章）

【引言】本篇以孔子为中心，展开了对各方人士及孔子弟子的生动描绘和真切评价，从中也烘托出孔子自身的美好形象。

本章指出"野人"和"君子"，孔子将如何取舍？

11.1 子曰："先进于礼乐，野人也；后进于礼乐，君子也。如用之，则吾从先进。"

【通解】孔子说："先钻研礼乐而后去做官的人，是在野的一般人；先来做官，而后边钻研礼乐的人，是卿大夫的子弟。如果让我选用人才，我就选先钻研礼乐的人。"

对于这一章，现代学者傅斯年解释道："野人即是农夫，非如后人用之以对'斯文'而言；君子指卿大夫阶级，即统治阶级。先进后进，自是先到后到之义。礼乐是指文化，不专就玉帛钟鼓而言。名词既定，试翻译做现在的话如下：那些先到了开化程度的，是乡下人；那些后到了开化程度的是'上等人'。如问我何所取，则我是站在先开化的乡下人一边的。先开化的乡下人自然是殷遗民，后开化的上等人自然是周的宗姓婚姻之士了。"这是从历史发展的角度来考释的。

对此，现代学者胡适在《胡适演讲集》（二）中道："现在有许多人提倡读经，我以为对这句话解释得通才配读经，如果解释不通，不配读经！"对古籍内容的解释，也可能不止一种，可以集思广益嘛。

【引言】孔子周游列国前，曾办过教育；周游回国后再次兴办教育，历届学生号称共有三千人之多。

11.2 子曰：“从我于陈蔡者，皆不及门【者】也。”

【通解】孔子周游列国，六十二岁时从陈国（今河南淮阳一带）前往蔡国（今河南上蔡一带），受尽困厄，绝粮于陈蔡之间。

孔子后来回忆道：“跟随我在陈蔡之间一道挨饥受饿的那些人，现在都已经不在我这儿受业，当时真是难为他们了。”

《史记·孔子世家》记载，孔子抵蔡三年，吴伐陈。楚救陈，驻城父（今河南宝丰县东）。闻孔子在陈蔡之间，楚使人聘孔子。孔子将前往应聘。陈蔡两国大夫商议道：“孔子乃贤者，所刺讥皆中诸侯之弊。今久留陈蔡之间，诸大夫所作所为皆不合仲尼之意。今楚，大国也，来聘孔子。孔子为楚国所用，陈蔡两国执政的大夫就危险了。”于是乃相与派人围孔子于荒野。孔子一行不得行，绝粮。随从弟子饿病了，打不起精神。孔子仍照样讲学诵诗弹琴唱歌不辍。

“及门”就是直接受业于老师，比自己看书要好。《荀子·劝学篇》云：“方其人之习君子之说，则尊以遍矣，周于世矣。故曰：学莫便乎近其人。”向老师当面学习君子的学说，能养成崇高的品格，得到全面的知识而通达世务。所以说，学习没有比直接受业于老师更优越的了。

【引言】孔门号称三千高弟子，七十二贤人，但尖子也就十来个。

11.3 德行：颜渊、闵子骞、冉伯牛、仲弓。言语：宰我、子贡。政事：冉有、季路；文学：子游、子夏。

【通解】孔门有德行、言语、政事、文学四科，各科都有些尖子。比如说：德行有颜渊（名回，字子渊）闵子骞（名损）冉伯牛（名耕）仲弓（姓冉，名雍），言语有宰我（名予，字子我）子贡（姓端木，名赐），政事有冉有（名求，字子有）季路（姓仲，名由，字子路），文学有子游（姓言，名偃）子夏（姓卜，名商）。

《史记·仲尼弟子列传》云："受业身通【六艺】者七十有七人，皆异能之士。"后世通称七十二贤人。

《史记·仲尼弟子列传》所列孔门四科为：德行，政事，言语，文学。其顺序与此稍异。但"德行"皆居于首位，"文学"皆居于最后，此可见"士先器识而后文艺"（士先有德然后有文艺），自古而然。

【引言】颜回似乎也有缺点，是真的吗？

11.4 子曰："回也非助我者也，于吾言无所不说【悦】。"

【通解】孔子弟子中，子游、曾参等人听讲后喜欢向老师提问，颜回听课后从来没问过老师。孔子说："颜回对我的教学没什么帮助啊，他在听课后对我所讲的总是非常愉悦的样子。"

宋代学者朱熹说："若子夏之'起予'，因疑问而有以相长也。颜子于圣人之言默识相通，无所提问，故夫子云然。其辞若有憾焉，其实乃深喜之。"孔子好像是批评颜回，其实心里高兴着呢。

"起予"的意思是说，子夏有一次向老师询问两句诗的含义，孔子简短地答复了他，他接着就有新的体会，孔子于是说："起予者商也！始可与言《诗》已矣。"（能阐发我意思的是子夏你呀！可以同你讨论讨论《诗》的意蕴了）。（见3.8）

孔子还说过："有时候，我主动告诉学生们一些事情，那听得津津有味，孜孜不倦的，大概只有颜回吧。"（见9.20）此可见孔子之赏识颜回，由来已久。

【引言】孔子的学生闵子骞，以孝行闻名于世。

11.5 子曰："孝哉闵子骞！人不间（jiàn）于其父母昆弟之言。"

【通解】闵损，字子骞，是孔子的学生。他从小没有了父母，父亲为他娶了个后娘，并生下两个弟弟。几年后的一个冬天，闵损为父亲驾车，浑身发抖，驾车不成。父亲发现他穿的冬袄里面，絮的是芦花，回家后见两个小儿子所穿的冬袄里面絮的全是丝绵。他一怒之下，宣布要将妻子赶出家门。闵损请求他息怒，并说："母在一子寒，母去三子单。"父亲接受了他的请求，从而使自己免于失去妻子，妻子免于失去丈夫和儿子，儿子们免于失去母亲之忧。

孔子说："多么孝顺啊闵子骞！他上事父母，下顺兄弟，使一家人得以安定和谐，凡一言一动，都尽善尽美。他父母兄弟因此夸赞他不绝于口，他亲戚朋友对此都同声赞美而毫无异词。"

1944 年 3 月，毛泽东在中央宣传工作会议上说："提倡父慈子孝，应该父慈第一，子孝第二，这是双方面的。如果父亲把儿子打得一塌糊涂，儿子怎么能孝呢？这是孔夫子的辩证法。今年庆祝三八妇女节，提出建立模范家庭，这是共产党的一大进步。我们主张家庭和睦，父慈子孝，兄爱弟敬，双方互相靠拢，和和气气过光景。"

【引言】孔子之兄已逝，侄女的婚事便由他做主。

11.6 南容三复白圭，孔子以其兄之子妻之。

【通解】《诗·大雅·抑》云："白圭之玷（diàn），尚可磨也。斯言之玷，不可为也。"意思是说，圭形白玉上的污点，是可以磨去的。言语中的错误是无法收回的。

孔子弟子南宫括，字子容，亦称南容。南容经常反复背诵"白圭之玷"这几句诗以提醒自己，说话务须谨严，行为务须慎重。

孔子认为，南容如此之谨言慎行，因此作主将侄女嫁与他为妻。

此事先前已有所记载，孔子认为南容这个人，国家清明时，能做出自己的贡献；国家昏暗时，能保住自身的安全。因此将侄女嫁与他为妻。（见 5.2）

由此可知，孔子之看好南容一共有两个原因。

【引言】鲁国权臣季康子，先前已向孔子要了两名学生（冉有和子路）作他的家臣，现在他还想要一个有学问的。

11.7 季康子问："弟子孰为好学？"孔子对曰："有颜回者好学，不幸短命死矣！今也则亡（wú 无）。"

【通解】季康子试探着问孔子："你的学生中有谁是好学的？"孔子回答说："有一个名叫颜回的学生好学，不幸短命而死了，现在呀，再也没有了。"

此前，鲁哀公也曾问过孔子："你的学生中有谁是好学的？"孔子回答道："有一个名叫颜回的学生好学。他在发怒的时候，从不拿别人出气；他犯过的某错误，从不会犯第二次。不幸英年早逝了，现在好学的人再也没有了，我没听说还有谁是好学的。"（见 6.3）

由此可见，孔子回答鲁哀公的话与回答季康子的话，有繁简之别，因为心情不一样。

【引言】凡事须权衡轻重，不宜跟着感情走。

11.8 颜渊死，颜路请子之车以为之椁（guǒ）。
子曰："才不才，亦各言其子也。鲤也死，有棺而无椁（guǒ）。吾不【可】徒行以为之椁（guǒ）。以吾从大夫之后，不可徒行也。"

【通解】颜路、颜渊两父子都是孔子的学生。颜渊死了，因为家里穷，颜路去找老师，请老师将车子处理掉，为颜渊配备一副椁。椁是套在棺材外面的大型棺材套子。

孔子说："成材不成材，有才能，没有才能，说起来都是自己的儿子。我的儿子孔鲤，他死后，有内棺而无外椁。我不可能步行，而卖掉我的车来给他制椁。我也曾做过大夫，随从在大夫之后，是不可以步行外出的。"

日本学者泷川资言《史记会注考证》曰："颜路之请固悖矣，然使路为此请，亦可见孔子爱弟子之厚也。"是说颜路的请求固然不合理，但他敢于提出此请求，亦可见孔子平日对弟子的宽厚了。

【引言】孔子七十一岁时，他最喜爱的学生颜渊，不幸先他而去了。

11.9 颜渊死。子曰："噫！天丧予！天丧予！"

【通解】颜渊死了。孔子叹息道："噫！老天要我的命啊！老天要我的命啊！"

颜渊之死，对暮年的孔子是一个致命的打击，因为颜渊是他学生中悟性最高的一个，颜渊是他的左膀右臂，是传承他的学说的最佳人选。

明代文学家李梦阳在《空同子·事势》中说："夫孔门王佐，一颜子耳，今也早死，不'天丧予'而谁丧哉？"

此王佐为明太祖朱元璋之得力助手，借指孔门的优异人才。

【引言】颜渊之死，对孔子的刺激可谓是创巨痛深。

11.10 颜渊死，子哭之恸（tòng）。从者曰："子恸矣！"曰："有恸乎？非夫人之为恸而谁为？"

【通解】颜渊死后，孔子和学生们到颜家吊唁，孔子哭得悲痛极了。随从的学生们说："老师悲痛得太伤心了！"孔子说："我悲痛过分了吗？我不为这样的人伤心痛哭还为谁伤心痛哭呢？"

"男儿有泪不轻弹，只因未到伤心处。"孔子这回可真是刻骨铭心，伤透了心了。

【引言】在安葬颜渊的问题上，孔子内心有很大矛盾。

11.11 颜渊死，门人欲厚葬之。子曰："不可。"门人厚葬之。子曰："回也视予犹父也，予不得视犹子也，非我也，夫二三子也。"

【通解】颜渊死后，孔门弟子想把他的丧事办得隆重体面些。孔子说："从实际出发，不可以这样的。"结果还是给厚葬了。孔子叹息道："颜回呀！你对待我像对待父亲一样，我却不能像对待儿子一样对待你呀。我儿子丧葬从简，如今却厚葬了你。这不是我的意思啊，是你同学们的一番心意啊。"

《礼记·檀弓上》记载，子游问："父母死后送终，应备办些什么。"孔子说："要与丧家的财富状况相适合。"子游又问："要怎样才能做到丰简差不多呢？"孔子又说："家虽富有，也不要铺张浪费；如果家里穷，只要寿衣寿被可以遮盖头足形体就好。并即时悬棺以葬，不必等待三个月之后。"

我师杨伯峻先生说："颜子家中本穷，而用厚葬，从孔子看来，是不应该的。孔子的叹息，实是责备那些主持厚葬的学生。"

【引言】仲由字子路，一字季路，是孔门年龄最大的学生，勇于向老师提问。

11.12 季路问事鬼神。子曰："未能事人，焉能事鬼？"曰："敢问【事】死？"曰："未知生，焉知死？"

【通解】季路问老师，该怎样事奉鬼神。孔子说："尚未学会事奉人，哪里还能事奉鬼？"季路说："不敢问怎样对待死。"孔子说："还不知道怎样对待生，哪里知道怎样对待死？"

孔子好像并没有回答问题，其实已经回答得清清楚楚。孔子的意思是说，应该多历练历练怎样对待人，多体味体味人生的含义。凡事应该从近处做起，从现在做起，从自身做起。

孔子的意思是说，人生为现实的生活，鬼神乃渺茫的传说，人当把握住现实而致力于生命之光大，其他不必探究。

致力于生命之光大，须多作有益之事。《盐铁论·论邹篇》谓，孔子曰："未能事人，焉能事鬼？"那邹衍近者尚不明白，哪能知瀛海？故无补于世用者，君子不为；无异于治国理民者，君子不作。

人死后有无知觉，何必急于知道呢？《说苑·辨物》载，子贡问孔子："死人有知，将无知也？"孔子曰："吾欲言死者有知也，恐孝子顺孙将随其父祖而死也；吾欲言死者无知，又恐不孝子孙将弃其亲而不葬也。你欲知死人有知或无知也，你死后徐徐而知之，犹未晚也。"

人死不为鬼。汉代学者王充《论衡·订鬼篇》曰："凡天地之间有鬼，非人死精神为之也，皆人思念存想之所致也。"

【引言】孔门弟子的风采各异，孔子对他们一体关爱。

11.13 闵子【骞】侍侧，訚訚（yín）如也；子路，行行（hàng）如也；冉有、子贡，侃侃如也。子乐【曰】："若由也，不得其死然。"

【通解】弟子们侍候在孔子身边，闵子骞说话时，通情达理的样子；子路（姓仲，名由）说话时，刚强果决的样子；冉有、子贡说话时，从容不迫的样子。孔子快乐着，同时又说道："像仲由这样啊，恐怕不得寿终哩。"

于此可见，孔门师生关系之融洽无间也。

惜乎孔子担心子路"不得其死然"，竟不幸而言中。《史记·仲尼弟子列传》载，卫出公即位十二年（公元前481年），其父蒉聩居住在国外，不得入。子路任卫国大夫孔悝（kuī）之邑宰。蒉聩乃与孔悝作乱，与其徒袭击出公。出公奔往鲁国，而蒉聩入宫即位，是为卫庄公。孔悝作乱时，子路有事在外，闻知后赶回，遇同学子羔出卫城门。子羔说："卫出公已远去，城门已闭，你可以回去，毋空受其害。"子路说："食其食者，不避其难。"子羔就走了。有使者入城，城门开，子路随之而入。找到蒉聩，蒉聩与孔悝登台。子路说："君如何重用孔悝？请让我杀了他！"蒉聩弗听。于是子路欲烧台，蒉聩惧，乃令二披甲武士攻子路，击断子路之缨（帽带）。子路说："君子死而冠不免。"他系好帽带，乃被杀而死。

【引言】大兴土木，得根据实际需要。

11.14 鲁人为长府。闵子骞曰："仍旧贯，如之何？何必改作？"子曰："夫（fú）人不言，言必有中（zhòng）。"

【通解】鲁国有人要扩建收藏财货武器的国家府库。闵子骞说："一切照旧，怎么样？何必扩建改作呢？"孔子说："此人不说话则已，一说就说到点子上。"

打算扩建府库，不是鲁君的主意，就是权臣的主意，总之是劳民伤财的事，故闵子骞不赞成。闵子骞的话，说到孔子心坎上了。

【引言】看一个人既要看到他的缺点，又要看到他的优点。

11.15 子曰："由之【鼓】瑟奚为于丘之门？"门人不敬子路。子曰："由也升堂矣！未入于室也！"

【通解】子路（仲由）喜爱奏瑟（一种弦乐器），由于其性格刚强，不近于春温而近于秋杀，故瑟音中似有杀伐之气，而缺乏中和之声。

孔子说："仲由鼓瑟为何鼓到我们门上来了？"门人们以为子路不够格，因此有些看不起他了。孔子说："仲由啊，学问是入门并已升堂了，仅仅是还没有入室罢了。"

《说苑·脩文篇》记载：子路鼓瑟，有北鄙（北部边境）之声。孔子曰："南者，生育之乡；北者，杀伐之域。昔舜造南风之声，其兴也勃焉，至今王公述而不释；纣为北鄙之声，其亡也忽焉，至今王公以为笑。今仲由匹夫之徒，布衣之众也，既无意乎先王之制，而又有亡国之声，岂能保七尺之身哉？"

踵事增华，这是后人对古事的一种发挥，姑录之以广见闻。

【引言】"过犹不及"这成语不大好懂，孔子给出了准确解释。

11.16 子贡问："师与商也孰贤？"子曰："师也过，商也不及。"曰："然则师愈与（yú 欤）？"子曰："过犹不及。"

【通解】子贡姓端木，名赐。春秋卫国人，能言善辩。子张姓颛孙(zhuān sūn)，名师。春秋陈国人，才高意广。子夏姓卜，名商。春秋卫国人，笃学守信。他们都是孔子的学生。

子贡问老师："颛孙师与卜商，谁贤明一些？"孔子说："师办事有时会过头，商办事有时不到位。"子贡又问："那么颛孙师比卜商更贤明些是吧？"孔子说："为人处事过了头跟为人处事不到位，是一样的不合适。"

如此说来，为人处事须恰到好处，得乎其中，才算得是合理哩。

《礼记·中庸》引孔子曰："道之不行也，我知之矣：智者过之，愚者不及也。道之不明也，我知之矣：贤者过之，不肖者不及也。"中庸之道不能在天下实行，是因为聪明人做得超过了它，愚人却达不到它。中庸之道不能彰明于天下，是因为贤人的认识超过了它，不贤的人却没有什么认识啊。

宋代学者朱熹说："分析事理则不使有毫厘之差，处理事情则不使有过与不及之误。"

清代学者李渔《闲情偶记》曰："人谓过犹不及，当务适中。"

近代学者辜鸿铭的理解为，孔子的一位学生（子贡）问孔子，其他两位学生（颛孙师、卜商）哪一位更优秀。孔子回答："一个已经超过了标准，另一个还未达标。"学生说，那么第一位比后一位优秀了。孔子回答："超过了标准恰恰和没有达到标准一样糟糕。"

现代作家朱自清在《诵读教学》一文中说："诵读似乎不难训练，读了白话文去背也并不难。只是一般教师教学生用私塾念书的调子去读，或者干脆不教学生读，以为不好读或不值得读。前者歪曲了白话文，后者也歪曲了白话文，所谓过犹不及。"

【引言】孔子的学生出去做官了，孔子对他们依旧十分关心。

11.17 季氏富于周公，而求也为之聚敛而附益之。子曰："非吾徒也。小子鸣鼓而攻之，可也。"

【通解】鲁国的权臣季氏家财巨万，比历代周公都富有；冉求是他的家臣，不但不加以劝抑，反而赞同他增加赋税，帮助他聚敛钱财，使他一天天更加富足。孔子说："他已经不是我们的人了，大家伙儿大张旗鼓地指责他，鼓角齐鸣地讨伐他，都是可以的。"

清代学者俞樾《群经平议》曰："此周公非周公旦也。所谓周公，乃春秋时之周公，如周公黑肩，周公阅是也。盖欲言季氏之富，而但举晋韩魏齐，则本为同列，不足深罪；故必曰富于周公，始可见季氏以侯国之卿而富于王朝之宰，其罪之大也。"

《礼记·大学》曰："是故财聚则民散，财散则民聚。"又曰："百乘之家，不畜（xù）聚敛之臣，与其有聚敛之臣，宁有盗臣。"是说有一百辆兵车的卿大夫，不要使用那种搜刮民财的家臣。与其有搜刮民财的家臣，宁可有盗窃府库中财货的盗臣。盗臣不搜刮民财。

【引言】孔子对几位弟子的评价，吉光片羽，略见一斑。

11.18 柴也愚，参也鲁，师也辟【僻】，由也喭【谚】。

【通解】高柴啊智不足而厚有余，曾参啊文不足而质有余，颛孙师啊诚不足而才有余，仲由啊礼不足而勇有余。

这是孔子对弟子的评价，非一时所说，由弟子凭记忆整理而成，故未加"子曰"二字。

《史记·仲尼弟子列传》所载，与此略有不同，说是："师也僻，参也鲁，柴也愚，由也喭，回也屡空。"除排序有异外，还指明，颜回屡屡穷得一无所有。

《史记·仲尼弟子列传》又曰："高柴字子羔。少孔子三十岁。子羔长，不盈五尺，受业孔子，孔子以为愚。"长不盈五尺，约合今一米二以内。

愚鲁谁都不喜欢，但宋代作家苏东坡在一首《洗儿》诗中却说："人皆养子望聪明，我被聪明误一生。惟愿孩儿愚且鲁,无灾无难到公卿。"这说的是气话，不过也说明愚拙与迟钝并不可怕。

唐代诗人白居易在《哭皇甫冉七》诗中早有类似的气话："多才非福禄，薄命是聪明。"气话不可以当真，道路靠自己开拓。上述孔子的几位学生，虽各有缺点，其实都在七十二贤人之列。

【引言】孔子对颜回、子贡的评价，另是一番景象。

11.19 子曰："回也其庶乎，屡空。赐不受命，而货殖焉，亿【臆】则屡中。"

【通解】孔子说："颜回啊其道德修养大概可以接近于最高境界了吧，他心怀空阔，不谋官也不求财，故屡屡穷得一无所有。端木赐不乐于受命为官行道，而热衷于做生意，他对商情的预测，往往八九不离十。"

旧时商店柜台一端的墙上悬有四个大字曰："端木遗风。"这说的就是端木赐（子贡），表示要像他那样，善于经营会赚钱。

孔子先前已说过："贤哉，回也！一箪食，一瓢饮，在陋巷，人不堪其忧，回也不改其乐。贤哉，回也！"

孔子再次肯定颜回的安贫乐道，当然也就反衬出，子贡虽作了官而并不乐道，只乐于经商赚钱。不过子贡能"亿则屡中"，还真是经商的料。

事实上，子贡是一身而二任焉。司马迁既在《仲尼弟子列传》中写了他纵横捭阖的外交才能，复在《货殖列传》中写了他富甲一方的经商伟力。《货殖列传》云："子贡既学于仲尼，退而在卫国做官，以抛售、囤积之法，经商于曹国、鲁国之间，七十子之徒，赐最为富饶。同学原宪以糠菜度日，隐居于穷巷。子贡结驷连骑，以束帛之礼，聘享于诸侯，所至之处，国君无不分庭与之抗礼，以宾客待之。夫使孔子之名布扬于天下者，子贡多次言之也。此所谓得势而益彰者乎？"子贡有钱有势，在宣传孔子，扩大孔子影响方面，出力最多，贡献亦最大。

【引言】君子有君子的标准，善人有善人的条件。

11.20 子张问善人之道。子曰："不践迹，亦不入于室。"

【通解】无论做人、做事、做学问，有两个条件必须具备：一要独立操守，二要有独创精神，缺一不可。

孔子的学生子张问老师，应怎样当好一个善人。孔子说："善人有独立操守，有所为有所不为；还要有独创精神，不踩着别人的脚步走。光有独创精神，即使不踩着别人的脚步走，也还是难以登堂入室的。"

宋代学者程颐说："善人虽不必践旧迹而自不为恶，然亦不能入圣人之室也。"朱熹认为："善人，乃质美而未学者也。"

孔子曾说过："品德最高的圣人，我见不到了；能见到品德高尚的君子人，也就可以了。"又说："坚持做好事的善人，我见不到了；能见到坚持守本分的常人，也就可以了。"（见7.26）由此可知，圣人、君子人、善人、常人，乃四个不同的层次。

是不是善人，从言语中亦可以察知。《新约全书·路加福音第六章》说："因为没有好树结坏果子，也没有坏树结好果子。凡树木看果子，就可以认出他来。人不是从荆棘上摘无花果，也不是从蒺藜里摘葡萄。善人从他心里所存的善，就发出善来；恶人从他心里所存的恶，就发出恶来；因为心里所充满的，口里就说出来。"不过说出来的话，也还有真假之分。

【引言】观察一个人，光凭一点不行，得综合考察。

11.21 子曰："论笃是与，君子者乎？色庄者乎？"

【通解】孔子说："凡言论厚重朴实的人就予以肯定，这未免太简单了。我们还未能知道，他是个言行一致的君子呢？还是个端庄其貌，言不顾行的人呢？"

孔子的意思是，既不可以言取人，也不可以貌取人，须看其实际表现。

孔子原先就说过："始吾于人也，听其言而信其行；今吾于人也，听其言而观其行。"（见 5.10）这是从实践中总结出来的经验之谈。

【引言】孔子因材施教，主要从效果出发。

11.22 子路问："闻斯行诸？"子曰："有父兄在，如之何其闻斯行之【也】？"冉有问："闻斯行诸？"子曰："闻斯行之。"公西华曰："由也问闻斯行诸？子曰'有父兄在'；求也问闻斯行诸，子曰'闻斯行之'。赤也惑，敢问。"子曰："求也退，故进之；由也兼人，故退之。"

【通解】古人讲求孝悌，每逢以身许友或赈穷救乏等大事，必先禀告父母而后作；若与友交谈或有馈赠等小事，则可以自专而行。

子路（仲由）问："听说有某事该做就立刻去做吗？"孔子说："有父兄当家，你怎能听到什么就去做呢？"冉有（冉求）问："听说有某事该做就立刻去做吗？"孔子说："听到什么就直接去做。"公西华（公西赤）说："仲由问闻斯行诸，老师说'有父兄在'；冉求问闻斯行诸，老师说'闻斯行之'。我感到困惑，不敢向老师请教。"孔子说："冉求大事小事往后缩，所以鼓励他前进；仲由大事小事一把抓，所以贬抑他该后退一些。"

《史记·仲尼弟子列传》记载，求问曰："闻斯行诸？"子曰："行之。"子路问："闻斯行诸？"子曰："有父兄在，如之何其闻斯行之！"（当禀告父兄，不可自专）子华怪之："敢问问同而答异？"（对同一问题，作不同答复）孔子曰："求也退，故进之；由也兼人，故退之。"

《史记》与本章所载，各有详略，可参互理解。

【引言】孔子与颜渊，关系非同一般。

11.23 子畏于匡，颜渊后。子曰："吾以女（rǔ 汝）为死矣！"曰："子在，回何敢死？"

【通解】孔子率弟子周游列国，在匡地（今河南长垣县一带）遇到麻烦。孔子貌似阳虎，匡人以为他是阳虎，阳虎不久前在匡地为非作歹，故匡人包围了他们，欲杀孔子以复仇。孔子弹琴自若，匡人才知道他不是阳虎，因此逐渐解了围。师生们等了很久，颜渊才赶了上来。孔子说："我以为你死了呢。"颜渊说："老师在，我怎敢去跟匡人斗，轻易就死呢？"

此事已载入史册。《史记·孔子世家》载，孔子从卫国到陈国去，路过匡地（今河南长垣县西），由学生颜刻驾车，颜刻用马鞭指向前面，说："先前我来过，是从那豁口进去的。"匡人听到后，以为是鲁国的阳虎来了，阳虎曾暴虐匡人，驾车的正是颜刻。匡人于是拘留了孔子，孔子貌似阳虎，被拘留了五天。颜渊掉队了，这时才赶来。孔子说："我以为你被敌人杀死了呢。"颜渊说："老师在，我怎敢与敌人拼死！"

接着，孔子跟弟子们说："周文王已经不在了，中华的文化传统不是正在我们这儿吗？老天如果要消灭这一文化传统，我们就不可能参与继承它们了。老天如果不想消灭这一文化传统，这传统依然在我们手中，匡人能把我们怎么样呢？"（见9.5）

【引言】知子莫若父，知生莫若师。孔子最了解自己的学生。

11.24 季子然问："仲由、冉求可谓大臣与（yú 欤）？"子曰："吾以子为异之问，曾由与求之问。所谓大臣者，以道事君，不可则止。今由与求也，可谓具臣矣。"曰："然则从之者与？"子曰："弑父与君，亦不从也。"

【通解】春秋鲁国的季氏家族世为大夫，专国政，权势日重。季氏族人季子然问孔子："仲由、冉求可称为大臣吗？"仲由、冉求任季氏家臣有年，未能抑制住季氏的野心。孔子说："我以为你要问什么大事，原来问的是由与求的事情。所谓大臣的本分是，以正道事奉国君，如果不能实现正道，就应当引咎辞职。现在说到由与求啊，可说是分管具体工作的尽职之臣罢了。"季子然说："然则是那种尽忠职守乐于服从的臣子吗？"孔子说："也不尽然，比如说杀父弑君窃取国政之事，那也是不会听从的。"

宋代学者刘敞《春秋意林》曰："具臣者，其位下，其责薄，小从，可也；大从，罪也。大臣者，其任重，其责厚，小从，罪也；大从，恶也。"具臣与大臣的区别在于，"大臣"地位高，责任重，须独立思考，小事都一味服从是罪过，大事也一味服从就是罪恶了；"具臣"地位低，责任轻，也要会思考，小事都服从是可以的，大事也一味服从就是罪过了。

孔子对冉有曾有所批评。鲁国权臣季氏违规赴泰山祭祀，冉有是季氏家臣，孔子跟冉有说："你不能劝止他吗？"冉有说："我没有那个能力。"孔子叹息道："唉！难道泰山之神还不如普通人林放懂得礼吗？林放都知道礼的本质，泰山之神竟安然接受这种非礼的祭祀！"（见 3.6）

孔子从来不吹嘘自己的学生。有一次，鲁国大夫孟懿伯向孔子询问：子路、冉有、公西华是否有仁德，能干些什么。孔子的回答是：子路可以治千乘之国的军政，冉有可以任百乘之家的总管，公西华可以在朝堂之上办外交；至于他们是否有仁德，那我就不知道了。（见 5.8）孔子的意思是说，他们都只是"具臣"罢了。

【引言】孔子对子路，是爱之深而责之切。

　　11.25 子路【将】使子羔为费（bì 地名）宰。
　　子曰："贼夫（fú）人之子。"
　　子路曰："有民人焉，有社稷焉，何必读书，然后为学？"
　　子曰："是故恶（wù）夫（fú）佞（nìng）者。"

【通解】子路担任鲁国权臣季氏的家臣之长时，打算使子羔去担任季氏采邑费地的长官。子羔人品尚可，学识不够，故孔子不赞成。孔子说："你这是误人子弟。"子路说："费地有广大民众在那里，有土谷之神在那里，何必一定要读书，然后才算有学识？"意思是说，可以边做边学的。

孔子说："因此我厌恶那种能言善辩巧舌如簧的人。"

孔子不喜欢"佞者"。有人说："冉雍有仁爱之心，但不是那么能言善辩。"孔子说："能言善辩有什么用？往往会授人以柄，常常会招人厌烦。"（见5.5）

孔子是主张先学而后从政的。他说："先钻研礼乐而后去做官的人，是在野的一般人；先来做官而后边钻研礼乐的人，是卿大夫的子弟。如让我选用人才，我就选用那先钻研礼乐的人。"（见11.1）

《左传·襄公三十一年》载，郑国的上卿子皮欲使年轻人尹何为邑长，子产说："太年轻了，未知可否。"子皮说："我喜欢他，让他边做边学，他就肯定能当好。"子产说："你这是让一个不会拿刀的人去宰牛。我只听说，学然后从政，没听说过靠做官来学习的。"孔子之意与此同。

《韩诗外传》卷五载，鲁哀公问于子夏曰："必学然后可以安国保民乎？"子夏曰："不学而能安国保民者，未之有也。"子夏之意与孔子完全一致。

东汉学者王充认为，学了才能见大道。他在《论衡·量知篇》中说："郑子皮使尹何为政，子产比于未能操刀使之割也。子路使子羔为费宰，孔子曰：'贼夫（fú）人之子。'皆以未学，不见大道也。"

子路说："何必读书，然后为学？"他不明白读书的好处。有道是，世间几百年人家无非积德，天下第一等好事还是读书。

【引言】孔子与四名学生开了一个座谈会，说的全是心里话。

11.26.1 子路、曾皙、冉有、公西华侍坐。

子曰："以吾一日长乎尔，毋吾以也。居则曰：'不吾知也！'如或知尔，则何以哉？"子路率尔而对曰："千乘之国，摄乎大国之间，加之以师旅，因之以饥馑；由也为之，比及三年，可使有勇，且知方也。"夫子哂（shěn）之。

【通解】子路（姓仲名由）曾皙（名点）冉有（名求）公西华（名赤）侍坐在孔子身边。子路少孔子九岁，冉有少孔子二十九岁，公西华少孔子四十二岁，曾参之父曾皙的年龄在子路和冉有之间。

孔子说："我比你们年纪大，没有人用我了。你们平时老说：'没有人了解我呀！'如果有人了解你们，想使用你们，你们将有什么打算呢？"

子路率先回答道："一千辆兵车的国家，夹在大国中间，外有大军压境，内有饥荒发生；让我去治理，到三年头上，可以使民众人人有勇气，而且知道做人的方向。"孔子朝他笑了笑。

孔子其实很爱护子路。当鲁国大夫孟武伯问及子路时，孔子的回答是："仲由啊，拥有一千辆兵车的国家，可以让他主管赋税和军政之事。"（见5.8）

11.26.2 "求！尔何如？"对曰："方六七十，如五六十，求也为之，比及三年，可使足民。如其礼乐，以俟君子。"

"赤，尔何如？"对曰："非【敢】曰能之，愿学焉。宗庙之事，如会同，端章甫，愿为小相焉。"

【通解】孔子问："求！你怎么样？"冉有回答道："方圆六七十里或五六十里的小国，让我去治理，到三年头上，可以使民众衣食丰足。至于礼乐方面的建设，那要等待君子来才行。"

孔子再问："赤！你怎么样？"公西华回答道："不敢说自己能干，只是愿意学着干罢了。宗庙祭祀之事，或国君彼此相会，我穿着礼服戴着礼冠，愿充当一名小小的司仪。"

孔子对冉求、公西赤，同样是很爱护的。当鲁国大夫孟武伯问及冉求时，孔子的回答是："冉求啊，有着一千户人家的城镇，拥有一百辆兵车的卿大夫之家，可以让他当一名总管。"当孟武伯问及公西赤时，孔子的回答是："公西赤啊，穿着朝服，箍着官带，立于朝堂之上，可以让他办外交，迎宾客。"（见5.8）

11.26.3 "点，尔何如？"鼓瑟希，铿尔，舍瑟而作，对曰："异乎三子者之撰。"

子曰："何伤乎？亦各言其志也。"曰："莫（mù暮）春者，春服既成；【得】冠者五六人，童子六七人，浴乎沂（yí），风乎舞雩

（**yú**），咏而归。"

夫子喟然叹曰："吾与点也！"

【通解】孔子又问："点！你怎么样？"曾皙在奏瑟，逐渐慢了下来，铿的一声推开瑟，直起身来回答道："跟他们三位所说的不大一样。"

孔子说："这有什么关系呢？也就是各人谈谈自己的志向罢了。"曾皙说："暮春时节，穿上了春装，邀集了青年朋友五六人，少年儿童六七人，一同到沂水河里洗洗澡，以被（**fú**）除不祥；到舞雩台上吹吹风，以祈求风调雨顺；然后吟咏着诗歌，悠然而归。"

这和平安谧的景象，潇洒悠闲的仪态，把向来严毅深沉的老师也打动了。夫子慨然赞道："欣赏曾点，我和你的心是相通的。"

孔子赞赏的是曾皙那潇洒高雅的天然气质，那悠游讽咏的生活方式，那水乳和谐的精神风貌，以及那融入自然的温馨情趣。

古代祭天祈雨叫"雩祭"，祭中有乐舞，故"雩祭"也叫"舞雩"。"风乎舞雩（**yú**），咏而归。"的和平安谧境界，对后世颇多影响。宋代诗人苏轼一再遭贬，越贬越远，最后贬至海南岛。他在《被酒独行》一诗中写道："莫作天涯万里意，溪边自有舞雩风。"犹言不要在意这是万里之外的天涯海角，这山间水边照样有"风乎舞雩"的温馨境界，可以自得其乐也。

11.26.4 三子者出，曾皙后。曾皙曰："夫三子者之言何如？"子曰："亦各言其志也已矣。"曰："夫子何哂由也？"曰："为国以礼，其言不让，是故哂之。"

"唯求则非邦也与（**yú** 软）？""安见方六七十如五六十而非邦也者？""唯赤非邦也与？""宗庙会同，非诸侯而何？赤也为之小，孰能为之大？"

【通解】那三位同学都出去了，曾皙落在了后面。他问老师道："那三位同学所说的话，老师觉得怎么样？"孔子说："也不过是各自说说自己的志向罢了。"曾皙问："老师为什么要哂笑仲由呢？"孔子说："治国须凭礼行事，他说话却不谦让，因此我哂笑了他。"

"那么求说的就不是治国了吗？""哪有方圆六七十里或五六十里而不是一个国家的？""那么赤说的就不是治国了吗？""宗庙祭祀，国君相会，说的不是诸侯国又是什么？赤愿当个小司仪，谁人能当大司仪呢？"

事实上，四个同学所说的理想，孔子都给予了肯定。所不同的是，他哂笑了子路的不够谦让，赞扬了曾皙的潇洒之风，如此而已。

颜渊篇第十二（凡24章）

【引言】本篇通过多人的问仁、问政，记述了孔子对仁的观念和理政原则的深入阐发，从而为仁政学说奠定了理论基础。

本章是孔子对颜渊问仁的解答，也是最标准的解答。

12.1 颜渊问仁。子曰："克己复礼为仁。一日克己复礼，天下归仁焉。为仁由己，而由人乎哉？"

颜渊曰："请问其目？"子曰："非礼勿视，非礼勿听，非礼勿言，非礼勿动。"颜渊曰："回虽不敏，请事斯语矣！"

【通解】孔子学说的核心是仁，颜渊问什么是仁。孔子说："自我约束，使言行都符合礼的要求，就叫作仁。有朝一日，你约束自己达到了礼的要求，天下人都会称许你的仁德。培养仁德靠自己，难道是靠别人吗？"

颜渊说："请问培养仁德有哪些项目。"孔子说："不合礼的东西不看，不合礼的声音不听，不合礼的话不说，不合礼的事不去做。"颜渊说："我颜回虽然迟钝，请让我就照此话而行吧。"

颜渊还说过："夫子博我以文，约我以礼。"（见9.11）那么礼又是什么呢？礼是制度、规章和规矩，礼是社会公德，礼也是人民的风俗习惯，入乡随俗为的是符合礼的要求。

礼的传统解释，见于《礼记·曲礼上》："夫礼者，所以定亲疏，决嫌疑，别同异，明是非也。"礼的含义乃在于，为死者穿什么样的孝服，这孝服穿多久，取决于亲疏关系；叔嫂之间，不为对方死去而戴孝，是为了避嫌疑；从天子到贫民贵贱有别，但为父母服丧则不分贵贱，这是别同异；凡言行合于礼者为是，不合于礼者为非，这叫明是非。

克己复礼为仁。为恢复正常的秩序，而不断克服自己的弱点，这也就是仁。

礼就是秩序，就是节制。没有节制，就没有仁。

"为仁由己，而由人乎哉？"孔子还说过："仁远乎哉？我欲仁，斯仁至矣。"（见7.30）说明只要主观上努力，就可以达到仁的境界。

【引言】冉雍，字仲弓。仲弓问仁，《史记》作"仲弓问政"。合而言之，他所问的就是仁政。

12.2 仲弓问仁。子曰："出门如见大宾，使民如承大祭。己所不欲，勿施于人。在邦无怨，在家无怨。"仲弓曰："雍虽不敏，请事斯语矣。"

【通解】孔子的学生仲弓问什么是仁。孔子说："出门在外必恭恭敬敬，像接待外宾一样；使用民众必谨慎认真，像承办国祭一样。自己不想要的事物，不要施加于别人。在诸侯之邦为官没有人怨尤，在卿大夫之家为官也没有人怨尤。"仲弓说："我冉雍虽然迟钝，请允许我就遵循此话而行吧。"

子贡另有个说法："我不欲人之加诸我也，吾亦欲无加诸人。"（见5.12）犹言我不想别人强加之于我，我亦不想要强加之于人。

"己所不欲，勿施于人。"简言之，也就是将心比心的意思。民主革命家孙中山指出："西方文化习惯于把自己的理念通过很霸道的方式强加在别人头上；而中国文化则认为，天伦大道藏在每个人心底，只要将心比心就可以了。"

"己所不欲，勿施于人。"是人际关系的一项准则。现代学者张岱年称："仁者爱人。""己欲立而立人，己欲达而达人。""己所不欲，勿施于人。"主要是考虑人际关系问题。

此所谓人际关系，显然不是指拉关系，套近乎；而是指，人人都将心比心，人人都献出一点爱。

对于冉雍，孔子早就已充分肯定了。有人说："冉雍有仁爱之心，但不是那么能言善辩。"孔子反驳道："能言善辩有什么用？与人接触时滔滔不绝，往往会授人以柄，招人厌烦。"（见5.5）孔子甚至说："冉雍啊，可以使他身居高位，面朝南而坐，掌权治事，造福一方。"（见6.1）

冉雍回应孔子的话与颜渊一样，都是说："某虽不敏，请事斯语矣。"他俩都是孔门德行科的翘楚。惜乎颜渊早卒，不克有成；冉雍则颇有人君之度，故孔子赞曰："雍也可使南面。"

【引言】司马牛是春秋宋国人，是桓魋（tuí）之弟；桓魋任宋国司马，其弟遂以司马为姓。

12.3.1 司马牛问仁。子曰："仁者，其言也讱（rèn）。"

【通解】孔子的学生司马耕，字子牛。他兄长有宠于宋景公，继而受到迫害。他忧心如焚，多言而躁，情见（xiàn）乎辞。

司马牛问老师什么是仁。孔子说："仁德之人说话时，多显得有些迟钝。"

孔子的意思是说，凡事须忍着点儿，不轻易表态，出言须谨慎；虽然有些迟钝，仍不失为仁者。

古话说："吉人之言寡，小人之言躁。"孔子答司马牛的话。是有其针对性的。

12.3.2 曰："其言也讱，斯谓之仁矣乎？"子曰："为之难，言之得无讱乎？"

【通解】司马牛又问："说话时显得迟钝，这就算是仁了吗？"孔子说："培养仁德不容易，学仁不容易；学仁者出于谨慎，说话时能不迟钝吗？"

司马牛把问题看得太简单了，孔子确乎做到了诲人不倦。

俗话说："做事须循天理，出言要顺人心。"孔子答司马牛的话，完全符合此精神。

我师杨伯峻先生说："以上三章，三个人都问'仁'，而孔子所答的角度各有不同，当然是由于各人所处的具体条件不同。对颜渊纯就'克己复礼'说，对仲弓则就政治生活说，对司马牛则就工作的态度说，然而又都是达到'仁'的道路。"

【引言】还是这个司马牛，悟性不那么高，孔子仍然很耐心。

12.4 司马牛问君子。子曰："君子不忧不惧。"曰："不忧不惧，斯谓之君子已乎？"子曰："内省不疚（jiù），夫（fú）何忧何惧？"

【通解】司马牛因乃兄之事忧伤不已，就去问老师什么叫君子。孔子说："君子不忧不惧。"司马牛又问："不忧不惧，就算得是君子了吗？"孔子说："自己反省，内心不感到惭愧，那你忧惧什么呢？"

"智者不惑，仁者不忧，勇者不惧。"（见9.29）"君子坦荡荡，小人长戚戚。"（见7.37）是孔子一贯的想法。

为什么对司马牛只说"不忧不惧"，而不说"不惑"呢？这是因为司马牛也已达到了"不惑"的要求。其兄司马桓魋（tuí）作乱时，两个弟弟都参加了，唯独司马牛卓然有见而不从，即此可知其胸中自有定见也。司马牛既已不惑，故孔子略而不言。

俗话说："平生不做亏心事，夜半敲门不吃惊。"自己平生行事，上不愧于天，下不怍于人，内心坦荡，那还忧惧什么呢？

【引言】子夏是孔门文学科的高材生，他能协助老师给司马牛以宽慰。

12.5 司马牛忧曰："人皆有兄弟，我独亡（wú 无）。"
子夏曰："商闻之矣：死生有命，富贵在天。君子敬而无失，与人恭而有礼。四海之内，皆兄弟也。君子何患乎无兄弟也？"

【通解】司马牛有五兄弟，四人逃亡在外，等于没有，因而叹息道："人家都有兄弟，唯我独无。"

子夏（卜商）宽解他说："我听说了，死生有命，富贵在天，非人力所能左右。作为君子，对工作敬业不怠，对别人谦恭有礼，这是可以做得到的。四海之内，皆兄弟也，八方处处有亲人。君子何必忧心自己没有兄弟呢？"

"四海之内皆兄弟"是有条件的。《说苑·杂言篇》引孔子曰："敏其行，修其礼，千里之外，亲如兄弟。若行不敏，礼不合，对门不通矣。"意思是说，勤于办事，礼貌待人，千里之外，到处都有亲人如兄弟；如果作风懒散，不讲礼貌，就是对门邻居，也不会理睬你的。

子夏的话有两层意思，一是面对现实，二是做好自己。只有这样才不会孤独，才会处处有亲人。

古代无名氏《别诗》四首之一云："四海皆兄弟，谁为行路人！"犹言中国境内的人都是骨肉兄弟，没有漠不相关的人；处处可以为家，人人可以和睦相处。

所谓"死生有命，富贵在天"，乃聊以自慰的一种说法。晋代诗人陶渊明对富贵生死，有独到的想法。他在《归去来兮辞》中说："胡为乎遑遑欲何之？富贵非吾愿，帝乡不可期。"为什么如此遑遑终日，还想往哪里去呢？追求富贵不是我的愿望，仙山琼阁到哪儿去等待！全否定了，因此他非常潇洒。

【引言】子张曾向老师问：怎样去谋求官职？怎样做一个善人？现在又提出了新的疑问。

12.6 子张问明。子曰："浸润之谮（zèn），肤受之愬【诉】，不行焉，可谓明也已矣。浸润之谮（zèn），肤受之愬【诉】，不行焉，可谓远也已矣。"

【通解】子张问老师，怎样才算得是明智。孔子说："逐渐渗透开来的谗言，由皮肤深入骨髓的诬告，你都不相信，不让其得逞，就可以算是明智的了。逐渐渗透开来的谗言，由皮肤深入骨髓的诬告，你都不相信，不让其得逞，就可以算是见识高远的了。"

为官者容易犯偏听偏信的毛病，子张也不例外；所以孔子专就此问题，有针对性地并不惜重重复复地来回答他的泛泛之问。

《老子》第三十三章云："知人者智，自知者明，胜人者有力，自胜者强。"了解别人的叫智，了解自己的叫明，制胜别人的有力量，克服自己弱点的最坚强。

对待谗言和诬告，得先使自己明智坚强，然后才能够制而胜之。

【引言】春秋末卫国人子贡，有口才；历仕鲁、卫，有政绩。

12.7.1 子贡问政。子曰："足食，足兵，【使】民信之矣。"

【通解】子贡问老师治国理政之道。孔子说："粮食充足，武备充实，使民众都信任你了。"

孔子提出了主要的三条：粮食，武器，民心。百姓能丰衣足食，国君安全有保障，政府能取信于民，是治国理政的基本纲领。

12.7.2 子贡曰："必不得已而去，于斯三者何先？"曰："去兵。"子贡曰："必不得已而去，于斯二者何先？"曰："去食。自古皆有死，民无信不立。"

【通解】子贡说："如果不得已要去掉一样，这三样里头该先去掉哪一样呢？"孔子说："先去掉武器。"

子贡说："如果不得已还要去掉一样，这两样里头该先去掉哪一样呢？"孔子说："先去掉粮食。自古以来，人都有一死；民众不信任，你就无法立足了。"

汉代学者王充对此颇不以为然，他在《论衡·问孔篇》中说："使治国无食，民饿，弃礼义；弃礼义，信安所立（信立在何处）？传曰：'仓廪实，知礼节；衣食足，知荣辱。'（见《管子·牧民篇》）让，生于有余；争，生于不足。今言'去食'，信安得成？……孔子教子贡去食存信，如何（怎么行呢）？夫去信存食，虽不欲信，信自生矣（信自然会有了）；去食存信，虽欲存信，信不立矣（信也立不起来的）。"

食不可去，兵亦不可去。汉代学者刘向《说苑·指武》曰："夫兵不可玩，玩则无威；兵不可废，废则召寇。"军事不可以忽视，忽视了，就没有了国威；部队不可以废除，废除了就会招来敌寇的侵扰。

古今中外的事实表明，作为一个国家，无论是粮食、军队、还是民心都是非常必要的，有如日光、空气、水，一样也不能缺少，孔子的原意初心本来就是这样的。所谓"必不得已而去"之，纯属假设之辞。

不过，子贡的假设之辞，其意并不是一定要"去"掉什么。他说话讲究技巧，往往言在此而意在彼。子贡问："必不得已而去，于斯三者何先？于斯二者何先？"其实他是想知道"食、兵、民信"三者中，以何者最为重要？子贡终于知道了，以获取信任最为重要。所以他后来游说诸侯，能获取国君信任，因而取得成功；后来下海经商，能获得消费者信任，因而获利倍蓰（xǐ）；后来宣传孔子，能获得广泛信任，因而使孔子声誉日隆。

【引言】文与质的关系，儒家认为礼乐是文，仁义是质，二者必须相互配合，所以说"文质彬彬，然后君子。"

12.8 棘子成【城】曰："君子质而已矣，何以文为？"

子贡曰："惜乎，夫子之说君子也，驷不及舌。文犹质也，质犹文也；虎豹之鞟（kuò），犹犬羊之鞟（kuò）。"

【通解】春秋末卫国大夫棘子成不满意当时文采胜过了质朴的现象，因此说："君子凭质朴就够了，要文采有何用呢？"

也在卫国当官的子贡反驳他说："可惜啊，先生是这样看待君子的。一言既出，驷马难追呢。按你的说法，文可以代替质，质也可以代替文。那么去掉毛的虎豹之皮和去掉毛的犬羊之皮，就没有什么区别了。"

子贡的意思是说，君子正由于有质又有文，才成为君子的；若光有质而无文，那和一般人也就没有什么区别了。

孔子早说过："质胜文则野（鄙陋），文胜质则史（虚浮）。文质彬彬（朴实而

文雅）然后君子。"（见 6.18）

何谓"驷不及舌"？《说苑·谈丛》曰："口者关（关口）也，舌者机（弩机）也，出言不当，驷马不能追也。口者关也；舌者兵（武器）也，出言不当，反自伤也。"是教人说话宜谨慎之意。

【引言】春秋早期，诸侯国以"徹（chè）"法收取田税，即以征收耕地收入中的十分之一为度；自鲁宣公十五年（公元前 594 年）起，按十分之二收取田税，比前增加了一倍。

> 12.9 哀公问于有若曰："年饥，用不足，如之何？"
> 有若对曰："盍（hé）徹乎？"
> 曰："二，吾犹不足；如之何其徹也？"
> 对曰："百姓足，君孰不足？百姓不足，君孰与足？"

【通解】鲁哀公十二年（前 483 年）春，仍实行按田亩征赋；冬，发生虫灾；十三年秋，虫灾再次发生；又连年用兵于邾地（zhū 今山东费县、滕州一带），财政出现了困难。

鲁哀公问孔子的学生有若："年成不好，财用不足，怎么办？"

有若回答说："何不实行'徹'法，按亩征赋十分之一呢？"

哀公说："征取十分之二，我都不够用，怎能实行'徹'法呢？"

有若回答说："百姓富足了，国君怎么会不富？百姓不富足，国君又怎么会富呢？"

这是古代所崇尚的"国以民为本"的主张。

《毛泽东年谱》1958 年 8 月 24 日载毛泽东讲话："我们只拿农民收入的百分之五到八（间接负担除外）。我们藏富于民，'民食足，君食孰能不足。'"

《说苑·政理篇》记载，鲁哀公问政于孔子，孔子对曰："政在使民富且寿。"哀公曰："何谓也？"曰："薄赋敛则民富，无事即远罪，远罪则民寿。"公曰："若是（像这样）则寡人贫矣！"孔子曰：《诗》云：'恺悌君子，民之父母。'未见其子富，而父母贫者也。"有若的话与此相似。

战国学者荀子的观点更进了一步，《荀子·王制篇》说："故王者富民，霸者富士，仅存之国富大夫，亡国之君富私囊，实府库。私囊已富，府库已实，而百姓贫，夫是之谓（这就叫作）上溢（官家富得流油）而下漏（百姓难以为生）；人不可以守，出不可以战，则倾覆灭亡可立而待（立刻就会到来）也。"

【引言】怎样做人？怎样做一个正常的人？子张不大明白，若干人也不甚了然。

12.10 子张问崇德辨惑。子曰："主忠信，徙义，崇德也。爱之欲其生，恶之欲其死。既欲其生又欲其死，是惑也。'诚不以富，亦只以异。'"

【通解】子张问老师："应怎样崇尚道德，识别昏乱。"孔子说："以忠诚信实为主，见贤人义士便向他学习，这就是崇尚道德了。如光凭个人爱憎，当厚爱某人时，必使他生活永无忧；一旦厌恶某人时，必欲置之死地而后快；既想让他活，又想让他死，这就叫迷惑昏乱了。"《诗·小雅·我行其野》说："感情本就不完备，只因你怀有异心。"

关于"主忠信"，孔子先前也说过："君子不重则不威，学则不固。主忠信。"（见1.8）是说君子如果不端庄凝重，就没有威仪；如果能坚持学习，就不会固步自封。应该以忠信为怀，并且多跟那忠诚信实的人相亲近。

《礼记·大学》也说是："君子有大道：必忠信以得之，骄泰以失之。"君子追求高尚道性，一定要忠诚信实，才能得到它；而骄奢放纵，就会失掉它。故当以忠诚信实为依归。

孔子的学生曾子是"主忠信"的传人。曾子说："吾日三省吾身，为人谋而不忠乎？与朋友交而不信乎？传（chuán）不习乎？"（见1.4）

"既欲其生，又欲其死."《礼记·檀弓下》也说是："今之君子，进人若将加诸膝，退人若将坠诸渊。"今日君子想进用某人时，如同将他捧在膝盖上，不胜亲热；想去掉某人时，就如同将他扔到深水潭中，淹死无妨。这怎么成呢！

"诚不以富，亦只以异。"孔子的意思是说，感情不完备不行，怀有异心也不行。《礼记·中庸》说："喜怒哀乐之未发谓之中，发而皆中节谓之和。中也者，天下之大本也；和也者，天下之达道也。致中和，天地位焉,万物育焉。"意思是说，感情未发出来叫中，发出来都协调合适叫和。中是根本，和是准则。达到了中和，天地就各安于位，万物就发育成长。这才是崇尚道德的最高境界。

【引言】齐景公很想用孔子，但宰相晏婴不同意。没有办法，齐景公只好直接向孔子请教。

12.11　齐景公问政于孔子。孔子对曰："君君，臣臣，父父，子子。"
公曰："善哉！信如君不君，臣不臣，父不父，子不子，虽有粟，吾得而食诸？"

【通解】鲁昭公二十五年（前517年），孔子三十五岁时，出使到齐国。齐景公（前547—490）统治不稳，大夫陈氏专权，行阴德笼络民心；景公又多内宠，而迟迟不立太子。

齐景公问孔子如何使政局稳定。孔子回答说："国君要像个国君，臣子要像个臣子，父亲要像个父亲，儿子要像个儿子。"

齐景公说："讲的好啊！如果真的国君不像国君，臣子不像臣子，父亲不像父亲，儿子不像儿子，那么，即使有人理财，即使有粮食税赋，我能吃得安稳吗？"

齐景公称赞孔子，却并未采纳孔子的话。其后果然以继位人未定，而被陈氏所灭。

《史记·太史公自序》曰："夫不通礼义之旨，至于君不君,臣不臣,父不父,子不子。夫君不君则犯,臣不臣则诛,父不父则无道,子不子则不孝。此四行者,天下之大过也。"

关于理财收税,近代学者辜鸿铭说:"昔孔子曰:'君君,臣臣,父父,子子。'余谓,今日中国欲得理财之道,则须添一句曰:'官官,商商。'盖今日中国大半官而劣则商,商而劣则官。此天下之民所以几成饿殍(piǎo)也。《易传》曰:'损上益下,谓之泰;损下益上,谓之否(pǐ)。'(减损上层以增益下层,叫通畅;减损下层以增益上层,叫堵塞。)如此则可以言理财。"

【引言】子路秉性率直,有缺点也有优点。

12.12 子曰:"片言可以折狱者,其由也与(yú 欤)?"子路无宿诺。

【通解】孔子说:"听了一方的言辞即据以断案的,大概只有仲由吧?"

子路(仲由)笃厚诚信,恐隔天情况有变,所以不轻易预先对某事做出承诺。如果他答应下来,当天就会将诺言兑现,而不会拖到明天。

西汉学者孔安国说:"片犹偏也,听讼必须两辞以定是非;偏信一言以折狱者,唯子路可也。"

当代学者傅佩荣说:"我倾向于把孔子的话翻译成:听一方的陈述,就知道谁是谁非,这就是子路。因为子路的个性使得别人不敢对他撒谎。"

又,当代学者葛文校认为:"孔子的学生子路忠诚豪爽,乐于助人,颇得人们信任。当地百姓每当发生矛盾纠葛或诉讼之事,都要请他解决。子路只要用一言半语便能做出公正裁决。因此,孔子称赞他能片言折狱。"

【引言】古代儒家主张实行德教,完全消灭民事纠纷。孔子任鲁国大司寇时,极力想实现这一主张。

12.13 子曰:"听讼,吾犹人也。必也使无讼乎!"

【通解】孔子说："审查和判决案件，我同别的官员是一样的。要说有什么不同之处，那就得正本清源，一定要使世间不再有诉讼发生吧！"

"听讼"是"导之以政，齐之以刑"（见 2.3）的一个程序，"无讼"是"导之以德，齐之以礼"（见 2.3）的必然结果。

依法治国是必要的，以德治国尤为重要，二者缺一不可。

有道是，以身教者从，以言教者讼。故身教重于言教也。

《荀子·宥坐篇》记载，孔子任鲁司寇（主管司法的最高官员）时，有父子二人来诉讼。孔子拘留了他们，三个月不予判决。那父亲要求撤诉，孔子将他父子俩都放了。

【引言】从政是子张最感兴趣的问题。

12.14 子张问政。子曰："居之无倦，行之以忠。"

【通解】子张问孔子如何从政。孔子说："在位时，思想上不能有懈怠，要始终如一；行动上须忠于职守，宜表里一致。"

宋代学者程颐说："子张少仁，无诚心爱民，必倦怠而不尽心，故孔子如此回答他。"

《管子·形势解》曰："懈惰简慢，以之事主则不忠，以之事父母则不孝，以之起事则不成。故曰，怠倦者不及也。"由此可知，倦怠者于公于私，皆有损而无益也。

【引言】君子的标准为何？值得研究。

12.15 子曰："博学于文，约之以礼，亦可以弗畔矣夫。"

【通解】孔子说："广泛地学习古代典籍，再用礼仪来约束自己，也就可以不至于离经叛道了。"

　　孔子此前也说过："君子博学于文，约之以礼，亦可以弗【畔】矣夫。"（见6.27）前后重出，盖反复强调之意。

　　颜回也说过："夫子循循然善诱人，博我以文，约我以礼，欲罢不能。"（见9.11）意思是说，老师循循善诱我向前，他用文化传承启迪我智慧，用礼乐典章滋润我心田，我如痴如醉，欲罢不能。

　　这说明孔子常率先垂范，并以此培育学生，故取得如此之佳的教学效果。

　　我师杨伯峻先生说："'博文'是要有广博的知识，'约礼'则似乎是提高道德修养。孔子认为，能够这样品学兼修，就不敢'离经叛道'了。"

　　一个人如果能品学兼修，德艺双馨，也就完全够得上一位君子了。

　　明代学者顾炎武《与友人论学书》云："博学于文，行己有耻（用羞恶之心来约束自己的言行），自一身至天下国家皆学之事也（任谁都应该朝此方向努力）。"

【引言】在为人处世方面，君子与小人截然不同。

12.16　子曰："君子成人之美，不成人之恶。小人反是。"

【通解】孔子说："君子诱掖奖劝，成全人家做好事；不曲意辩解，助长人家做坏事。小人则与此相反。"

　　孔子此话曾与鲁哀公说过。《说苑·君道篇》记载，鲁哀公曰："善哉！君子成人之美，不成人之恶。微（如果没有）孔子，吾焉得闻斯哉！"如果不遇到孔子，我怎能听到此话呢？

　　《孟子·公孙丑上》曰："取诸人以为善，是与人为善者也。故君子莫大乎与人为善。"吸取别人的优点来自己行善，这就是帮助别人一道行善。所以君子的最高德行就是偕同别人一道行善。

　　《韩非子·内储说上》云："君子不蔽人之美，不言人之恶。"

　　唐代学者韩愈《张中丞传后叙》曰："小人之好议论，不乐成人之美。"

　　当代学者余秋雨说："成人之美更多的是指促成良缘、介绍益友、消解误会、帮助合作等等，总之成人之美偏重于锦上添花的正面建设。"

俄国文豪列夫·托尔斯泰说："一个人越聪明，越善良，他看到别人身上的美德越多；而一个人越愚蠢，越恶毒，他看到别人身上缺点也越多。"故小人惯于助人为恶，而不与人为善也。

【引言】如何治国理政？是普遍关心的一个问题。

12.17 季康子问政于孔子。孔子对曰："政者，正也。子帅【率】以正，孰敢不正？"

【通解】鲁国的上卿季康子问孔子应怎样治理政事。孔子回答说："治理政事就是要正派。夫子能率先讲求正派走正道，谁还敢不正派不走正道呢？"

孔子的话是有出处的。《尚书·君牙》有言："尔身克正，罔敢弗正？"你自身能正，老百姓就不敢不正。

鲁哀公也问过孔子："敢问何谓为政？"孔子对曰："政者，正也。君为正，则百姓从政（服从统治）矣；君之所为，百姓之所从（所追随的楷模）也；君所不为，百姓何从（能服从谁呢）？"见《礼记·哀公问》。

"子帅以正，孰敢不正？"多么简单明了啊！一个搞政治的人，本身正了，天下还会不正吗？如果搞政治的人，本身尚且不端正，还怎么能端正人呢？

《孟子·离娄上》云："君仁，莫不仁；君义，莫不义；君正，莫不正。一正君而国定矣。"意思是说，君主仁，就没有人不仁；君主义，就没有人不义；君主正，就没有人不正。一旦君主端正了，国家也就安定了。

《资治通鉴·周记》载，魏文侯派大将乐羊去打中山，把中山占领了，就封给了他儿子魏击。他问群臣："我是怎样的一个君王？"大家都说是位仁君。大夫任座说："你得了中山，不封给你弟，却封给你子，怎算得仁君？"魏文侯一听，大怒。任座也站起来，出去了。后来，魏文侯问上卿翟璜。翟璜说："是仁君。"文侯问："有何根据？"翟璜说："臣闻君仁则臣直，向者任座之言直，臣是以知之。"文侯一听，很高兴。

翟璜说："君仁才使臣直，刚才任座说得很直，所以我得以知道，您是一位仁君。"翟璜的一番话，既为任座开脱了罪名，又使魏文侯转怒为喜。当然更说明，君王仁德，臣下就忠直；反之，臣下阿谀，君王就昏暗。

【引言】季康子专权，却不懂得上行下效的道理。

12.18 季康子患盗，问于孔子。孔子对曰："苟子之不欲，虽赏之不窃。"

【通解】鲁国多盗，季康子为此担忧，就去问孔子，该怎么整治。孔子回答说："如果您自己不贪财，就是鼓励人家去偷盗，人家也不会干的。"

《说苑·贵德》云："故天子好利则诸侯贪，诸侯贪则大夫鄙（卑鄙各啬），大夫鄙则庶人盗（百姓偷盗），上之变下（上级影响下级），犹风之靡草也（像风吹草倒似的）。"

宋代学者张载说："故为政者，先在于使民富足。民众无所不足，则不想再要什么，而盗心息矣。此古人消弭盗贼之法也。"

百姓看上级，不光是服从他的命令，而主要仿效他的行动。你喜爱什么，百姓都会向你学，甚至喜爱得更深。

【引言】季康子有点病急乱投医，治乱世用重典的倾向了，孔子仍是耐心地开导他。

12.19 季康子问政于孔子曰："如杀无道，以就有道，何如？"孔子对曰："子为政，焉用杀？子欲善而民善矣。君子之德风【也】，小人之德草【也】，草上之风，必偃。"

【通解】季康子问孔子怎样执政道："如果杀掉那犯法的人，以保护守法的人，怎么样呢？"孔子回答道："夫子执政，哪里用得着杀人呢？夫子一心一意做善事，百姓也就会多做善事的。官员的品格好比是风，百姓的品格好比是草。草被风一吹，必然会随风倾伏。"

孔子的意思是说，官员应教育人民并率先垂范。《说苑·君道》曰："夫上之化（教育）下，犹风靡（吹倒）草。东风则草靡而西，西风则草靡而东。在风所由而草为之靡（顺风倾倒）。是故人君之动（举动）不可不慎也。"

《孟子·滕王公上》曰："上有好者，下必有甚焉者矣。君子之德，风也；小人之德，草也。草尚之风，必偃。"意思是说，在上位的有什么爱好，在下面的人一定爱好得更深。君子之德好比是风，小人之德好比是草。风向哪边吹，草就会向哪边倒。

【引言】诸葛亮说："不求闻达于诸侯。"在春秋时代，闻和达是有严格区别的。

12.20 子张问："士何如斯可谓之达矣？"子曰："何哉，尔所谓达者？"子张对曰："在邦必闻，在家必闻。"子曰："是闻也，非达也。夫达也者，质直而好义，察言而观色，虑以下人。在邦必达，在家必达。夫闻也者，色取仁而行违，居之不疑。在邦必闻，在家必闻。"

【通解】子张问老师："读书人怎样才算通达呢？"孔子说："你所说的通达是什么意思呢？"子张回答道："在诸侯国为官肯定有好的名声，在卿大夫家为官也肯定有好的名声。"孔子说："这叫作扬名，不叫作通达。通达的意思是指，朴厚正直，崇尚义理，察人言语，观人容色，知其所欲，常怀谦退之志，发自内心地尊重对方。在诸侯国为官时必然通达，在卿大夫家为官时也必然通达。扬名的意思是指，装着仁者的样子，在行动上却与仁无涉，安居其伪而居之不疑，不务实而专务虚名。在诸侯国为官时必有虚名远布，在卿大夫家为官时也必有虚名远布。"

子张误以"闻"为"达"，孔子先予以纠正，然后告以二者之不同："达"指笃恭而能下人，力创佳绩，实至名归；"闻"乃矫饰而无愧色，以仁为名，博取虚誉。二者区以别矣！

宋代学者程颐说："学者须是务实，不要近（求）名。有意近名，大本（本质）已失，更学何事？为名而学，则是伪也。今之学者，大抵为名。为名与为利，虽清浊不同，然其利心（自利之心）则一也。"

【引言】老师的职责是传道，授业，解惑；学生须敏而好学，才能有所收获，逐渐成熟。

12.21 樊迟从游于舞雩（yú）之下，曰："敢问崇德、修慝（tè）、辨惑。"

子曰："善哉问！先事后得，非崇德与（yú 欤）？攻其恶，无【毋】攻人之恶，非修慝与？一朝之忿，忘其身，以及其亲，非惑与？"

【通解】樊迟陪侍着老师在祭坛舞雩台下游览，说："请问老师，应怎样提高自己的道德水平，怎样整修自己内心的邪念，怎样辨认使自己惑乱的事。"

孔子说："问得好啊！先勤奋办事，然后有收获，这不是可以提高品德吗？常反省自己，勿指责别人，这不是可以纯洁心灵吗？因一时之怒，既害了自己，又连累亲人，这不是让自己陷于惑乱吗？"

《荀子·荣辱篇》曰："行其少顷之怒，而丧终身之躯，然且为之，是忘其身也。室家立残，亲戚不免乎刑戮，然且为之，是忘其亲也"

"先事后得"是一种仁德。此前，樊迟问老师"什么是仁"，孔子的答复是："遇到困难时走在前面，收获成果时走在后面。"（见6.22）

子张也问过老师，怎样"崇德、辨惑"，孔子的答复是："以忠诚信实为主，见贤人义士便向他学习，这就是崇尚道德了。如光凭个人爱憎，当厚爱某人时，必使他生活永无忧；一旦厌恶某人时，必欲置之死地而后快；既想让他活，又想让他死，这就叫迷惑昏乱了。"（见12.10）

孔子因材施教（因各人禀赋不同而教），于此可见一斑。

【引言】樊迟最关心的是仁智方面的问题，孔子都给以适当的解答。

12.22 樊迟问仁。子曰："爱人。"问知【智】。子曰："知人。"樊迟未达。子曰："举直错【措】诸枉，能使枉者直。"

樊迟退，见子夏曰："乡【向】也吾见夫子而问知【智】。子曰：'举直错【措】诸枉，能使枉者直。'何谓也？"

子夏曰："富哉言乎？舜有天下，选于众，举皋陶（yáo），不仁者远矣。汤有天下，选于众，举伊尹，不仁者远矣。"

【通解】樊迟问老师什么叫仁。孔子说："仁者爱人，就是对人的关心和爱护。"樊迟又问什么叫智。孔子说："善于发现有用的人才。"樊迟没听懂。孔子解释道："就是选拔重用正直的人，而不用歪斜的人，可能使歪斜的人也趋向于正直。"

樊迟退出去问子夏："刚才见到老师向他问智。他说：'举直错【措】诸枉，能使枉者直。'是什么意思？"

子夏说："此话的含义多么丰富啊！虞舜管理天下，在众人中选取人才，把皋陶（yáo）提拔上来当助手，依次选拔，不仁的人就靠边了。商汤管理天下，在众人中选取人才，把伊尹选拔上来当助手，依次选拔，不仁的人就靠边了。"

《老子》三十三章云："知人者智，自知者明。"知人是为了选取和使用人才，自知是为了摆正自身的位置。

知人者智，人家不知道我，是人家的事；我不知道人家，是我的不智。所以孔子早说过："不担心人家不了解自己，只担心自己不了解人家。"（见 1.16）

仁者爱人，仁就是一种爱心，只要人人都献出一点爱，世界就将是美好的人间。

上一次，樊迟向老师问智、问仁。孔子告诉他："以实现民众的愿望为当务之急，敬鬼神而远之，这是智；遇到困难时走在前面，收获成果时走在后面，这是仁。"（见 6.22）这是对樊迟初出茅庐的一种期望。

这一次，樊迟向老师问仁、问智。孔子告诉他："仁是对人的关心和爱护，智是发现有用的人才。"这是对樊迟从政之后的殷切叮嘱。

孔子因情施教（因同一人的不同情况而教），于此可见一斑。

《孟子·离娄下》云："君子以仁存心，以礼存心。仁者爱人，有礼者敬人。"君子的存心，时时以"仁、礼"为重，所以必然会爱重别人，必然会尊重别人。

【引言】在家靠父母，出外靠朋友。交友之道，值得研究。

12.23 子贡问友。子曰："忠告而善道【导】之，不可则止，毋自辱焉。"

【通解】子贡问老师交友之道。孔子说："朋友有缺点过失，应该心平气和地忠告他，娓娓道来；如果不接受就适可而止，不要多说了，以免造成隔阂而自讨无趣。"

子游也说过："事君数（shuò），斯辱矣；朋友数，斯疏矣。"（见 4.26）侍奉国君，进谒太频繁了，将自取其辱；交朋结友，彼此接触太多了，会导致疏远。所以凡事都要有个度，有个分寸。

子夏的择友之道，似较子贡为优。《孔子家语·六本》载，子夏和子贡都是孔门高材生，两人的交友情况却有所不同。孔子说："我死后，子夏仍有进步，因为他喜欢与水平高的人相交，如入芝兰之室，久之也会变香。子贡则可能退步，因为他只与水平较低者相处，如入鲍鱼之肆，久而不闻其臭。"

【引言】交友贵在切磋，曾子言之有理。

12.24 曾子曰："君子以文会友，以友辅仁。"

【通解】曾子说："君子以文章学术来聚会朋友，用这样的聚会来帮助培养和提高自己的道德情操。"

《说苑·谈丛》曰："贤师良友在其侧，诗书礼乐陈于前，弃而为不善者鲜（xiǎn）矣。"犹言有师友辅导，有诗书礼乐相熏陶，很少有不进步的。条件具备了，便水到渠成。

《礼记·学记》曰："独学而无友，则孤陋而寡闻。"是说自学而缺乏切磋，则学识短浅而见闻狭隘。

唐朝诗人祖咏《清明宴》诗云："以文章会友，唯德自成邻。"是说经常以文事会友，便自然与德为邻。

子路篇第十三（凡30章）

【引言】本篇继续阐述仁政思想的内涵，如仁政的目的，国君的职责，士人的使命以及对众人的关爱等。

13.1 子路问政。子曰："先之劳之。"请益。曰："无倦。"

【通解】子路问老师，怎样从政。孔子说："先讲清道理，并率先垂范，然后才好去动员百姓。"子路不很理解，请老师再说说。孔子说："就按我说的去做，长期坚持勿懈怠。"

子路好勇，善于有为而不能持久，故孔子要求他"无倦"。

《周易·兑卦》曰："说（悦）以先民，民忘其劳。"用真诚的喜悦引导百姓，百姓便忘记了自己的劳苦。

宋代学者朱熹引苏氏曰："凡民之行，以身先之，则不令而行；凡民之事，以身劳之，则虽勤不怨。""先之劳之"的作用大矣哉！

先之劳之而无倦，后人归结为：率先垂范，关心群众生活，注意工作方法。

【引言】春秋时鲁国大夫季孙氏秉持国政，权势日重，公室日卑。孔子学生冉雍，字仲弓，时任季孙氏家臣之长。

13.2 仲弓为季氏宰，问政。子曰："先有司，赦小过，举贤才。"曰："焉知贤才而举之？"子曰："举尔所知；尔所不知，人其舍诸？"

【通解】仲弓当了季孙家的总管，他问老师，该怎样处理政事。孔子说："自己率先垂范，把任务分派给众管家，对他们的一般性错误不求全责备，经常发现其中的贤才而加以重用。"

仲弓又问："从哪儿发现贤才予以提拔呢？"孔子说："提拔你所了解的人，你所不了解的贤才，别人发现了，难道会舍弃他吗？"

处理政事以举贤才为本。《后汉书·章帝纪》曰："昔仲弓季氏之家臣，子游武城之小宰，孔子犹诲以贤才，问以得人。明政无大小，以得人为本。"上一章子路问政，孔子告诉他，"先之劳之"而"无倦"；这一章仲弓问政，孔子告诉他，"先有司，赦小过，举贤才"。前者以躬行为主，层面比较浅；后者以思辨为主，层面比较深。

《吕氏春秋·下贤篇》记载，春秋时，齐国国君齐桓公去见小臣稷（jì），一日三次，皆未见。左右侍从说："堂堂君王，见布衣之士，一日三次不得见，亦可以到此为止了。"桓公说："不然，士人轻视俸禄爵位，就不会敬重君王；不以王霸之业为重的君王，也就会轻视士人。纵然稷夫子轻视爵位俸禄，我哪里敢轻视王霸大业呢？桓公坚持去见他，谁也无法劝阻。"

这说明为政以得人为本，得人以贤才为先。

【引言】"名分"关系到一个人的名义、身份和地位，应首先加以重视，不允许含糊其词。

13.3 子路曰："卫君待子而为政，子将奚先？"

子曰："必也正名乎！"

子路曰："有是哉，子之迂也！奚其正？"

子曰："野哉，由也！君子于其所不知，盖阙如也。名不正，则言不顺；言不顺，则事不成；事不成，则礼乐不兴；礼乐不兴，则刑罚不中；刑罚不中，则民无所措手足。故君子名之必可言也，言之必可行也。君子于其言，无所苟而已矣！"

【通解】孔子周游列国，于鲁哀公十年（前485年）自楚国回到卫国。此时卫灵公之孙卫出公在位已经八年，卫出公之父蒯聩被排挤在外。孔子弟子仲由（字子路）等在卫国做官，卫出公希望孔子也留在卫国，邦他治国理政。

子路跟孔子说："卫君等着老师帮他理政，老师首先有什么打算？"

孔子认为卫出公应该让他父亲蒯聩继位，不应该直接继承祖父卫灵公的君位，使君臣父子的名分不正，因此说："那首先肯定是要端正名分吧！"

子路说："有这样的事，老师也太迂阔了！名分有什么可端正的？"

孔子说："粗野鄙陋啊，仲由！君子对于自己不懂的事情，可以暂时存疑的，你别乱说了。名分不端正，言语就不顺耳；言语不顺耳，事情就办不成；事情办不成，礼乐就不振兴；礼乐不振兴，刑法就不中用；刑法不中用，民众就手足无措，不得安生了。所以君子端正了名分，就可以顺理成章地说出来；能够顺理成章地说出来，事情就肯定能办成。君子对自己的话负责，能做到一丝不苟，也就可以了。"

《韩诗外传》卷五第三十四章记载，孔子与季孙氏坐在一起，季孙的家臣总宰通来问："国君派人来借马，是不是给他呢？"孔子说："我听说了，国君向臣下要东西，叫取，不叫借。"季孙领悟了，告诉家宰通说："从今以后，国君要取就说取，不要再说是借了。"故孔子纠正了借马之名，而君臣之名义定矣。故《论语》曰："必也正名乎！"

《吕氏春秋·审分》亦云："夫名多不当其实，而事多不当其用者，故人主不可以不审名分也。……今有人于此，求牛则名马，求马则名牛，所求必不得矣。……故至治之务，在于正名。名正则人主不忧劳矣。"

"君子于其所不知，盖阙如也。"对于不懂的事物，不忙下结论。《说苑·谈丛》云："智莫大于阙疑，行莫大于无悔。"最大的智慧是存而不论，最高的品行是从不后悔。

"故君子名之必可言也，言之必可行也。"清代名臣林则徐有一联曰：

定而后能静

言之必可行

【引言】孔子的学生樊迟名须，对农业颇感兴趣，但不知从何入手。

13.4 樊迟请学稼。子曰："吾不如老农。"请学为圃（pǔ）。曰："吾不如老圃。"

樊迟出，子曰："小人哉，樊须也！上好礼，则民莫敢不敬；上好义，则民莫敢不服；上好信，则民莫敢不用情。夫如是，则四方之民襁负其子而至矣，焉用稼？"

【通解】周族的始祖后稷（jì）善于种植各种谷类，虞舜时任后稷为官，主管农事。春秋末期，诸侯好以文治国，民不信从。樊迟（名须）想，民不信从，不如抓住根本，以倡导稼穑（sè）来治国安民的好。

樊迟请教老师教他种庄稼。孔子说："我不如老农。"又请教他种菜。孔子说："我不如老菜农。"

樊迟失望地出去了。孔子跟其他弟子说："识见浅陋的小人哪，樊须啊！官家讲求礼节，百姓谁敢不敬你；官家讲求道义，百姓谁敢不服你；官家讲求信用，百姓谁敢不坦诚。这样一来，远方的百姓都全背负着襁褓中的婴儿投奔你而来，哪里还用得上你去种田呢？"

孔子说"吾不如老农""吾不如老圃"，表明了对农民务农的尊崇，这是他的人民性。孔子说"小人哉，樊须也"，表明对士欲务农的非议，这是他的局限性。不过，孔子四科（德行、言语、政事、文学）中没有农科，倒也是实情。

有道是，在水识鱼性，在山识鸟音；欲知山中路，须问砍柴人。樊迟向老师请教怎样务农，可惜没有对上号。但是樊迟想学稼学圃，盖着眼于国计民生，其用心纯正，实未可厚非。

西汉政论家晁错《论贵粟疏》云："民贫则奸邪生。贫生于不足，不足生于不农，不农生于不地著，不地著则轻离家乡。"意思是说，人民生活穷困是由于不足，不足是由于不务农，不务农是由于居无定所；居无定所就轻离家乡，离家在外就胡作非为。由此可见，樊迟倡导稼穑，是抓住了根本。

【引言】学习的目的全在于应用，而不在乎多。

13.5 子曰："诵《诗》三百，授之以政，不达；使于四方，不能专对；虽多，亦奚以为？"

【通解】周代官员办事，多从《诗经》中受到启发。"不学《诗》，无以言。"不掌握《诗经》，连说话都困难了。特别是在外交场合，多引用《诗》中词句，以察看对方态度；对方表态时，亦只引《诗》中词句而不明说，让你自己体会去。

孔子说："能背诵《诗》三百篇，给你一个职位，却由于未能掌握《诗》的指导意义而胸中无主，故无法施政惠民，终至于一事无成；让你去出使别国，复由于未能掌握《诗》的象征意义，而胸中无底，故无法在谈判中随时针锋相对地引用《诗》中文句而哑口无言，终于完不成使命。死背《诗》句虽然多，又有何用呢？"

吃饭是为了生存，学习的目的全在于应用。

宋代学者张载说："为天地立心，为生民立命，为往圣继绝学，为万世开太平。"为天地立定脚跟，为生民承担使命，为优秀传统承先启后，为万世开拓新局面。这就是高瞻远瞩学以致用的宏阔境界。

宋代学者朱熹说：《诗》本于人情，兼赅物理，可以验风俗之盛衰，见政治之得失。其言温厚和平，长于讽喻。故诵之者，必达于政而能言也。"这是说，学《诗》有助于思想感情的含蓄表达。

【引言】榜样是有力量的，光口说白话不行。

13.6 子曰："其身正，不令而行；其身不正，虽令不从。"

【通解】孔子说："国君执掌政权如果自身正派，能恰如其分，不必下命令，百姓都会执行的；若自身不正派，如一团乱麻，纵然你三令五申，百姓也不会听从。"

鲁国权臣季康子曾经问政于孔子。孔子的答复是："政者，正也。子帅以正，孰敢不正？"（见 12.17）政治就是要作风正派的意思。你带头讲求正派，谁敢不正派呢？

《孟子·离娄下》曰："君仁莫不仁，君义莫不义。"君王行仁政，百姓没有不向仁的；君王讲义理，百姓没有不从义的。君王以身作则，百姓自然会跟上。

"其身正，不令而行。"令行禁止的要诀，也很简单，就是你自身要正，打铁须要本身硬。

《礼记·大学》曰："是故君子有诸己而后求诸人，无诸己而后非诸人。"君子先有美德然后才能发号施令，责成别人行善；自己没有恶行，然后才能发号施令，责成别人不要作恶。

《伊索寓言·蟹与它的母亲》载，螃蟹的母亲对小蟹说："不要横爬，也不要把腰擦着那湿的岩石。"小蟹说："母亲，你教导我们的，请你直着走，我们看了可以照样地做。"这是说，责备人的须要自己正直地生活，正直地走路，然后再去教导人。

【引言】孔子周游列国，以到卫国的次数为最多，故深有感触。

13.7 子曰："鲁、卫之政，兄弟也。"

【通解】孔子评价说："鲁卫两国的政治，像兄弟一般似的。"

原来鲁国是周公的封地，卫国早先是康叔的封地。他俩都是周文王之子，周武王之弟。鲁国多君子，卫国亦多君子。春秋末年衰乱，鲁昭公时，季氏专国政，四分公室有其二；卫灵公死后，其子蒯聩在国外，其孙名辄（zhé）直接在国内继位，而拒绝其父入境。鲁卫两国的景况，彼此差不多。

宋代学者苏轼《论语解》曰："卫之政，父不父，子不子；鲁之政，君不君，臣不臣。"是说卫国的政局，父子不像父子；鲁国的政局，君臣不像君臣，二者性质相近也。

【引言】人苦于不知足，卫公子荆知足而长乐。

13.8 子谓卫公子荆：“善居室。始有，曰：‘苟合矣。’少有，曰：‘苟完矣。’富有，曰：‘苟美矣。’”

【通解】卫献公的儿子荆，字南楚，少长宫中，及壮而成婚。献公封给他采地，任他为大夫。公子荆到达采地后，少不得要安排居室。

孔子与人谈到卫公子荆，称赞他：“善于居家过日子。当居室刚建好时，他说：‘蛮够格的了。’后来稍微添置了一些东西，他就说：‘够完备的了。’后来又多买了几样东西，他就惊喜地说：‘够富丽豪华的了。’”

《老子》四十四章曰：“知足不辱，知止不殆，可以长久。”知道满足的人，不会遭受到屈辱；能适可而止的人，不会受挫折，可以永久安全。

卫公子荆被当时的公众认为是有道德的人，孔子认为他持家有方，所以极力称赞他。

我师杨伯峻先生说：“有人说：‘此取荆之善居室以风（讽劝）有位者也。’因为当时的卿大夫，不但贪污，而且奢侈成风，所以孔子‘以廉风贪，以俭风侈’似可备一说。”

【引言】国贫则民贫，民富则国富，富然后教之，此不易之理。

13.9 子适卫，冉有仆。

子曰：“庶矣哉！”冉有曰：“既庶矣，又何加焉？”曰：“富之。”曰：“既富矣，又何加焉？”曰：“教之。”

【通解】孔子周游列国，从鲁国到卫国去，冉有帮他驾车。孔子说：“人口众多啊！”冉有说：“人口多了，下一步将采取什么措施？”孔子说：“用轻徭薄赋发展生产的办法使他们富起来。”冉有说：“已经富起来了，下一步怎么办呢？”孔子说：“兴办学校使他们受到教育，知书明礼。”

春秋齐相管仲是主张富民政策的。《管子·治国篇》云：“凡治国之道，必先富民。民富则易治也，民贫则难治也。”又《牧民篇》云：“仓廪（lǐn）实则知礼节，衣食足则知荣辱。"知礼节，知荣辱，则上下和谐矣。

孔子关于"庶、富、教"的主张，是他仁政、德政的重要内容；一般统治者的惠民政策，仅在于使民众能够活下去，以便于发展生产多缴赋税而已。

近代学者辜鸿铭说："孔子认为，在教育人民，提高人民的教养以前，应该让他们有足够的食物和衣服。中国古语说，'仓廪（lǐn）实而知礼节'，也就是在人民有文化和有教养之前必须有足够的衣服和食物的意思。"富然后教之，此必然之理也。

【引言】孔子周游列国是为了实现抱负，可惜他没有达到目的。

13.10 子曰："苟有用我者，期（jī）月而已可也，三年有成。"

【通解】孔子说："如果有人用我治国理政的话，只要一年便可理出个头绪，三年可以大治。"

《史记·儒林列传》载太史公曰："世以混浊莫能用，是以仲尼（孔子）干（求见）七十余君无所遇，曰：'苟有用我者，期（jī）月而已矣。'"

孔子周游列国十四年，凡历周、郑、齐、宋、曹、卫、陈、楚、杞、莒（jǔ）匡等国，皆无人用他，故云。

孔子一心想为世所用，由来已久，矢志不移。有一次子贡问他："有一块美玉在此，是放在柜子里藏着，还是求取一个好价钱将他卖掉呢？"孔子痛快回答道："卖掉它吧，卖掉它吧！我正在等着合适的买家呢。"（见9.13）

【引言】谁都盼望能长治久安，连孔子也不例外。

13.11 子曰："'善人为邦【国】百年，亦可以胜残去杀矣。'诚哉是言也！"

【通解】孔子说："有人讲：'让诚实而高尚的人来安邦治国一百年，也可以使残暴者不再残暴，因此死刑也可以取消了。'这话讲得真好啊！"

孔子的言外之意是，此话行动起来极难，因为谁也不能够持续掌政一百年，也没有哪项政令可以持续一百年不变。

宋代学者朱熹曰："为邦百年，化残暴之人，使不为恶；谓民化于善，可以不用刑杀也。盖古有此言，而夫子称赞也。"

【引言】孔子最向往的是有王者出，推行仁政，则庶几有望。

13.12 子曰："如有王者，必世而后仁。"

【通解】孔子说："如果有以王道而不以霸道治天下的君主出现，从拨乱反正到发展生产，从发展生产到兴办教育，从兴办教育到百姓齐心，也必须经过三十年，才可能实现仁政。"

儒家认为，仁政即仁爱之政，仁德之政。《礼记·礼运篇》云："故人不独亲其亲，不独子其子。使老有所终，壮有所用，幼有所长，矜（guān）寡孤独废疾者皆有所养。男有分，女有归。货，恶（wù）其弃于地也，不必藏于己；力，恶（wù）其不出于身也，不必为己。"意思是说，人人都亲爱孝敬其长辈，慈爱抚慰其儿女。使天下老人都安度晚年，中青年都发挥其作用，年幼者都茁壮成长，弱势群体能获得社会养护。男人有独立身份，女人能顺利成家。财货遍地，收藏者并不据为己有；尽心竭力，参与者不是为了自己。

我师杨伯峻先生说："王者三十年然后仁者大行，善人百年才能胜残去杀，可见'善人'不及'王者'多矣。就是王者当政，要转移风气，也一定得相当时间。"

【引言】以身作则才利于处事待人。

13.13 子曰："苟正其身矣，于从政乎何有？不能正其身，如正人何？"

【通解】孔子说："如果能端正自己的言行举止，在从政为官方面又有什么困难呢？如果连自己的言行举止都端正不了，又怎么去端正别人呢？"

孔子还说过类似的话："其身正，不令而行；其身不正，虽令不从。"（见 13.6）如果自身正派，不必下命令，百姓都会遵行；若自身不正，虽三令五申，百姓也不会听从。

所以说，执政者当以身作则，公正廉明。这是施行德治的起码要求，也正是孔子一以贯之的从政理念。

《伊索寓言·旅人与大鸦》中说，一些人因事赶路，遇见了一只瞎了眼的大鸦。大家回过头去看它。有人劝大家回去，因为这预示一种坏兆头。另有一人说道："它怎么能预言坏兆头给我们呢？它自己的瞎眼还不能预先知道从而加以防止哩！"这样地，那种对于自己的事都尚未思虑的人，也就没有了忠告旁人的资格。

《波斯寓言·先知自戒》载，妈妈带着孩子去见先知者穆罕默德，请他规劝一下孩子不要吃生枣子。先知说："请明天再来一趟。"次日，这位妈妈又带着孩子来见先知。于是，先知对孩子规劝了一番。临了，妈妈问先知："这番话，昨天不是也可以告诉他吗？"先知说："你知道，昨天我自己也吃了生枣子，我讲出的话是软弱无力的。"这说明，正人须正己。

【引言】人不可以讲假话，尤其在长者跟前。

13.14 冉子退朝，子曰："何晏也？"对曰："有政。"子曰："其事也！如有政，虽不吾以，吾其与（yù）闻之！"

【通解】孔子的学生冉有，名求，人称冉子（在季氏家任职）。冉子退朝归来。孔子问："为何这样晚才回？"冉有答："有大政方针在议。"孔子说："那是些日常事务吧。如果有大政方针，国之大事，我虽然已不在职，还是有所知晓的。"

时孔子德高望重，虽已不在位而身居国老之尊，故国君思谋大政，事先必与他商议。《左传·哀公十一年（公元前 484 年）》载，季孙想要按田亩征税，派冉有征求孔子的意见。孔子说："我不懂得此事。"问了三次，季孙最后说："子为国老，待子而行，若之何子之不言也？"犹言您是国家的元老，我等着您的意见行事，为什么您不说话呢？

孔子周游列国时，国君有事也会向他请教。有一次，子禽问子贡："夫子每到一国，必获悉该国的政事，是他寻求来的呢，还是人家主动同他讲的呢？"子贡说："夫子德高望重，凭着他温良恭俭让的品格而获悉的。夫子的寻求方式与他人的寻求方式大概很不一样吧？"（见1.10）

【引言】当国君的人总想图简便，孔子也只能因势利导了。

> 13.15 定公问："一言而可以兴邦，有诸？"
>
> 孔子对曰："言不可以若是其几也！人之言曰：'为君难，为臣不易。'如知为君之难也，不几乎一言而兴邦乎？"
>
> 曰："一言而丧邦，有诸？"
>
> 孔子对曰："言不可以若是其几也！人之言曰：'予无乐乎为君，唯其言而莫予违也。'如其善而莫之违也，不亦善乎？如不善而莫之违也，不几乎一言而丧邦乎？"

【通解】春秋末年，孔子任鲁国中都宰（都城的最高长官）。有一次，鲁定公问："一句话可以使国家兴盛，有这么一句话吗？"

孔子回答道："话不可以说得这么死。有人说：'当国君有难处，当臣子也不容易。'如果知道当国君的难处，便认认真真当好国君，这不近乎一言可以兴邦吗？"

定公又问："一句话可以使国家灭亡，有那么一句话吗？"

孔子回答道："话不可以说得这么死。有人说：'我当国君不感到快乐，不过我说的话没有谁敢违背，倒是件乐事。'如果国君的话说得对，谁都不违背他，这不挺好吗？如果国君的话是错的，却谁也不敢违背他，以致误国误民，不可收拾，这不近乎一言可以丧邦吗？"

近代学者辜鸿铭说："在这里，'君主的意志是最高的法律'孔子是绝对不赞成的。"

孔子不愧为思想语言大师，最善于临场应对，因势利导；面对着笨拙幼稚的提问，能坦然做出敏慧精湛的解答来。

【引言】《论语》中向孔子"问政"者有九次之多，孔子的解答以此次最为洒脱。

13.16 叶公问政。子曰："近者说【悦】，远者来。"

【通解】春秋时楚国与各国争霸，连山为城以自固。楚国大夫沈诸梁，字子高，被派往小侯国叶地（在今河南叶县西南）镇抚，号叶公。

鲁哀公六年（前489年）孔子从蔡地进入叶地。

叶公问孔子怎样执政。孔子说："要让叶地及邻近地区的百姓因受到你的恩惠而喜悦，远处的百姓都闻风而迁到你这里来，这就是理想的执政之果。"

《韩非子·难三》载，叶公子高问政于仲尼，仲尼曰："政在悦近而来远。"鲁哀公问政于仲尼，仲尼曰："政在选贤。"齐景公问政于仲尼，仲尼曰："政在节财。"子贡问曰："三公问夫子政，一也；夫子对之不同，何也？"仲尼曰："叶都大而国小，民有背（背离）心，故曰'政在悦近而来远'。"

叶公在问政之前，曾向子路打听孔子的为人，子路什么也没说。孔子知道此事后，对子路说："你为何不说，他这个人哪，发愤忘食，乐而忘忧，以至忘记了自己的年龄，不知道快要老了似的。"（见7.19）

【引言】春秋末晋国人卜商，字子夏，是孔子学生。他初次在鲁国做官，把握不大。

13.17 子夏为莒（jǔ）父宰，问政。子曰："无欲速，无见小利。欲速则不达；见小利则大事不成。"

【通解】子夏担任莒父（今山东莒县以西）县长，向孔子问政。孔子说："不要图快，不要只看到蝇头小利。一心图快就不能达到目的；关注小利，就办不成大事了。"

宋代学者朱熹说："欲事之速成，则急遽无序，而反不达；见小者之为利，则所就者小，而所失者大矣。"

清代学者林则徐曰："海纳百川，有容乃大；壁立千仞，无欲则刚。"无欲即无见小利之意也。

当代学者傅佩荣说："计利当计天下利。所以孔子劝他的学生，你虽然是一个县长，但是要考虑长远。譬如建设不要只考虑三五年，要考虑三五十年，后人都可以受益。"

【引言】父子之间，究应如何相处？值得研究。

13.18 叶公语（yù）孔子曰："吾党有直躬者，其父攘羊，而子证之。"孔子曰："吾党之直者异于是：父为子隐，子为父隐，直在其中矣。"

【通解】叶公告诉孔子说："我们这里有一个叫直躬的人，他的父亲偷取了人家的羊，他立马就去告发了。"孔子说："我们那里讲直道的人和你们这里不一样：父亲慈爱儿子，会掩藏他的隐私；儿子孝敬父亲，会掩藏他的隐私；这样，直道就在其中了。"

《韩非子·五蠹》载："楚有直躬，其父窃羊，而谒之吏。令尹曰：'杀之！'以为直于君而曲于父，报而罪之。"说的是，楚国有个叫直躬的人，他父亲偷了人家的羊，他便去见官告发。令尹说："杀掉他！"认为他忠于君而不孝于父，所以判了他死罪。

此事的另一种说法见于《吕氏春秋·当务篇》所载，楚国有一个名叫直躬的人，他父亲偷了羊，他向官府告发了。官府抓了他父亲，将予以处死。直躬要求代父亲受刑。临刑前，直躬说："我告发父亲窃羊，不是很诚实吗？像我这样又诚实又孝顺的人都要杀掉，那么全国还有不被杀掉的人吗？"楚王知道了此事，就不杀他了。孔子闻知此情节，就说："这直躬的诚实也太怪了！利用一个父亲一再为自己捞取名声。"所以，像直躬这样的诚实，还不如没有呢。

我师杨伯峻先生说："孔子的伦理哲学的基础就在于'孝'和'慈'，因之说父子相隐，直在其中。"

【引言】《论语》书中，向孔子问仁的有八人次之多，其中樊迟一人就占了三次。

13.19 樊迟问仁。子曰："居处恭，执事敬，与人忠；虽之夷狄，不可弃也。"

【通解】樊迟问老师怎么行仁。孔子说："日常生活中端庄自励，治事理政时严肃认真，与人相处时忠诚守信。即使到了少数民族地区，也不可不讲这些准则的。"

行仁并不复杂，无非坚持这些做人的准则罢了。

《荀子·议兵篇》云："凡百事之成也，必在敬之；其败也，必在慢之。"怠惰者必败。

唐代作家韩愈《赠太傅董公行状》曰："居处恭,无姜媵（yìng）,不饮酒,不谄（chǎn）笑,好（hào）恶（wù）无所偏。"这四项都是"居处恭"的表现。

樊迟三次向孔子问仁，孔子的回答各具特色。第一次孔子告诉他："遇到困难时走在前面，收获成果时走在后面，这是仁。"（见6.22）第二次，孔子告诉他："仁是对人的关心和爱护。"（12.22）这回第三次，孔子才进一步告诉他，要"居处恭，执事敬，与人忠"。前后三次回答，体现了孔子由浅入深、循循善诱的教育风采。

【引言】孔子的学生子贡，有辩才，曾从事外交工作，成效显著。他向老师提问时，常喜欢追根刨底。

13.20 子贡问曰："何如斯可谓之士矣？"子曰："行己有耻，使于四方，不辱君命，可谓士矣。"

曰："敢问其次。"曰："宗族称孝焉，乡党称弟（tì 悌）焉。"

曰："敢问其次。"曰："言必信，行必果；硁硁（kēng）然小人哉！抑亦可以为次矣。"

曰："今之从政者何如？"子曰："噫！斗筲（shāo）之人，何足算也。"

【通解】子贡问老师："怎样才可以称为士人呢？"孔子说："立身行事有羞恶之心，严于律己；出使到别国去，能胜利完成使命，可称为士人了。"

子贡问："次一等的呢？"孔子说："宗族本家称赞他孝敬父母，乡党邻里称赞他敬重兄长，这是次一等的士人了。"

子贡问："再次一等的呢？"孔子说："说话算数，行为坚决持久，是谨小慎微叮当响的小人物呢，不过也可以说是再次一等的士人了。"

子贡最后问老师："现在那些做官的人怎么样？"孔子叹息道："噫！那是些计量谷米的量器，只懂得繁文缛节，收取赋税，哪儿够得上什么士人哩。"

五个手指不可能一般齐，有差别才有世界。"斗筲之人"喻才识短浅，气量狭小之人。"斗"是容量单位，十升为一斗；"筲"是一种竹器，可盛一斗二升（有的仅盛一斗，有的仅盛五升）。

"行己有耻"是说要常用羞耻之心来约束自己的言行，也就是"平心而论"的意思。不管是"平心而论"的大白话，还是"行己有耻"的文雅词，都要求办事得凭良心，别为难别人，也别太委屈自己。

"言必信，行必果"得具体分析，不可一概而论。《孟子·离娄下》曰："大人者，言不必信，行不必果，唯义所在。"是说有德行的人，说话不一定句句守信，行为不一定事事贯彻，得与道义同在，依道义而行。

《谷梁传·僖（xī）公二十二年（公元前 648 年）》则认定："言之所以为言者，信也。言而不信，何以为言？"说的话之所以像一句话，是因为它真实。说话如果不真实，那叫什么话？谷梁氏的意思是，说话必须讲信用。

【引言】孔子虽说是有教无类，诲人不倦；但也不能不想到，人的资质是有差别的。办教育如此，交友也是如此。

13.21 子曰："不得中行而与之，必也狂狷（juàn）乎！狂者进取，狷者有所不为也。"

【通解】孔子兴办教育或与人交往，想多找一些合乎中庸之道的人，然而这不大可能。

孔子说："找不到合乎中庸之道的人来教育或交往，那也一定要找到一些狂妄或狷介的人吧！狂妄的人自高自大，纵情任性，但不乏进取之心；狷介者秉性耿直，安分守己，绝不肯同流合污的。"

孔子感到最难教育的是那种蔫蔫乎乎随大流的学生，最难交往的，是那种存心媚世、同乎流俗、合乎污世的乡愿之辈。

《孟子·尽心下》记载，孟子的学生问道："孔子在陈国说过：'何不回去呢？我那些学生志大而狂放，进取而不忘本。'孔子在陈国，为什么思念鲁国这些狂放之人呢？"孟子答道："孔子说过：'得不着中行之士与他相交，那一定只能结识狂放之人与狷介之士。狂放之人向前进取，狷介之士有所不为。'孔子难道不想中行之士吗？不可能一定得到，所以只想次一等的了。"

孟子进一步阐发孔子的思想，《孟子·离娄下》说："人有不为也，而后可以有为。"一个人一定有不肯做的事，然后才可以大有作为，说明了其中的辩证关系。

当代学者傅佩荣说："那我们交友也好，办教育也好，该怎么做呢？我认为，一定要从切近处做起，就是'狷者有所不为'。一个人活在世界上，所谓的受教育是什么意思呢？就是他能够知道某些事，不是我不能做，不是我不想做，而是我不屑于做。人受教育越多越不屑于做某些事。为什么？坚持格调。你要我走后门、贪污、拉关系，我不屑于做。这叫作狷者有所不为。孟子说得很清楚，有所不为者才能有所为。"

【引言】"路遥知马力，日久见人心。"一个人有无恒心，至关重要。

13.22 子曰："南人有言曰：'人而无恒，不可以作巫医。'善夫！"

"不恒其德，或承之羞。"子曰："不占（zhān）而已矣。"

【通解】孔子说："南方有人说：'一个人如果没有恒心，就不可以作巫医。'这话说得多好啊！"

《周易·恒卦》的爻（yáo）辞中说："没有恒心，三心二意，反复无常的德行，随时都会遭受到羞辱。"孔子认为："如此说来，一个没有恒心的人，不进行占卜也就罢了，因为反正是凶多吉少。"

《荀子·劝学篇》云："锲而舍之,朽木不折；锲而不舍,金石可镂。"用錾（zàn）刀刻两下就停下来，烂木头也刻不穿；用錾刀不停地刻，金属或石头也可以雕镂。

白日依山尽，黄河入海流。事贵有恒，学忌无终。故学而不厌，诲人不倦，持之以恒，为孔子一生成功的秘诀。

当代学者南怀瑾说："孔子引用南方人的一句话，认为这话非常对，是真理。为什么？任何人做事没有决心，没有恒心都做不成。常听人说中国功夫，什么是功夫？我说，方法加上时间，加上实验，就等于功夫。有方法，没有用时间练习，怎么会有功夫?任何一种功夫都要有恒。"

有道是，有毅力，有耐力，万般有望；无信心，无恒心，一事无成！

【引言】人心不同,各如其面。有不同看法,是正常的,怎样对待不同的看法,值得研究。

13.23 子曰："君子和而不同，小人同而不和。"

【通解】孔子说："君子与人交，如有不同看法，就会平心静气地和对方交流商榷，而不是简单地表示赞同；小人与人交，虽有不同看法，却仍然表示赞同对方的意见，而不想和对方有所交流。"

和五味可以适口，和六律可以悦耳。若以水加水，必淡而无味；雷外添雷，必不中听也。所以说，君子和谐而不千篇一律，不同而不互相冲突；小人苟同而并无真心实意，不同而各自怀有异心。

"和"是天地人间的最高境界。《礼记·中庸》说："喜怒哀乐的情绪尚未表现出来，叫作'中'；表现出来了，而且都合乎法度，叫作'和'。中是天下最为根本的道理。和是天下共同遵循的法则。达到了中和状态，天地便各安于位，万物便发育成长了。"

【引言】调查研究，不能只看表面现象，必须透过现象看本质。

13.24 子贡问曰："乡人皆好（hào）之，何如？"子曰："未可也。""乡人皆恶（wù）之，何如？"子曰："未可也。不如乡人之善者好之，其不善者恶之。"

【通解】子贡问老师："一乡之人都喜爱他，这个人怎么样？"孔子说："不可以肯定他好。"子贡又问道："一乡之人都厌恶他，这个人怎么样？"孔子说："也不可以就肯定他坏。不如一乡的正人都喜爱他，一乡的小人都厌恶他，这样的人，才是值得予以肯定的。"

异口同声，众口一词的话，不一定切合实际。孔子曾说过："唯仁者能好（hào）人，能恶（wù）人。"（见 4.3）只有那胸怀仁爱之心的人，才能够识别是非善恶，才能够发自内心地喜爱好人和厌恶坏人。所以"服从多数"是一条通则，但也不排除，真理有时在少数人手中。

《礼记·大学》所说倒是符合于"服从多数"的通则，说的是："民之所好，好之；民之所恶，恶之。此之谓民之父母。"犹言为官的，老百姓喜欢的，他也喜欢；老百姓厌恶的，他也厌恶。这里强调了为官的要顺从民意。

【引言】良莠（yǒu）不齐是常态，官员中有君子官，也有小人官。

13.25 子曰："君子易事而难说（yuè 悦）也。说之不以道，不说也；及其使人也，器之。小人难事而易说也。说之虽不以道，说也；及其使人也，求备焉。"

【通解】孔子说："事奉君子官很容易，但想让他愉悦却很难。若不用正常的方式去讨好他，他是不会高兴的；及至他给你分派任务时，就会量才使用，使你乐意接受。事奉小人官则很难，但想博得他愉悦却很容易。纵然不用正常的方式讨好他，他立刻就会高兴的；及至他给你分派任务时，却会贪大求全，或求全责备，使你无从下手。"

孔子为官时，下属感到事奉他很容易。《说苑·杂言二十八》引曾子曰："夫子见人之一善而忘其百非，是夫子之易事也。"孔子为官，多看下属的优点，下属都心情舒畅，感到彼此很容易相处。

【引言】普通人中，因居心不同，有君子，也有小人。

13.26 子曰："君子泰而不骄，小人骄而不泰。"

【通解】孔子说："君子心情舒坦，虚怀若谷，且从不骄傲，思想上没有负担；小人骄傲自大，外强中干，怕被人戳穿，因此心神不宁。"

清代学者李塨《论语传注》云："君子无众寡，无小大，无敢慢（善待一切人），何其舒泰,而安得骄？小人矜己傲物,惟恐失尊,何其骄侈,而安得泰？"

君子的内心存的是平和之气，他安详舒泰，是由内而外的自然流露；小人的内心有的是一股躁气，他故作姿态，气度上便少了一份安宁。

【引言】春秋末期，利口巧言盛行，欺世盗名者多，远离了仁爱之道。

13.27 子曰："刚、毅、木、讷（nè），近仁。"

【通解】孔子说："刚强不屈、果断不移、质朴无华、言语迟钝，这就接近了仁的境界。"

近代学者宦懋（mào）庸《论语稽》云："刚毅近于高明，木讷近于沉潜，虽各得一偏，然绝无取巧习气，故曰近仁。若夫巧言令色，与夫贪私鄙吝之为病，则去仁远矣。"

性格刚强有毅力，大智若愚少言语，这就接近于仁爱之道了。有一次司马牛向老师问什么是仁。孔子说："仁德之人说话时，多显得有些迟钝。"（见 12.3）言语迟钝乃仁者基本特征也。

【引言】古代在大夫与庶民之间有一个阶层叫"士"。子路最初的意愿是想成为"士"的一分子。

13.28 子路问曰："何如斯可谓之士矣？"子曰："切切偲偲（sī），怡怡如也，可谓士矣。朋友切切偲偲，兄弟怡怡。"

【通解】子路问老师："怎样才可以称为士人呢？"孔子说："与人相处，能相互切磋琢磨，长年融洽和悦，可称为士人了。像朋友之间那样相互切磋，相互劝勉，像兄弟之间那样和睦相处，其乐融融。"

"何如斯可谓之士矣？"同样的问题，子贡也曾向老师问过。孔子的答复是："行己有耻，使于四方，不辱君命，可谓士矣。"（见 13.20）立身行事有羞恶之心，严于律己；出使到别国去，能胜利完成使命，可称为士人了。

孔子对子贡与子路的答复，各异其趣。对子贡，孔子颇寄予厚望，希望他致力于远者大者；对子路，孔子则循循善诱，希望他从近处小处做起。此之谓因材施教。

"何如斯可谓之士矣？"同样的问题，鲁哀公也曾向孔子问过。《荀子·哀公篇》引孔子对曰："所谓士者，虽不能穷尽道术，必有所遵循；虽不能尽善尽美，必有所坚持。是故知识不务其多,务审其是否正确;言语不务其多,务审其是否恰当;行为不务其多,务审其是否谨慎妥帖。故知识既已掌握了,言语既已表述了,行为既已实践了,则如性命、肌肤之不可轻易改变一样。故富贵不足以增加他什么,卑贱也不足以减损他什么。如此则可谓之士矣。"面对国君的提问,孔子对"士"的内涵作了最全面的阐释。

【引言】春秋末教育人民,三年一考核,九年三考核;若情况特殊,则七年亦可。

13.29 子曰:"善人教民七年,亦可以即戎矣。"

【通解】孔子说:"让诚实而高尚的人来专门教育人民,教之以孝悌忠信之行,为国作战之事,历时七年,亦可以临阵作战了。"

孔子还说过:"善人为邦百年,亦可以胜残去杀矣。"(见 13.11)让诚实而高尚的人来安邦治国一百年,亦可以使残暴者不再残暴,因此死刑也可以取消了。这里说的是百年大计,所谓百年之计莫如树人也。

本章说:"善人教民七年,亦可以即戎矣。"说的是专业训练的最高期限,所谓观人须待七年期也。

宋代学者朱熹说:"教之以孝悌忠信之行,务农讲武之法。民知亲其上,死其长,故可以即戎(上阵)。"

【引言】教育和训练士兵是备战的首要条件。

13.30 曰:"以不教民战,是谓弃之。"

【通解】孔子主张,应该经常对百姓进行政治、生产、军事诸方面的教育,不应该中断。

所以孔子说:"让没有受过备战教育的百姓去打仗,这可以说是忍心抛弃了他们,让他们去送死。"

《春秋》僖公二十三年（前 637 年）："夏五月庚寅，宋公兹父卒。"宋襄公名兹父。《春秋谷梁传》载："兹父之不葬，何也？失民也。其失民何也？以其不教民战，则是弃师（抛弃了部队）也。为人君而弃其师，其民孰以为君（谁承认他是国君）哉？"宋襄公让未经训练的百姓上阵，吃了败仗，失去了民心。他死后，没有谁关心他的丧事。

《孟子·告子下》记载，鲁欲使慎子为将军。孟子曰："不教民而用之，谓之殃民。殃民者，不容于尧舜之世。"孟子认为：不先教导百姓，便用他们去打仗，这叫作让百姓无辜遭殃。让百姓无辜遭殃的人，在唐尧虞舜的时代，是不容许带兵打仗的。

孟子的想法与孔子完全一致。

宪问篇第十四（凡44章）

【引言】本篇主要是倡导自我修养以形成完美人格，使百姓受到实惠。

本章以"宪问"开头，原宪字子思，又称原思。仲宪，是孔子学生，后隐居于卫国。

14.1 宪问耻。子曰："邦有道，谷；邦无道，谷，耻也。"

"克、伐、怨、欲不行焉，可以为仁矣【乎】？"子曰："可以为难矣，仁则吾不知也。"

【通解】原宪问老师，怎样叫作可耻。孔子说："国君有道，政治清明，官员领受俸禄，却不能有所作为；国君无道，社会昏暗，官员领受俸禄，而不能洁身自好（hào），都是可耻的。"

原宪又问："如果好胜、自夸、怨恨、贪欲这四大毛病全都克服了，该可以算是个仁人了吧？"孔子说："这四大毛病都不犯，是难能可贵的。至于是不是仁人，那我就不知道了。"

清代学者阮元《论仁篇》说，克服了四大毛病，"此但能无损于人，未能立人达人（使人立业，使人发展），所以孔子不许为仁（不承认他是仁人）。"

孔子还说过："国家政治清明，就竭诚行道；国家政治昏暗,就避地隐居。国家政治清明，自己却贫穷卑贱，这是可耻的；国家社会昏暗，自己却富贵荣华，这也是可耻的。"（见 8.13）这与本章中孔子所说的"邦有道，谷；邦无道，谷，耻也"意思基本上一致。

【引言】安逸的生活是一般人的要求，读书人不当以此为满足。

14.2 子曰："士而怀居，不足以为士矣！"

【通解】孔子说："一个士人如果一心只怀念安逸的生活，就不够称为士人了。"

清代学者刘宝楠《论语正义》引吴英说："士初生时，设弧（弓）于门左，为将有事于四方（好男儿志在四方）也。膂力方刚，经营四方，士之志也。若系恋所居，乃偷安而无意人世者，故孔子警之。"对人类世界不感兴趣的人，为孔子所不齿。

鲁迅也说过："一个人生活过于讲究，工作就被生活所误了。"

孔子还说过："一个读书人立志追求真理，却认为穿得破旧，吃得粗劣是可耻的事，这样的人，不值得同他议论什么了。"（见 4.9）这里说："士而怀居，不足以为士矣。"前后的思想是一贯的，仅说法不同而已。

士的本质，在于学而不厌。有道是，士要成功须定力，学无止境在虚心。

【引言】有些事说法可以不同，但原则不能走样，行为不可以妥协。

14.3 子曰："邦有道，危言危行；邦无道，危行言孙（xùn 逊）。"

【通解】孔子说："国君有道，政治清明之时，臣子可以发高远之论，行高远之事；国君无道，社会昏暗之时，臣子仍当行高远之事，但言论可委婉谦和一些。"

爱国民主人士沈钧儒倡导："主张坚决，态度和平。"说的正是这个意思。

《礼记·中庸》曰："国有道，其言足以兴；国无道，其默足以容。"是说在国家政治清明之时，臣子们发表意见，足以使国家振兴；当国家政治昏暗之时，臣子们保持沉默，足以使自己安全。

【引言】有些事可以顺讲，而不可以逆推。

14.4 子曰："有德者必有言，有言者不必有德。仁者必有勇，勇

者不必有仁。"

【通解】孔子说："有道德的人自然会说出含义深刻的言语,但能说出深刻言语的人不一定就有道德。有爱心的人自然会有勇气,但有勇气的人不一定有仁心。"

宋代学者朱熹说："有德者和顺积中,英华发外;能言者或便佞（pián nìng 花言巧语）口给（口齿伶俐）而已。仁者心无私累,见义必为;勇者或血气之强而已。"

我师杨伯峻先生说："依照孔子的意思,'仁德'是一切道德品质的基础,是一切优秀作风和优良表现的不可竭尽的泉源。因之,有了'仁德',便有了一切。"

【引言】南宫适（kuò 括）字子容,亦称南容,是孔子学生。

14.5 南宫适（kuò）问于孔子曰："羿（yì）善射,奡（ào）荡舟,俱不得其死然。禹、稷躬稼而有天下。"夫子不答。
南宫适出,子曰："君子哉若人! 尚德哉若人!"

【通解】南宫括问老师道："后羿善射箭,取代夏政后,重用贵族寒浞（zhuó）,不修民事,好狩猎,被寒浞利用家奴逄蒙将他杀死。寒浞之子名奡,奡多力,能陆地行舟,往来冲决,后被夏中兴之主少康所杀。禹尽力于沟洫（xù）,治平洪水,被舜选为接位人,舜去世后,禹即位,建立夏代,号曰夏后,子孙且续有天下。周族始祖后稷善于种植各种谷类,舜时主管农事,稷之后一千年至周武王,建立周王朝,持续拥有天下。对以上史实,老师有何看法?"孔子默然,不予回答。

南宫括退出后,孔子对其他弟子说："此人是一个君子人呀,是一个崇尚道德之人哪。"

在此以前孔子就很赞赏南容:在政治清明之时,能干些事情;在政治昏暗时,可免于刑戮。(见5.2)另有多次,孔子曾听到南容经常反复背诵"白圭之玷（diàn）,尚可磨也;斯言之玷,不可为也"的诗句,以提醒自己说话务须谨严,行为务须慎重。孔子又极为赞赏,便将亡兄之女嫁与他为妻。(见11.6)

宋代学者朱熹说："南宫括之意,是将羿、奡比当世之有权力者,而以禹、稷比孔子也。故孔子不答。然南宫括之言如此，可谓君子之人，具有尚德之心矣。故孔子俟其出而赞美之。"

【引言】谁具有仁爱之心，不取决于他地位高低。

14.6 子曰："君子而不仁者有矣夫，未有小人而仁者也。"

【通解】孔子说："君子中缺乏爱心的人是有的啊，没见过小人中也会有具备爱心的人呢。"

历代史实表明，官员中缺乏仁爱之心的人是有的，百姓中富于仁爱之心的人并不少。

我师杨伯峻先生说："这里的'君子''小人'的含义不大清楚。'君子''小人'若指有德者、无德者而言，则第二句可以不说；看来，这里似乎是指在位者和老百姓而言。"

孔子曾说过："君子若舍去仁德而追求富贵，还能成其为一名君子吗？君子不曾有一顿饭的功夫背离仁德，仓促忙碌时，他践行仁德；颠沛流离中，践行的还是仁德。"（见4.5）由此可知，此"君子"与本章里的"君子"不是一个概念。

【引言】儒家主张，要从实际帮助人，使之受到实实在在的好处。

14.7 子曰："爱之，能勿劳乎？忠焉，能勿诲乎？"

【通解】孔子说："爱一个人，能不让他劳苦一些吗？真正忠于他，能不有所规劝吗？"

《孟子·滕文公上》云："分人以财谓之惠，教人以善谓之忠。"

宋代学者朱熹引苏氏曰："爱而勿劳，禽犊（鸟兽）之爱也；忠而勿诲，妇寺（侍妾）之忠也。爱而知劳之，则其为爱也深矣；忠而知诲之，则其为忠也大矣。"

【引言】外交方面的文书，每条每款都必须十分慎重，考虑周详，字斟句酌，文笔精到，点水不漏，方可免于日后的争执。

14.8 子曰："为命，裨谌（pí chén）草创之，世叔讨论之，行人子羽修饰之，东里子产润色之。"

【通解】春秋时郑国是个小国，很注意出使诸侯之事。凡外交文书，必经多人之手，以求妥帖，故鲜有失败者。孔子很赞赏这种做法。

孔子说："郑国制作外交文书或辞令，先由大夫裨谌写出初稿，再由大夫世叔（即子本叔，名游吉）审阅并提出意见，然后由外交人员子羽（名公孙挥）作必要的修改，最后由政治家东里（今河南郑州）人子产（名公孙侨）从修辞角度加以润色，使之准确而完美。"

宋代学者朱熹曰："郑国之为辞命，必经此四贤之手而成，详审精密，各尽所长。是以应对诸侯，鲜有败事。孔子言此，盖善之也。"

现代学者南怀瑾说："这段话的意思是说，郑国在那么混乱的时代，始终人才济济，发出来的文告，有那么慎重，经过几个大手笔的考虑才拿出来。这是孔子告诉从政的学生，一个从政的人，一下笔乃至写一个条子都要当心，尤其是有关政治大问题的决定，一写下去，就在历史上留下一个模子，不能草率。"

【引言】春秋时郑国的执政子产以宽厚为主，以爱民为本。

14.9 或问子产。子曰："惠人也。"
问子西。曰："彼哉彼哉！"
问管仲。曰："人也，夺伯氏骈邑三百，饭疏【蔬】食，没（mò）齿无怨言。"

【通解】有人问孔子，对子产有何看法。孔子说："是一个施惠于民的人。"

子产的同宗兄弟子西，在子产之先任郑国执政。谈到子西时，有人问孔子有何看法。孔子说："他这个人哪！他这个人哪！"表示不值得一说。

齐国的卿相管仲在齐进行改革，确立人才选拔制度，发展生产，国力富强，使齐桓公成为春秋第一个霸主。谈到管仲时，有人问孔子有何看法。孔子说："他是个真正的人。他依法褫（chǐ）夺了齐大夫伯氏在骈（pián）邑——今山东临朐（qú）一带的三百户封地。伯氏生活因此下降到粗饭蔬食，但一直到老都没有怨言。"

郑子产宽厚爱民，民众的感受极深。《说苑·贵德》载："郑子产死，郑人尽哀，丈夫摘除了玦佩不带，妇人卸下了珠珥不戴，夫妇痛哭于街巷，三个月不闻吹竽奏瑟之声。"

齐管仲辅佐桓公，享有极高的威望。《荀子·仲尼篇》记载，齐桓公在仓促之间就看出管仲可托付以国家重任。他尊管仲为"仲父"，贵族们谁都不敢嫉妒；给予管仲以最高权位，朝臣们谁都不敢憎恨；给予管仲以三百社的封地，富人们谁都不敢抗拒；全国的贵贱、长幼，都秩然有序地随从桓公去尊崇管仲。

【引言】贫富是社会现象，于此可以察民心。

14.10 子曰："贫而无怨难,富而无骄易。"

【通解】孔子说："贫穷而没有怨恨，是很难做到的；富裕而不事骄傲，是容易做到的。"

宋人郑汝谐《论语意原》曰："察天下之贫者，万中无一二无怨；观天下之富者，十中有二三无骄。以此推之,足以知无怨为难,无骄为易也。"此比例不知何据？姑录以备考。

孔子曾说过："贫穷而不巴结人，比不上安贫乐道的更好；富裕而不骄傲者，比不上富而好礼的为佳。"（见 1.15）因此可以说，贫而无怨难，贫而乐道更难；富而无骄易，富而好礼却不那么容易了。

春秋时齐国卿相晏婴是贫而无怨的典型。《晏子春秋·内篇杂下》晏子任齐相三年,政和民悦。有一次，大夫梁丘据见晏子午餐时肉食很少，就去告诉齐景公。第二天，景公划出一块地封给晏子。晏子不肯接受，说："富而无骄者，我没听说过；贫而不恨者，我就是一个。我贫而无恨，是因为我以善德为师。如今封给我土地，等于把老师给换了。善德之师削弱了，封赏之恩加重了，请允许我辞去这封赏。"

【引言】鲁国大夫孟公绰（chuò）廉静寡欲，风致翩翩，领导才能较强而治事能力较弱。

14.11 子曰："孟公绰为赵、魏老则优，不可以为滕、薛大夫【也】。"

【通解】赵、魏两家是晋国的卿，地位显赫，门庭兴盛而贤士如云。滕、薛是鲁国南边的两个小国，麻雀虽小而五脏俱全。

所以孔子说："如果让孟公绰担任赵、魏两家的家臣总管，那是游刃有余的；如果让他担任滕、薛两国的行政官员，那就难于胜任了。"

孔子的意思是说，用人宜用其所长而避其所短。

孟公绰与孔子是同时代人。《史记·仲尼弟子列传》载："孔子所礼敬的人，在周，是老子；在卫，是蘧（qú）伯玉；在齐，是晏平仲；在楚，是老莱子；在郑，是子产；在鲁，是孟公绰。"

【引言】有道是，"金无足赤，人无完人"。但是，仍不妨研究一下，怎样才算是个完美的人？

14.12 子路问成人。子曰："若臧武仲之知【智】，公绰之不欲，卞庄子之勇，冉求之艺，文之以礼乐，亦可以为成人矣！"

曰："今之成人者何必然？见利思义，见危授命，久要不忘平生之言，亦可以为成人矣。"

【通解】子路问老师，怎样才能成为一个人格完美的人。孔子说："像鲁大夫臧武仲那样足智多谋，像鲁大夫孟公绰那样廉静寡欲，像卞邑大夫卞庄子那样敢于刺虎，像冉求那样多才多艺，再加上礼乐彬彬的文化气质，也就可以成为一个人格完美的人了。"

子路没有吭声，似乎有些为难。

孔子接着说："现在的人格完美的人何必都这样呢？只要能做到：财利当前，总是先想到，它是否合乎道义；危难当头，立刻就想到，自己必挺身而出；穷困连年，经常想的是，生平许下的诺言。能做到这些，也就可以成为一个人格完美的人了。"

关于完美的人格，孔子提出了两个标准，一个是从严的标准，一个是从宽的标准。从严的标准，须足智多谋，廉静寡欲，敢于刺虎，复多才多艺，加之以文质彬彬才行。从宽的标准，只要能智者不惑，勇者不惧，仁者不忧就可以了。后者是为了宽慰子路而说的，也适合于一般人。

另外，孔子还有一个极高的标准。《说苑·辨物篇》记载，颜渊问孔子，怎样才算是一个人格完美的人？孔子说："达到了性情的高度，了然于事物的变化，能知晓明暗的缘由，洞察那太空的原貌，这样才算得上是一个人格完美的人呢。既懂得自然规律，又加上仁义礼乐，这才真正是一个完美的人格。至于通神入化，那可是最高之德了。"

此标准有谁能达标呢？阳春白雪，也只是说说罢了。

【引言】春秋时卫国大夫公孙发形端表正，死后被谥为"贞惠文子"，通称为"公叔文子"。

14.13 子问公叔文子于公明贾曰："信乎，夫子不言，不笑，不取乎？"

公明贾对曰："以告者过也。夫子时然后言，人不厌其言；乐然后笑，人不厌其笑；义然后取，人不厌其取。"

子曰："其然，岂其然乎？"

【通解】春秋时卫国大夫公孙发曾在卫国饥荒时施粥于民，于卫国有难时护卫了国君，在卫国听政时与四邻建交修好。公孙发死后，人们说他很内向。

孔子向卫国人公明贾问到公叔文子的事情，说："是真的吗，他老人家在生时不怎么说话，不怎么笑，也不怎么想获取，是真的吗？"

公明贾回答道："这是传闻过头了。他老人家生前是：切合时宜才说话，人不厌烦他说话；特别快乐时才笑，人不厌烦他的笑；该获取时就获取，人不厌恶他获取。"

孔子说："原来是这样，难道真是这样的吗？"

孔子不轻易许人，亦不遽尔否定人。在这里，他采取了保留的态度。

《礼记·檀弓上》记载，卫国大夫公叔文子登上瑕丘，卫国贤大夫蘧（qú）伯玉同他在一起。文子说："这瑕丘多美呀，我死后葬在这里。"蘧伯玉说："你喜欢此处，那我先告辞，少陪了。"

这说明蘧伯玉对他存在反感，故就此告别。

《礼记·檀弓下》记载，公叔文子死，其子戍（shù）向卫灵公请求道："下葬的日子已经定了，请根据他生平事迹，赐给他一个谥号。"卫灵公答道："从前卫国闹饥荒，他施粥给饿人吃，是一种恩惠；从前卫国有急难，他誓死保卫了寡人，是一种忠贞；他在卫国听政，整顿了官爵位次，与四邻交往修好，保住了卫国社稷，是一种文德。所以，可以给他一个'贞惠文子'的谥号。"

这说明卫灵公对他很赞赏，故赐予美谥。尽管如此，孔子仍将信将疑。孔子更相信蘧伯玉的观感。

【引言】春秋时鲁国大夫臧武仲将奔赴齐国之际，向鲁哀公提出了一个要求。

14.14 子曰："臧武仲以防求为后于鲁，虽曰不要（yāo）君，吾不信也。"

【通解】春秋时鲁国大夫臧孙纥（hé），字武仲。防地（位于齐、鲁边境）是他受封的采邑。他后来转到了齐国，临行前提出了自己的想法。

孔子说："臧武仲要求鲁哀公在防地立他儿子为日后的继承人，如果说，他没有要挟国君之意，我是不相信的。"

"要挟国君之意"指的是，你如果同意在防地为我立后便罢（我将单身赴齐）；如果不同意，我可以和防地一起归属于齐国。

后来，臧武仲终于逃亡到了齐国。

《左传·哀公二十三年》引用孔子的话说，聪明是很难做到的啊！有了臧武仲的聪明，而不能为鲁国容纳，这是有原因的，因为其所作所为不顺于事理，亦不合乎恕道。《夏书》说："念兹在兹。"一心想着此事，一心在乎此事，这就是要顺于事理而合于恕道之意。

【引言】春秋时，齐国在今山东北部及附近一带，晋国在今山西及附近一带。公元前7世纪，齐桓公成为春秋第一号霸主，晋文公成为春秋第二号霸主。

14.15 子曰："晋文公谲（jué）而不正，齐桓公正而不谲。"

【通解】孔子评价他们说："晋文公惯于用权谋诡计而不用正规手段，齐桓公惯于用正规手段而不用权谋诡计。"

宋代学者朱熹云："晋文公名重耳，齐桓公名小白。二公皆诸侯盟主，攘除夷狄以尊崇周朝者也。虽其以力假仁，心皆不正。然桓公伐楚，仗义执言，不由诡道，犹为善也。文公则伐卫而致楚，以阴谋取胜，其谲谋甚矣。二君其他事亦类于此，故孔子言之以揭发其隐。"

朱熹对齐桓、晋文的看法，与孔子大同而小异。朱熹认为齐桓晋文都有不正的一面，孔子没有这么说。

【引言】春秋时齐桓公在管仲的襄助下，成了第一个霸主。子路对管仲之功颇不以为然。

14.16 子路曰："桓公杀公子纠，召忽死之，管仲不死。"曰："未仁乎？"

子曰："桓公九合诸侯，不以兵车，管仲之力也。如其仁，如其仁。"

【通解】春秋时，齐襄公无道。为免受牵连，他的一个弟弟小白，由鲍叔牙侍奉逃往莒（jǔ）国；另一个弟弟公子纠，由管仲和召忽侍奉逃往鲁国。齐襄公被杀以后，小白先入齐国继位，是为齐桓公。桓公伐鲁。迫使鲁人杀了公子纠，召忽因而自杀。管仲由鲍叔牙推荐，回国辅佐齐桓公成为霸主。

子路说："齐桓公使其兄公子纠被鲁人所杀，召忽自杀而死，管仲却活了下来。"子路问老师："管仲他够不上仁吧？"

孔子说："齐桓公多次召集诸侯主持盟会，免于以兵戎相见，赢得了四十年的和平，那是管仲之力呀。能做到这样就是他的仁，能做到这样就是他的仁了。"

宋代学者朱熹说，小白使鲁杀公子纠而请管仲、召忽。召忽死之，管仲请囚。鲍叔牙言于桓公，以管仲为相。子路疑管仲忘君事仇，忍心害理，不得为仁也。孔子曰："如其仁，如其仁。"言有谁如其仁者，又再言以深许之。盖管仲虽未得为仁人，而其恩泽及人，则有仁之功矣。

朱熹的意思是说，从动机来看，管仲未必有仁之德，而从效果来看，则确乎有仁之功者也。

【引言】春秋齐桓公之时，管仲功冠天下，子路不理解，子贡亦不以为然。

14.17 子贡曰："管仲非仁者与（yú）？桓公杀公子纠，不能死，又相（xiàng）之。"

子曰："管仲相桓公，霸诸侯，一匡天下，民到于今受其赐。微管仲，吾其被（披）发左衽（rèn）矣。岂若匹夫匹妇之为谅也，自经于沟渎，而莫之知也？"

【通解】子贡问老师："管仲算不上是个仁者吧？齐桓公使公子纠被杀，管仲不以死相报，反而去辅佐桓公。"

孔子说："管仲辅佐齐桓公，成就了霸业，一匡天下，万里同风，老百姓至今仍受着他的恩惠。要不是管仲之力，我们这些人都已经成为披头散发前襟左掩的少数民族之士了。难道说要像一般人那样自闭，守着小节小信，悄悄吊死在沟渠之侧，任谁也不知道他，才算是仁吗？"

司马迁忍辱负重，是为了"究天人之际，通古今之变，成一家之言。"他的《史记》，乃蔼然仁者之言也。

《庄子·盗跖篇》记载："尾生与女子期于梁下。女子不来，水至不去，抱梁柱而死。"是说小伙子与心爱的姑娘约定在桥头相会。可是姑娘没有来，洪水却来了。小伙子坚守信用，不肯离去，结果抱定了桥柱而死。

如此的小节小信，坚守了有何意义！

现代作家鲁迅在《论秦理斋夫人事》中慨叹道："穷乡僻壤或都会中，孤儿寡母，贫女劳人之顺命而死，或虽然抗命，而终于不得不死者何限，但曾经上谁的口，动谁的心呢？真是'自经于沟渎而莫之知也'！"

上海《申报》馆译员秦理斋之妻龚尹霞。在 1934 年 2 月 25 日秦理斋病逝后，因受到秦家的压力，于 5 月 5 日和女儿希苏、儿子端、珏一同服毒自杀。她死后，反而受到社会的指责。故鲁迅愤而著文，对一切自杀者寄予同情，但亦仅同情而已。

要之，孔子从来不主张，为小节小信而付出生命。

【引言】公叔文子在孔子心目中不是很感兴趣的，孔子与他保持着一定距离。

14.18 公叔文子之臣大夫僎（zhuàn）与文子同升诸公。
子闻之。曰："可以为'文'矣。"

【通解】大夫僎是卫国大夫公叔文子的家臣，公叔文子推荐他与自己并列，一同升迁为卫灵公的大臣、近臣。

孔子听说了这件事，说："公叔文子死后可以谥为'文'了。"

《礼记·檀弓下》记载，公叔文子死后，他的儿子戍请卫灵公赐给他一个谥号。卫灵公说："夫子曾施粥于民，卫护了国君，听卫国之政，修其班制（整顿官位），以与四邻交，使卫国之社稷（土谷神）不辱（有光彩），不亦'文'乎？"于是谥他为"贞惠文子"。

宋代学者朱熹曰："谓荐其家臣与自己同进为朝廷之臣也。'文'者，顺理成章之谓。"

【引言】孔子周游列国十四年，先后在卫国居留达四次之多，所以对卫国格外熟悉。

14.19 子言卫灵公之无道也，康子曰："夫如是，奚而不丧？"孔子曰："仲叔圉（yǔ）治宾客，祝鮀（tuó）治宗庙，王孙贾治军旅。夫如是，奚其丧？"

【通解】孔子与人谈到卫灵公昏庸无道之事，鲁国正卿季康子说道："像这样，何以尚未垮台呢？"孔子说："他有三位贤大夫襄助。仲叔圉帮他应付宾客，祝鮀帮他操作宗庙祭祀，王孙贾帮他统帅三军。像这样，何以就会垮台呢？"

卫灵公于公元前534年—公元前493年在位，凡四十有二年。

宋代学者朱熹曰："三人皆卫臣，虽未必贤，而其才可用。灵公用之，又各当其才。"卫灵公无道当垮台，而能用此三人，故足以保位保国也。

【引言】言行一致是一种美德，言与行的关系值得研究。

14.20 子曰："其言之不怍（zuò），则为之也难！"

【通解】孔子说："如果一个人夸夸其谈，大言不惭，那么实行起来可就困难了。"

《老子》第六十三章云："夫轻诺必寡信，多易必多难。"轻易许下的诺言，很少能够兑现的；把事情看得很容易，实行起来就难了。

大言不惭者，往往不能做实事。因其出发点不诚，不诚则胸中无物，内心没法不空虚。不实事求是，言行不一致，什么事也做不成。

【引言】春秋时齐国大臣陈恒，也作陈常，亦称陈成子或田成子（"成"是他的谥号）。

  14.21 陈成子弑简公。孔子沐浴而朝，告于哀公曰："陈恒弑其君，请讨之。"公曰："告夫三子。"

  孔子曰："以吾从大夫之后，不敢不告也。君曰'告夫三子'者。"

  之三子告，不可。孔子曰："以吾从大夫子后，不敢不告也。"

【通解】齐简公时，使陈恒与监止为左右相，而重用监止。简公四年（公元前 481 年），陈恒攻杀监止。简公逃到舒州（今山东滕县西南），被他追捕后杀死。

  齐相陈成子杀害了国君齐简公。孔子感到震惊，虽然他已经不担任大夫，却仍郑重其事地沐浴斋戒后上朝，禀告鲁哀公道："陈恒杀死其国君，请考虑发兵去讨伐他。"哀公道："去转告那三家好了。"

  孔子回来对弟子说："只因为我曾经忝在大夫之列，不敢不禀告国君。国君却说是'去转告那三家好了'。"

  那三家是指季孙、孟孙、叔孙三权臣之家，他们秉持着鲁国的权柄。孔子走遍了三家转告以此事，他们不同意出兵。孔子回来跟弟子说："只因为我曾经忝在大夫之列，不敢不转告他们哪。"

  孔子的主导思想是，此事点到为止，不必坚持，以免自取其辱。

  孔子只是行其所当行，至于谁也不听他的话，早在预料之中了。

  《左传哀公十四年（公元前 481 年）》记载，六月初五日，齐国的陈恒在舒州杀了齐简公。孔子斋戒三天，请求攻打齐国。鲁哀公说："鲁国被齐国削弱已久，您说去讨伐他们，打算怎么办？"孔子回答说："陈恒杀死他们的国君，百姓有一半并不亲附他；以鲁国的全部群众加上齐国那一半群众，是可以战胜陈恒的。"哀公说："您告诉季孙他们去吧！"

由此可知，孔子建议去讨伐陈恒，既有此必要，也有此可能。惜乎鲁哀公听不进，三家也不愿听，孔子亦别无他法。

【引言】子路是孔门政事科的优等生，须知晓怎样侍奉国君。

14.22 子路问事君。子曰："勿欺也，而犯之。"

【通解】子路问老师，该怎样侍奉国君。孔子说："不要隐瞒、欺骗他，但可以犯颜直谏规劝他。"

《礼记·檀弓上》云："事君有犯而无隐。"侍奉国君，可以犯颜直谏，而不要有所隐瞒。

宋代学者朱熹引范氏曰："犯颜直谏非子路之所难也，而以不欺为难，故孔子教以先勿欺而后犯颜也。"

【引言】君子与小人的区别，主要在于其世界观不同。

14.23 子曰："君子上达，小人下达。"

【通解】孔子说："君子思路恢宏，志存高远，以达于仁义；小人只看眼前，不见其道，唯达于钱财。"

明代学者焦竑（hóng）《焦氏笔乘》曰，形而上者谓之道（精神），形而下者谓之器（物质）。君子见性（性格），故不得"有"，但见其道，而不见其器。小人执相（形象），故不得"无"，但见其器，而不见其道。

君子但见其道，道也就是"天命"，也就是客观规律。孔子说他自己"三十而立，四十而不惑，五十而知天命"（见2.4），正就是"君子上达"的一个漫长历程。

【引言】学习是为了什么？可以有不同答案。

14.24 子曰："古之学者为己，今之学者为人。"

【通解】孔子说："古时的学者，其目的在于提高自己的素质；今时的学者，其目的在于装点门面给人看。"

其实，凡严肃认真的学者，既能够提高自己的素质，也可以使别人受到教育，二者可并行不悖，实相辅而相成。"装点门面给人看"，当极力避免。

孔子曾告诫子夏："你要成为一个君子儒，任重而道远；不要成为一个小人儒，心胸不开朗。"（见 6.13）任重道远，故必须把自己这块料打造成材；心胸不开朗，故一心只想到装饰装点门面给人看。

俄国作家托尔斯泰说："人类生活的改变不在于外部形式的改变，而只能在于每个人的自我完善。"为了能不断完善自我，须坚持为己之学。

【引言】孔子周游列国，在卫国有一段时间曾住在蘧伯玉家中。蘧伯玉是孔子所景仰的人之一。

14.25 蘧（qú）伯玉使人于孔子。孔子与之坐而问焉，曰："夫子何为？"对曰："夫子欲寡其过而未能也。"

使者出。子曰："使乎！使乎！"

【通解】卫大夫蘧伯玉修身律己，经常自剖其过失，不断改正。《淮南子·原道训》说他"年五十而有四十九年非"。

蘧伯玉派使者去拜访孔子。孔子招呼他坐下来谈，问道："他老先生最近一段时间，都做了一些什么？"使者回答道："老先生一直想减少自己的过失，却还没有做到呢。"

使者离开后，孔子跟弟子们说："多好的使者啊！多好的使者啊！"

爱屋及乌，孔子赞赏蘧伯玉，所以也赞赏他的使者。

《庄子·则阳》曰："蘧伯玉行年六十，而六十年与时俱进。他早年认为是对的，后来又认为是错的；他觉得现在认为是对的，正仿佛在五十九岁以前都曾经认为是错的呢。"

【引言】一个萝卜一个坑，各人各有自身的任务得完成。

14.26 子曰："不在其位，不谋其政。"
曾子曰："君子思不出其位。"

【通解】孔子说："不在那个职位上，就不去谋划那个职位上的事。"也就是不种那边的田，就不问那边水的意思。

曾子说："君子思虑谋划，不超越自己的职责范围。"

《周易·艮（gèn）卦》象辞上说："兼山，艮，君子以思不出其位。"两山并立，是艮的象征，君子领会此现象，因而其思虑、思索，不超出他的职位。

孔子早说过："不在其位，不谋其政。"（见 8.14）本章再一次强调，是为了突出曾子的话。曾子的话，是对孔子的话的发挥。

曾子着重于个人修养，"君子思不出其位"得从自己做起。如果思而出其位，则可能出问题。唐元和十年（公元 815 年）六月，宰相武元衡主持平定藩镇的叛乱，平卢节度使统帅李师道派人刺杀了他。诗人白居易时任赞善大夫，并不是谏官，却首先上疏唐宪宗进谏，请求急捕凶手，以雪国耻。权贵们因此谗害于他，说他不是谏官而越职言事，说他平日多浮华无度。结果白居易被贬为江州司马（州的佐官，一个闲职）。

"不在其位，不谋其政"；在其位，即可谋其政。邓小平 1961 年 11 月在一次讲话中说："有许多新生力量，能力未得到很好发挥。好多大学毕业生，工作了几年还当见习技术员，为什么不能大胆提拔当工程师？留学生回来后，使用得又怎样？我们再没有钱，也要把这批人提上来。不在其位，不谋其政嘛。把年轻人提起来，放到重要岗位，管的业务宽了，见识就广了，就能更好地发挥作用。"

【引言】言行一致不一致，不是一个小问题。

14.27 子曰："君子耻其言而【之】过其行。"

【通解】孔子说："君子觉得可耻的是言过其实，自己的言语多于自己的行为。"

汉代学者王符《潜夫论·交际》云："是故孔子疾夫言之过其行者。"孔子憎恶那种说得到做不到的人。

我们若以"言过其行"为可耻，就应该说话时想到以后将怎么实行，行事时想到原来是怎么说的；或者先把要说的话实行了，然后正式把话说出去。若能够这样，始不愧为一个笃实敦厚的君子。

听其言而观其行，君子的品质主要体现在行为举止上，而不是在言语上。

孔子曾说过："古者言之不出，耻躬之不逮（dài）也。"（见4.22）古人有话从不随便说出来，自己行动跟不上会觉得可耻。

【引言】怎样才能成为一个君子？说起来也不是很难。

14.28 子曰："君子道者三，我无能焉：仁者不忧，知【智】者不惑，勇者不惧。"子贡曰："夫子自道也。"

【通解】孔子说："君子从三个方面进行修养，我没有能够做到：道德高尚的人不忧虑，通情达理的人不迷惑，英勇无前的人不畏惧。"子贡怕别人不理解老师的话，于是说："这是老师在说他自己正是这样做的呢。"

孔子原先说的是："知【智】者不惑，仁者不忧，勇者不惧。"（见9.29）现在把"仁者不忧"提到了前面，可能是对君子之道而言；既然"仁以为己任"（见8.7），故当以仁为本也。

曾子说："社会人士不可以没有担当，不可以没有毅力，他责任重大且路程遥远哪。以践行仁爱为己任，责任不是很重吗？坚持一辈子不停留，路程不是很遥远吗？"（见8.7）这就是仁者的博大胸怀，内心有无比的坚强宽厚。

【引言】责人先须责己，正己始能正人。

14.29 子贡方人。子曰："赐也，贤乎哉？夫我则不暇！"

【通解】端木赐字子贡,平时喜欢议论人。孔子说:"赐呀,你就那么贤德吗? 我可没有那种闲暇去议论别人的短长。"

《尸子·恕》云:"射不善而欲教人,人不学也;行不修而欲谈人,人不听也。"射技不高却要来教别人,谁都不会向他学;品德不高却爱指责人,谁都不会听从的。

南朝梁周兴嗣《千字文》曰:"罔谈彼短,靡恃己长。"不要谈论人家的短板,切勿炫耀自己的长项。

明末清初学者黄宗羲《明儒学案》引吴康斋云:"日夜痛自检点且不暇,岂有暇检点他人? 责人密,自治疏矣,可不戒哉!"责人严,自己就放松了,值得警戒呀!

孔子的意思是说,喜欢议论别人的短长,似乎是人之常情,但我们应该关注的是自己的长短。有道是,静坐常思己过,闲谈莫论人非。

《孟子·离娄下》曰:"言人之不善,当如后患何? "宣扬别人怎么怎么坏,后患来了,该怎么办呢?

《新约·马太福音·第七章》说:"你们不要论断人,免得你们被论断。因为你们怎样论断人,也必怎样被论断。你们用什么量器量给人,别人也必用什么量器量给你们。为什么看见你弟兄眼中有刺,却不想自己眼中有梁木呢? 你自己眼中有梁木,怎样对你弟兄说'容我去掉你眼中的刺'呢?"

【引言】人家不了解你,你该怎么办呢?

14.30 子曰:"不患人之不己知,患其不能也。"

【通解】孔子说:"不担心人家不了解我,只担心自己无能,值不得人家了解哩。"

能不能在己,知不知在人。在人者,我无法预料;在己者,当自强不息也。

孔子还说过:"不患莫己知,求为可知也。"(见 4.14)不担心没有人了解我,但求不断地提高自己,值得让别人了解。这里又说:"不患人之不己知,患其不能也。"可见不断地提高自己,务必落实到能力上,才是真本领。

人家不了解你，你了解自己吗？了解自己是关键，不了解自己，就没法前进一步！

【引言】严于律己，宽以待人，乃君子之风。

14.31 子曰："不逆诈，不亿【臆】不信。抑亦先觉者，是贤乎！"

【通解】孔子说："不预料别人有欺诈，不臆测别人不守信，却能在事先憬然有所察觉的，这够得上是一位贤人了！"

《大戴礼·曾子立事篇》云："君子不先人以恶，不疑人以不信。"不先把人看死了，不怀疑别人不守信，这才是君子之风。

贤者有所察觉到别人有欺诈之意或可能不守信，却不先行说破他，这是一种厚道之风。古希腊哲人苏格拉底说："假如你可能做一个施害者，也可能成为一个受害者，你选择哪一种呢？"苏格拉底愿意选择后者，宁可是个受害者，而决不做施害者，否则，生命的意义何在呢？

【引言】有一位鲁国隐士姓微生名亩的，对孔子的行踪有些看不惯。

14.32 微生亩谓孔子曰："丘何为是栖栖（xī）者与（yú 欤）？无乃为佞（nìng）乎？"孔子曰："非敢为佞也，疾固也。"

【通解】隐者微生亩对孔子说："孔丘你为什么这样老是到处游说（shuì）不得安定呢？跑来跑去的，难道不是为了要表现你的口才吗？"孔子说："我不敢要表现什么口才，只是憎恶有些人太狭隘固执了，不得不说他们几句啊。"

班固《汉书·叙传上》云："是以圣哲之治，栖栖遑遑，孔席不暖，墨突不黔。"是说孔子席不暇暖，墨子烟囱无烟，因他们长年奔走各地，难于在一处安居下来。语气是肯定的，并不以为他们是在逗口才。

孔子从来就厌恶能言善辩逞口才的人。有人说冉雍有仁爱之心，但不是那么能言善辩。孔子反驳道："能言善辩有什么用？与人接触时滔滔不绝，往往会授人以柄，常常会招人厌烦。我不知道他是否达到了仁的标准，能言善辩有什么用呢？"（见 5.5）

微生亩问孔子："何为此栖栖者与？"唐玄宗李隆基《经邹鲁祭孔子而叹之》曰："夫子何为者，栖栖一代中。地犹鄹（zōu）氏邑，宅即鲁王宫。叹凤嗟身否（pǐ），伤麟怨道穷。今看两楹奠，当与梦时同。"此诗充满着同情与敬仰之心，与古之隐士微生亩者大异其趣矣。

李隆基在曲阜祭祀孔子时，满怀着崇敬之心，他想到的是，孔夫子栖栖遑遑，一辈子不得安宁。孔子的故乡鄹县还是那个鄹县，孔子的故居已经改成了鲁王宫。凤凰不再飞来了，麒麟被人猎获了；孔子为此叹息道，我这一辈子完了！孔子的灵位在正厅的两柱之间受人祭奠，这与孔子临终前梦见自己受祭在两楹之间，应是完全吻合的。

孔子说："非敢为佞也，疾固也。"不敢说是为了表现口才，只是憎恶那鄙陋之辈。《孟子·滕文公下》也说是："予岂好辩哉？予不得已也。"我难道喜欢辩论吗？我不辩论不行啊。

毛泽东 1915 年 7 月《致友人信》曰："当今之世，黯淡闭塞，非有强聒（guō不停地讲），狂澜谁降（阻挡）？孟轲好辩，不得谓之佞。"（见《毛泽东早期文稿》）

【引言】人都称颂千里马，其可贵之处何在？

14.33 子曰："骥不称其力，称其德也。"

【通解】孔子说："我们赞美千里马，不是赞美它的气力大，而是赞美它的品性高。"

这好比是说，我们赞美君子的才能，尤其应该赞美君子的仁德。

当代学者南怀瑾说："中国古代的千里马是了不起的。我们看西方赛马，马跑的时候，一跳一蹦的，骑在上面实在不好受。中国的良马，跑的时候，左右腿交替奔驰，快得像风一样。骑在上面，有如在平稳的水面上行船，一点都没有颠簸的感觉。良马如遇主人坠鞍，它立刻站住，等主人起来，绝不会践踏到主人或拖着主人跑。如果肚带没系紧，马鞍不安全，就是骑上去了，它也不走，用鞭子打它也不走。劣马则会打滚，会擦墙，使骑它的人受伤，甚至送命。"

【引言】冤冤相报何时是个了局，这个问题要解决。

     14.34 或曰："以德报怨，何如？"子曰："何以报德？以直报怨，以德报德。"

【通解】《老子》第六十三章云："大小多少，报怨以德。"不管人家对我的怨恨有多大多深，我总是以恩德去回报他。

有人问孔子："以恩德回报怨恨，怎么样？"孔子说："用恩德回报怨恨，那用什么去回报恩德呢？我认为，要用直截了当的态度去回报怨恨，用相应的恩德去回报恩德才是。"

"以直报怨"的意思是说，视怨恨之大小多少，须要回报就秉公回报于他，无须回报就淡然处之好了。也就是说，要么用坦荡的态度去对待别人的怨恨和误解；要么用坦率的言辞将自己的感受告诉于他，并适当警告。

孔子当然不赞成以怨报怨，冤冤相报，将无有穷期。但孔子也不赞成以德报怨，像老子那样一味的仁厚。孔子主张君子坦荡荡，光明磊落地对待有负于自己的人。这是一种最高的道德原则，就是中庸，亦即"无过，无不及"之意。

孔子早说过："中庸之为德也，其至矣乎！民鲜（xiǎn）久矣。"中庸作为一种道德标准，那是最高的了！长期以来，能做到的人已经很少了。

【引言】《史记·孔子世家》载：鲁哀公十四年（公元前481年）春，狩猎时猎取到一匹麒麟，以为是不祥之兆。孔子喟然而叹曰："吾道穷矣！"（我的路走到头了）

14.35 子曰："莫我知也夫!"子贡曰："何为其莫知子也?"子曰："不怨天,不尤人,下学而上达。知我者,其天乎!"

【通解】孔子不禁叹息道:"没有人了解我呀!"子贡问:"为什么说没有人了解老师呢?"孔子说:"我不埋怨上天,也不怪罪别人。我回顾自己一生,由浅入深的知识我都学习了,能上达于天;天人之际的关系我也钻研了,尽了我的心力。能了解我的大概只有苍天吧!"

终孔子一生,遇到那么多挫折,但内心依然快乐。对人也好,对事也好,对社会也好,他的心情依然平静、温煦而友爱。靠什么? 就靠"不怨天,不尤人"!

南朝梁学者皇侃《论语义疏》云:"我学人事而达天命。我既学人事,人事有否(pǐ)有泰,故不尤人;上达天命,天命有穷有通,故我不能怨天也。"

孔子早说过:"人不知而不愠,不亦君子乎?"(见 1.1)如今又叹道:"莫我知也夫!"二者岂不矛盾? 事实上,人们不了解孔子,孔子也有所叹息,但他并没有愠色。"不怨天,不尤人,下学而上达",此即反求诸己,严格要求自己之意也。

怎样才可以不怨天尤人呢?《礼记·中庸》说:"身居上位,不欺压在下的人;身居下位,不攀援在上的人;端正自己,不求于人,就可以免于怨恨,'上不怨天,下不尤人。'"

什么是"下学而上达"? 汉代学者孔安国说:"下学人事,上达天命。"日本学者泷川资言说:"下学而上达,犹言自卑登高,自迩行远。"盖即由下学起,而所达甚高之谓。

孔子还说过:"君子上达,小人下达。"君子志存高远,以达于仁义;小人只顾眼前,唯达于钱财。(见 14.23)此即君子与小人之分,而上达下达之别也。

【引言】是非终日有,不听自然无。

14.36 公伯寮愬【诉】子路于季孙。子服景伯以告,曰:"夫子固有惑志于公伯寮,吾力犹能肆诸市朝。"

子曰："道之将行也与【欤】，命也；道之将废也与，命也。公伯寮其如命何！"

【通解】孔子的学生子路曾任鲁国权臣季孙氏家臣。孔子另一名学生公伯寮也是季孙氏家臣，他在季孙氏面前说子路的坏话。鲁国大夫子服景伯知道后，将此事转告孔子，并说："季孙先生已经被公伯寮迷住了，听信他一面之词，开始不信任子路；凭我的能力，是可以说服季孙氏把公伯寮杀掉并将其尸首在街头示众的。"

孔子时任鲁司寇之职，是他推荐子路在季孙氏之家任职的。他想，子路已不受信任，这将不利于他主张的实现。

孔子说："我的主张如果能实现呢，这是天命；若不能实现呢，也是天命。公伯寮能把天命怎么样！"

孔子的意思是，公伯寮不必杀了，事态可听其自然，无所谓。

"道之将行也与，命也。"当代学者傅佩荣说："道代表政治理想。孔子希望学生可以在实际的政治中实现抱负，造福百代，但政治理想实现与否，是命来取定的。命，代表大势所趋。"

大势所趋有似于客观规律，是不以主观意志为转移的一种情势。

孔子的学生冉伯牛得了恶病，孔子去看望他时，说："命矣大，斯人也而有斯疾也！"（见6.10）孔子也承认这是命，这么好的人却得了这么重的病啊！

司马牛身边没有兄弟，很忧虑。子夏劝慰他说："死生有命，富贵在天，非人力所能左右。"这其实也是孔子的意思。

其实所谓"命"，只是一种无奈的说法罢了。《孟子·万章上》云："莫之为而为者，天也；莫之致而至者，命也。"犹言没有叫他们这样做，而竟这样做了的，这是天意；没有人叫他来，而竟这样来了的，这是命运。

【引言】不如意事常八九，贤者将何以自处？

14.37 子曰："贤者辟【避】世，其次辟地，其次辟色，其次辟言。"

子曰："作者七人矣！"

【通解】孔子说："德才俱高的人因天下无道而隐居山林，其次是因此邦混乱而迁于外地，其次是尽量避开一些人的不善之色，其次是尽量避开一些人的不善之言。"

俗话说：惹不起，躲得起。

孔子又说："开始这样做的已经有七人了。"

这七人是谁呢？历来有各种不同的说法，窃以为可以存而不论。总之，已经有少数几个人是这样做的就是了。具体是谁，这无关紧要。

孔子曾说过："天下有道则见（xiàn），无道则隐。"（见8.13）说的正就是：国家政治清明就竭诚行道，国家社会黑暗就避世隐居。这就是"贤者避世"的意思了。

孔子还说过："危邦不入，乱邦不居。"（见8.13）不安定的国家不进入，有动乱的国度不居留。这也就是"其次避地"的意思了。

《史记·孔子世家》记载，孔子回到卫国，住在贤人蘧伯玉家。有一天，卫灵公问起作战之事。孔子说："祭祀之事，我倒听说过；至于作战之事，却不曾学过。"第二天，灵公与孔子交谈时，有雁群飞过，灵公便只顾抬头仰望，神色不属于孔子。孔子于是就离开卫国，到陈国去了。这可以说是"其次避色"的一个例子。

孔子在齐国想有所作为。齐景公谈到如何对待孔子时，说："要用鲁君对待权臣季氏的规格来对待，我做不到；我可以用次于季氏而高于孟氏的规格来对待。"不久，又说道："我老了，没有什么作为了。"孔子听了后，就离开齐国，回到鲁国去了。这可以算是"其次避言"的一个例子。

孔子最后慨叹曰："作者七人矣。"这是什么意思呢？《吕氏春秋·先识》曰："凡国之亡也，有道者必先去（离开），古今一也。"就是这么个意思。

【引言】孔子周游列国途中，让子路回鲁国去看看他家。子路到鲁国曲阜城南

时，城门已经关上了。

14.38 子路宿于石门。晨门曰："奚自？"子路曰："自孔氏。"曰："是知其不可而为之者与【欤】？"

【通解】子路在石门外住了一夜，第二天才进城。早上负责开城门的守门人问他："从哪里来？"子路说："从孔子那儿来。"守门人说："是那个明知行不通却偏要去做的人吗？"

鲁迅在《而已集·反"漫谈"》中说："不可与言而与之言"即是"知其不可为而为之"，一定要有这种人，世界才不寂寞。

"明知山有虎，偏向虎山行"，也是这么个意思。

"知其不可而为之"，这说明孔子为了实现自己的理想，敢于向命运挑战，不怕失败和挫折。

宋代学者朱熹曰："晨门，掌握时间开门，是隐居于城门内负责守门的一位贤者。"又引胡氏曰："晨门知世事不可为，故以此话来讥刺孔子。殊不知从圣人看来，天下事没有不可为之时也。"

近代学者梁启超认为："天下无不可为之时，无不可为之地，无不可为之事，且无不可为之人。"此话影响了我的一生，到哪里都安心。

【引言】孔夫子到处奔波，席不暇暖，成效甚微，有时不免也略感郁闷。

14.39 子击磬于卫。有荷（hè）蒉（kuì）而过孔氏之门者，曰："有心哉，击磬乎！"既而曰："鄙哉，硁硁（kēng）乎！莫己知也，斯已而已矣。深则厉，浅则揭（qì）。"

子曰："果哉！末之难（nàn）矣！"

【通解】孔子周游列国，在卫国期间，有一天，在屋里敲击石磬。有一个挑着草筐的人路过他门前，说："有好重的心事呀，就这般地击磬啊！"然后说："可鄙呀，这硁硁的击磬声！既然没有人理解自己，便拉倒也就罢了。譬如过河，水深处可以湿着衣裳走过去，水浅时可以撩起衣襟蹚过去。"

孔子说："如此果决呀，没法跟他论难了。"

《诗·邶（bèi）风·匏（páo）有苦叶》云："匏有苦叶，济（济水）有深涉。深则厉，浅则揭。"原意是写小伙子过河与姑娘相会，可以不管河水的深浅。荷蒉者借用来劝说孔子，宜审时度（duó）势地适应客观。

荷蒉者讥刺孔子不获用于时代，但仍然存心济世，未免不懂得深浅。孔子的答复，犹言果真那样忘却了世间之事，我亦无法再说服于他；至于河水深浅，我倒并不在乎。

【引言】《尚书·无逸》载："（高宗）即位，乃或亮阴，三年不言。"殷高宗即位，因守孝住在丧庐，三年不说话，不理政。

14.40 子张曰："《书》云：'高宗谅【亮】阴，三年不言。'何谓也？"子曰："何必高宗，古之人皆然。君薨（hōng），百官总己以听于冢（zhǒng）宰三年。"

【通解】子张问老师："《尚书》中说，'高宗亮阴，三年不言'这是什么意思呢？"孔子说："不限于殷高宗，古人都是这样的。君王死了，继承者守孝，不问政事。百官治事，一总听命于宰相三年。"

《礼记·檀弓下》有类似记载，子张问曰："《书》云，高宗三年不言，言乃欢（三年满开口说话，臣民都欢天喜地）。有诸（有此事吗？）"仲尼（孔子）说："胡为其不然也（为什么不这样呢）？古者，天子崩（死了），王世子（太子）听于冢宰（朝政由宰相处理）三年。"

宋代学者朱熹引胡氏曰："位有贵贱，而生于父母并无区别。故三年之丧，天子也不例外。子张对此并不怀疑，但认为人君三年不言，则臣下无处听命或禀告，祸乱可能因此而起也。孔子告以听命于冢宰，则祸乱非所忧矣。"

【引言】在上位的人，首先应注意什么？

14.41 子曰："上好（hào）礼，则民易使也。"

【通解】孔子说："在上位的人崇尚依礼而行，调度老百姓就容易多了。"

清代学者任启运《四书约旨》云："内外、上下、大小，无一物不得其分（fèn），斯谓之好礼。"然则，所谓好礼，就是让方方面面皆各得其所之意。

有一次，孔子的学生樊迟请求老师教他种庄稼，孔子说："我不如老农。"然后跟其他弟子说："上好礼，百姓谁敢不敬你；上好义，百姓谁敢不服你；上好信，百姓谁敢不坦诚。"（见13.4）如此说来，光讲求礼节似乎还不够，得加上讲求道义并讲求信用才行啊！

【引言】好勇的子路，渴望着能成为一名君子。

14.42 子路问君子。子曰："修己以敬。"
曰："如斯而已乎？"曰："修己以安人。"
曰："如斯而已乎？"曰："修己以安百姓。修己以安百姓，尧舜其犹病诸！"

【通解】子路问老师，怎样做一个君子。孔子说："专心致志严肃认真地修身克己来做好工作。"

子路问："这就行了吗？"孔子说："修身克己，要使上层人士都感到安定。"

子路又问："这就行了吗？"孔子说："修身克己，要使黎民百姓都得以安生。修身克己使黎民百姓都得以安生这件事，连唐尧虞舜也还担心能否完全实现哩！"

何谓修己以敬？明代学者王樵《四书绍闻编》云，《尚书·洪范》曰"敬用五事"。人之修身，不过五事，曰貌、言、视、听、思；五事之准则，曰恭、从、明、聪、睿（ruì 通达）。有物必有则，唯敬则得之，不敬则失之，故曰"敬用五事"，即"修己以敬"之旨也。

这就是说，"修己以敬"当包括：谦恭的容貌，顺耳的语言，明锐的视力，聪敏的听力和睿智的思谋。其核心就是一个"敬"字,亦即专心致志严肃认真之意也。

孔子曾说过:"何事于仁!必也圣乎!尧舜其犹病诸!"(见 6.30)这何止是人道呢!这是品行最高的仁德了!博施而济众,可能连唐尧虞舜也还担心自己能否完全做到哩!现在又说:"修己以安百姓,尧舜其犹病诸!"这两处都不是对尧舜有所批评,而意在说明尧舜从来也没有自负过,以此提醒学生永远都不要自满。

"修己以安百姓"乃君子的最高境界。宋代学者程颐说:"君子修己以安百姓,笃恭(忠实而恭敬)而天下平。唯上下一致恭敬,则天地自位(安于其位),万物自育,气无不和,而四灵毕至矣。"古代以龙凤龟麟为四灵,四灵毕至,是天下太平的象征也。

子路想成为一名君子,鲁哀公也想成为一名君子。《荀子·哀公篇》记载,哀公问孔子,何如斯可谓之君子矣?孔子对曰:"所谓君子者,出言忠信,而不自以为有德;身行仁义,而面色并不骄矜;思虑明通,而口头并不争辩;从从容容地,就像谁都可以赶上他一样。这样的人堪称为君子了。"

孔子对鲁哀公所云,只就自身修养而言,须在言语、行为、思想、态度方面下功夫;孔子对子路所云,既要他"修己以敬",且要他"修己以安人""修己以安百姓",则兼顾了自身修养与社会效益两个层次。

【引言】朋友有了大缺点,该怎样对待?

14.43 原壤夷俟。子曰:"幼而不孙弟【逊悌】,长而无述焉,老而不死,是为贼【也】。"以杖叩其胫(jìng)。

【通解】《礼记·檀弓下》记载:孔子的朋友鲁国人原壤,他的母亲死了,孔子去帮他办理丧事。他却敲着椁(guǒ)木大声唱道:"我好久没有唱歌了。歌曰,狸首之班【斑】然,执女【汝】手之卷【拳】然!"这椁的文采像狸猫之首一样好看,我真想握住你的手以表达我内心的欢悦!——孔子只当没听见。

丧葬之日,原壤知道孔子要来,就伸开双腿像个簸箕似的坐着等他。孔子批评他说："幼小时倨傲不恭，长大了无所作为，现如今老而不死，于世间无益而有害，像个寄生虫。"说罢，用手杖敲了敲他的小腿，示意他不要这样坐着，不雅观。

《大戴礼记·曾子立事篇》曰："少年称不悌焉，耻也；壮年称无德焉，辱也；老年称无礼焉，罪也。"

宋代学者朱熹曰："原壤母死而歌，盖老子之流，自放于礼法之外者。夷，蹲踞（jù）也；俟，待也；言见孔子来而蹲踞以待之也。述，犹称（出名）也；贼者，害人之名；以其自幼至长，无一善状（好的表现），而久生于世，徒足以败常（道德）乱俗（风俗），则是贼而已矣。孔子既责之，而遂以所曳（yè 持）之杖，微击其胫（小腿），以使之勿蹲踞然。"

【引言】孔子曾经在阙党居住过一段时间。阙党即阙里，在今山东省曲阜境内。

14.44　阙党童子将命。或问之曰："益者与【欤】？"子曰："吾见其居于位也，见其与先生并行也。非求益者也，欲速成者也。"

【通解】阙党有一个小子来给孔子送信。事后有人问孔子："他是个肯上进的小子吗？"孔子说："我见他在众人面前大模大样地坐着，见他与长辈走路时肩挨着肩。他不是个求上进的人，是一个想走捷径的人。"

世界上没有捷径。孔子早说过："欲速则不达。"（见 13.17）一心图快，就达不到目的。

少年在古代没有自己的座位，走路时不能与成人并肩而行。《礼记·玉藻》曰："无事，则立主人之北南面；见先生，从人而入。"少年无事时就立在家主的背面，脸朝南；去拜见老师时得跟随在成人之后，然后进入。

《礼记·曲礼上》云："年长（zhǎng）以倍，则父事之；十年以长，则兄事之；五年以长，则肩随之。"意思是说，青少年对年龄比自己大一倍的，则待之以父亲之礼；对年龄比自己大十岁的，则待之以兄长之礼；对年龄比自己大五岁的，则在他的肩旁而稍后相随而行。

卫灵公篇第十五（凡42章）

【引言】本篇进一步提出自我修养的诸多要求，以追求仁德为宗旨，以践行道义为根本，以实现自我人生价值为依归。

本章记述卫灵公不想重用孔子，孔子因此离开了卫国。

15.1 卫灵公问陈【阵】于孔子。孔子对曰："俎（zǔ）豆之事，则尝闻之矣；军旅之事，未之学也。"明日遂行。

【通解】卫灵公想去攻打晋国，向孔子询问战阵排列之法。孔子回答道："陈列俎豆等礼器以进行祭祀或宴饮，我已经耳熟能详了；至于如何行军布阵，与敌人决战之事，我还从来没有学过呢。"第二天，卫灵公态度冷淡，孔子就离开卫国，到陈国去了。

类似的记载见于《左传·哀公十一年》（公元前 484 年），卫国的孔文子将出兵攻打卫国的太叔，去征求孔子的意见。孔子说："祭祀的事情，我是曾经学过的；战争的事情，我还没有听说过。"孔子退席后，叫人套上马车就走。他对弟子说："鸟可以选择树木，树木哪能选择鸟呢？"

孔子对卫灵公说："军旅之事未之学也。"这是句托词。首先，孔子是懂得军事的。子路曾问他："子行三军则谁与？"孔子的答复是："必也临事而惧，好谋而成者也。"（见 7.11）其次，卫灵公不想把国治好，却对战争感兴趣，故孔子以"未之学也"为由拒绝了他，实不欲助长其穷兵黩（dú）武之心也。

【引言】孔子周游列，屡遭困厄，以在陈国时为甚。

15.2 在陈绝粮，从者病，莫能兴。子路愠见【现】曰："君子亦有穷乎？"子曰："君子固穷，小人穷斯滥矣。"

【通解】春秋时，陈国社会昏暗，物质匮乏，顾不上供应外来之士。

孔子一行在陈国生活清苦，以至于断了口粮。随从人员饿得荒，谁也振作不起来。孔子仍讲诵弦歌不休。子路抱怨道："君子也有穷困的时候吗？"孔子说："是的，君子沉稳，他能守得住穷困；小人一旦穷困，就不能约束自己，什么事情都做得出来了。"

《荀子宥（yòu）坐篇》云："且夫芷兰生于深林，非以无人而不芳。君子之学，非为通（官位显赫）也，为穷而不困（不至于束手无策），忧而意不衰也，知祸福终始（死生）而心不惑也。"

孔子在陈绝粮事，《史记·孔子世家》载，孔子抵达蔡国之第三年（公元前 489 年），吴国讨伐陈国。楚国来救助，驻军于城父（今河南宝丰县东）。闻孔子在陈蔡之间，楚国派使者携财礼来聘请孔子。孔子接受了聘礼，将前往拜谢。陈、蔡大夫谋划道："孔子贤者，所讥刺之言，皆切中诸侯要害。如今长留于陈蔡之间，诸大夫所作所为，皆不合仲尼之意。强大的楚国来聘用孔子，于陈、蔡执政的大夫十分危险。"于是协同派人包围孔子一行于荒野。孔子一行不得行，断绝了口粮。弟子们饿病了，打不起精神来。孔子仍照常讲学，诵书，弹琴，唱歌。子路恼怒地说："君子亦会穷困吗？"孔子说："君子守得住穷，小人一穷，可就胡作非为了。"

抗战期间，梅贻琦主持西南联大校务，艰苦备尝，仍恪尽职守不辍。他常用孔子"饱受波折，东奔西跑，栖栖惶惶，被困于蔡，绝粮于陈，但对教育事业始终如一"的事迹自勉并勉励他人，坚守自己的岗位。

孔子屡遭困厄，途中与三位弟子曾经有一番对话，颇堪寻味。《史记·孔子世家》载，孔子知弟子有愠心，乃招子路等而问曰："《诗》云'匪兕（sì）匪虎，率彼旷野'（既不是犀牛，也不是老虎，为何总是流离失所，奔走于旷野）。我们的理想错了吗？怎么会落到这个地步？"子路曰："看来我们不够'仁'，所以人家不相信我们；也许是智慧不够，人家不奉行我们的主张。"孔子曰："是这样吗，如果仁者能使人相信，伯夷、叔齐怎么会饿死？如果智者都能行得通，王子比干怎会被杀害？"

　　子贡曰："夫子之道至大，故天下莫能容。夫子何不降低些要求？"孔子曰："良农能耕作但不能保证年年丰收，良工能制作但不能保证人人满意。君子能修其道，纲目严整，系统周密，但不能保证到处受欢迎。如今你不务修道而求到处行得开，你志不远矣！"

　　颜回曰："夫子之道至大，故天下莫能容。虽然如此，夫子仍推而行之，不容何害，不容然后见君子本色！道之不修，是吾耻也；道既已大修而不被接受，是有国者之耻也。不容何害，不容然后见君子本色！"孔子欣然而笑曰："多好啊，颜氏之子！如果你赚了钱，我愿意给你管账。"

【引言】子贡（端木赐）对孔子的学问钦佩之至，想知道为何记得这么多。

　　15.3 子曰："赐也，女【汝】以予为多学而识（zhì 记住）之者与【欤】？"对曰："然，非与【欤】？"曰："非也！予一以贯之。"

【通解】孔子对端木赐说："赐呀，你以为我是学得很多而又记得牢靠的人吗？"端木赐回答说："我以为是的，难道不是吗？"孔子说："不是的，我是用一个基本原则把诸多知识贯穿起来的。"

　　有一堆铜钱而没有绳子，钱就贯串不起来；但是有绳子而没有铜钱，绳子终归无用。所以说，学无止境。

　　孔子曾对曾子说过："吾道一以贯之。"曾子曰"唯"（是这样），他自有一番体会，后来告诉了同学。（见 4.15）这里，孔子又告诉子贡："予一以贯之。"子贡什么也没说。

我师杨伯峻先生说："子贡所重视的，是孔子的博学多才，因之认为他是'多学而识之'；而孔子自己所重视的，则在于他是以忠恕之道贯串于其整个学行之中。"

【引言】德是一种利人、利他、利国、利天下的高尚情怀，而不仅仅是个人的修养。

15.4 子曰："由！知德者鲜（xiǎn）矣。"

【通解】孔子对子路说："仲由！能深刻理解道德并身体力行的人可少哩。"

孔子还说过："中庸之为德也，其至矣乎！民鲜（xiǎn）久矣。"（见6.29）中庸作为一种道德标准，那是最高的了；人们很少能做到，也已经很久了。

所谓"中"，即肯定事情有一个适当的标准，超过了这个标准就是"过"，达不到这个标准就是"不及"，完全符合这个标准就是执中。所谓"庸"，即经常、正常之意，事物在发展过程中，须保持平衡，才能继续向前发展。如果在任何条件下都要保持平衡，那就难以进步了。

总之，中庸是德之最高形态。子路褊（biǎn）急，最缺的就是中庸。

【引言】治国理政，洵非易事，如何才能有好的效果呢？

15.5 子曰："无为而治者其舜也与【欤】？夫何为哉？恭己正南面而已矣。"

【通解】《老子》第五十七章云："我无为而民自化（自然感化），我好静而民自正（自然端正），我无事而民自富（自然富足），我无欲而民自朴（自然淳朴）。"

孔子说："无为而治，天下太平，大概只有虞舜能做得到吧？他善于用人，左右有贤臣相助，还有什么事要他去做呢？他只须整饬（chì）端恭，朝南而坐以君临天下就成了。"

孔子还说过："巍巍乎！舜禹之有天下也而不与（yù）焉。"（见 8.18）多么崇高伟大啊！虞舜夏禹君临天下，任用贤臣，有为而不拥有，以乐观其成。

揆（kuí）诸事实，舜禹有垂拱而治的一面，也有勤政为民的一面，否则谁拥戴他呢？

汉代学者刘向《新序·杂事四》曰："故王者劳于求人，佚于得贤。舜举众贤在位，垂衣裳，恭己无为，而天下治。"意思是说，当君主的人寻求人才很辛苦，得到了人才就轻松了，舜提拔了很多贤能的人各司其事，自己垂下衣裳，端正威严地坐着，无须理事，就天下太平了。

【引言】在孔子一行困于陈、蔡之时，子张所关心的，是为人处事的基本原则。

15.6 子张问行。子曰："言忠信，行笃敬，虽蛮貊（mò）之邦，行矣。言不忠信，行不笃敬，虽州里，行乎哉？立则见其参（cēn）于前也，在舆则见其倚于衡也；夫然后行。"子张书诸绅。

【通解】子张问老师，如何才能使自己办事行得通。孔子说："言语忠诚守信，行为厚道谦恭，这样，就是到了偏远蛮荒之地，办事也能行得通。如果言语不忠诚守信，行为不厚道谦恭，纵然在本州、本乡、本土，试问能行得通吗？当你站着时，'言忠信，行笃敬'这两句话就仿佛参差在眼前；乘车时，这两句话就好像附着在车前横木上；这样你才永远记得住，才能到处行得通。"子张把这两句话写在自己衣带上，以便于随时观看。

孔子的意思是说："言忠信，行笃敬"是为人处世的基本原则。

《荀子·修身篇》云："体恭敬而心忠信，术礼义而情爱人，横行天下，虽困四夷，人莫不贵。"意思是说，如果能力行恭敬而心存忠信，遵循礼义而性情仁爱，那么他走遍天下，纵然困顿于边远地区，人们也不会不敬重他的。

【引言】史鱼和蘧（qú）伯玉都是卫国的贤大夫，各有其特色。

15.7 子曰："直哉史鱼！邦有道，如矢；邦无道，如矢。君子哉蘧伯玉！邦有道，则仕；邦无道，则可卷而怀之。"

【通解】孔子说："多么正直啊史鱼！政治清明时，他像射出的箭一样直行不辍；政治混浊时，他仍然像射出的箭一样直行不辍。好一个君子啊蘧伯玉！政治清明时，他认真为官，尽职尽责；政治混浊时，他可以退居山村，韬光养晦。"

史鱼正直，有知人之明。《韩诗外传》卷七第二十一章记载，昔者卫大夫史鱼病且（将）死，谓其子曰："我数言（屡次向卫君说）蘧伯玉之贤（品德高尚）而不能进（受重用），弥子瑕不肖（品德不好）而不能退（被斥退）。为人臣生不能进贤而退不肖，死不当治丧正堂，殡我于室（侧室）足矣。"

他是用这种方式，最后一次向卫君进谏，可谓临终如矢，一生如矢矣。

我师杨伯峻先生说："史鱼临死时嘱咐他儿子，不要'治丧正室'，以此劝告卫灵公进用蘧伯玉，斥退弥子瑕，古人称之为'尸谏'。"

《史记·仲尼弟子列传》云："孔子之所严事（所礼敬的人），于周则老子；于卫，蘧伯玉；于齐，晏平仲。"蘧伯玉有何特色？南朝宋学者裴骃《史记集解》引《大戴礼·卫将军文子篇》云："外宽而内直，自娱于隐括（学术研究）之中，直己（克己）而不直人（不以严待人），汲汲（努力追求）于仁，以善（认真对待）存亡。盖蘧伯玉之行（品行）也。"

【引言】孔子一贯主张"敏于事而慎于言"，办事须勤敏，而出言要谨慎。

15.8 子曰："可与言而不与之言，失人；不可与言而与之言，失言。知【智】者不失人，亦不失言。"

【通解】孔子说："可以同某人说的话，却不同他去说，这就失去了该尊重的人；不可以同某人说的话，却同他说了，这就泄露了该保留的话。有智慧的人不失去该尊重的人，也不泄露该保留的话。"

失人是由于不了解对方，失言也是由于不了解对方。关键是要了解人，鉴别人。《老子》第三十三章云："知人者智。"故唯智者才能不失人亦不失言。

现代作家鲁迅对此有不同见解。他在《反"漫谈"》一文中说："'不可与言而与之言'，即是'知其不可为而为之'，一定要有这种人，世界才不寂寞。"

孔子的一贯主张是"慎言"。《礼记·表记》引孔子曰，君子不失足于人（行走时符合礼仪），不失色于人（保持庄重平和之色），不失口于人（言语无不当之处）。是故君子貌足畏也（使人敬畏），色足惮（dàn）也（使人心服），言足信也（使人相信）。

《荀子·劝学篇》云："故未可与言而言谓之傲（急躁），可与言而不言谓之隐（隐晦），不观气色而言谓之瞽（gǔ 盲人）。"

【引言】"仁"是孔子思想的核心，在《论语》中有九十多处提到"仁"，其中以此处最为突出。

15.9 子曰："志士仁人，无求生以害仁，有杀身以成仁。"

【通解】孔子说："有坚定意志、有高尚情操、有仁爱之心的人，他不可能为了苟且求生而损害仁德，他只会不惜舍弃生命而成就仁德。"

在这里，"仁"可以理解为"人的尊严"。现代学者胡适在《口述自传》中说："只有孔子才特别强调'仁'。孔子之前，与孔子之后，'仁'字都不是单独使用的。孔子说：'有杀身以成仁，无求生以害仁。'这个观念除非我们把它译成'人的尊严'之外，实在别无他译。"

天有天的高远，人有人的尊严。

《孟子·告子上》曰："鱼，我所欲也，熊掌亦我所欲也；二者不可得兼，舍鱼而取熊掌者也。生亦我所欲也，义亦我所欲也；二者不可得兼，舍生而取义者也。"意思是说，鱼我喜欢，熊掌我也喜欢；只能选一样，就舍弃鱼而要熊掌。生命我要，义我也要；只能选一样，就舍弃生命而取义。

孔子说"成仁"，孟子说"取义"，二者是一个意思。南宋丞相、民族英雄文天祥，从容就义前写道："孔曰成仁，孟曰取义。唯其义尽，所以仁至。读圣贤书，所学何事？而今而后，庶几（或许可以）无愧。"

【引言】孔子的学生子贡，以好学敏求著称。

15.10 子贡问为仁。子曰："工欲善其事，必先利其器。居是邦也，事其大夫之贤者，友其士之仁者。"

【通解】子贡问老师，该怎样培养和提高自己的素质。孔子说："能工巧匠想把事做好，必须先磨利他的工具。你每到一个国家，就要事奉大夫中的高尚之士为师，就要结交学者中的有道之士为友。"

工须有利器以善其事，人须有师友以助其成。

颜渊也曾问老师，什么是仁。孔子说："克己复礼为仁。一日克己复礼，天下归仁焉。为仁由己，而由人乎哉？"（见 12.1）是说约束自己使符合礼的要求，就叫作仁。有朝一日，你约束自己达到了礼的要求，天下人都会称赞你的仁德。培养仁德靠自己，难道是靠别人吗？

孔子告诉颜渊的，主旨在于靠自己；告诉子贡的，主旨在于靠外力。这是因为，颜渊之学多务内，常反躬以自克；子贡之学多务外，常论人以自高之故也。

曾子也说过："君子以文会友，以友辅仁。"（见 12.24）君子以文章学术会友，以朋友交往来培养和提高自己的道德情操。

孔子告诉子贡，宜"事其大夫之贤者，友其士之仁者"。我师杨伯峻先生说："这和'以友辅仁'的道理相同。"

大夫之贤者，士之仁者，也是治国理政不可或缺者。汉代学者杨雄在《解嘲》中说："士无常居，国无定臣，得士者富，失士者贫。"说的是一个国家得到有德有才者来辅佐朝政，就会富强；若失去有德有才的人，就会贫弱。

【引言】颜渊是孔子最爱的学生，他很少提出问题。

15.11 颜渊问为邦。子曰："行夏之时，乘殷之辂（lù），服周之冕（miǎn），乐则韶舞。放郑声，远佞（nìng）人；郑声淫，佞人殆。"

【通解】颜渊问老师，治理国家该注意些什么。孔子说："采用夏朝的历法，不用商、周的历法；乘坐商朝的大车，浑坚而朴素；选戴周朝的冠冕，华美而不奢靡；演奏舜时的《韶》乐和相应的舞蹈，尽可能尽善尽美。禁止演奏郑国的乐曲，远离花言巧语的小人。郑国的乐曲弥漫缥缈，花言巧语的小人危害邦家。"

以上只是谈到了一些具体的事，并没有涉及大政方针问题。

"乐则韶舞"，历历可考。孔子谈到奏乐时，说《韶》"尽美矣，又尽善也"；说《武》"尽美矣，未尽善也。"（见 3.25）孔子在齐国听到《韶》乐后，美在心头，三个月感觉不到吃肉的滋味。他说："不图为乐之至于斯也。"（见 7.14）想不到《韶》乐会奏得如此尽善尽美呀。

"放郑声，远佞人。郑声淫，佞人殆。"《孟子·尽心下》引孔子曰："恶（wù）似是而非者；恶莠（yǒu 狗尾草），恐其乱苗也；恶佞，恐其乱义也；恶利口（快嘴），恐其乱信也；恶郑声，恐其乱乐也。"凡似是而非的人事物，孔子皆极其厌恶。

【引言】有志者事竟成，是由于他能高瞻远瞩。

15.12 子曰："人【而】无远虑，必有近忧。"

【通解】孔子说："人如果只顾眼前而不作长远考虑，必然会遇上近期的忧患。"

南宋学者王应麟《困学纪闻》云："思欲近，近则精；虑欲远，远则周。"犹言近事要想，远事也要想，这样才能既精细又周到。

《荀子·大略篇》说："贤明的君主在事情发生之先，就考虑事情；在患难出现之先就谋处患难。在事情发生之先就考虑事情叫迅捷；迅捷，事情就优裕成功。在患难出现之先就谋处患难，叫预见；有预见，灾祸就不会发生。事到临头才谋处，叫落后；落后，事情就难以成功。患难当头才谋处，叫窘困；窘困，灾祸就无法抵挡。"反复申说，深中肯綮（qìng）。

三国蜀丞相诸葛亮曰："远虑者安，无虑者危。"可谓言简而意赅。

明代学者朱伯庐《治家格言》曰："宜未雨而绸缪（chóu móu 筹谋修漏），毋临渴而掘井。"是为深谋远虑的形象说法。

《伊索寓言》道，两只青蛙住在池塘里，到了夏天，那池塘干涸（hé）了。它们便离开这里，去寻找别的池塘。它们发现了一口深井，一只青蛙说："假如这里的水也干了，我们将怎样爬上来呢？"这故事说明，人不可以无思无虑地莽撞行事。

【引言】春秋时鲁定公好色，卫灵公也好色，孔子都看不惯。

15.13 子曰："已矣乎！吾未见好德如好色者也。"

【通解】鲁定公十四年（公元前 496 年），齐国有意选国中好女子八十人，皆衣文衣而舞《康乐》，以赠予鲁君。权臣季桓子使定公接受了齐国所赠的女歌舞队，且一同观赏，三日不理朝政。孔子时为鲁司寇（主管刑法狱讼的官），看不过意，于是离开了鲁国。

临行前，孔子叹息道："算了吧！我还从来没见过爱好美德像爱好美色那样热衷的人呢。"

《史记·孔子世家》记载，孔子周游列国，第二次到达卫国，住在贤大夫蘧伯玉家。过了个把月，卫灵公与夫人南子同乘一辆车子，由宦官雍渠（卫灵公的男宠）陪侍左右。出了宫门，让孔子坐在第二辆车上跟着，一路招摇过市，引人注目。事后，孔子慨叹道："吾未见好德如好色者也。"我还没见过爱慕德行像爱慕美色一般热切的人。孔子对此感到厌恶和失望，于是就离开卫国到曹国、宋国去了。

孔子所云"吾未见好德如好色者也"，（见 9.18）这里多出了"已矣乎"三字，乃弟子追述有所不同之故也。

【引言】春秋时鲁国士师（掌刑狱的官）柳下惠，姓展，名获，字季禽，居于

柳下。死后谥为"惠"，史称柳下惠。

15.14 子曰："臧文仲其窃位者与【欤】？知柳下惠之贤而不与立【位】也。"

【通解】有一天，国人发现，有海鸟名"爰居（yuán jū）"停留于鲁国东门外。鲁国大臣臧文仲（？—前 617）让国人祭祀，柳下惠认为不合于祀典。此前，鲁僖公二十六年（公元前 634 年），齐攻鲁；柳下惠派人劝说齐孝公，使其退兵。

柳下惠三次被贬黜，居于下位，却始终不离开鲁国，仍尽职尽责不辍。

孔子说："臧文仲大概是一个窃据高位却妒贤嫉能的人吧？明知柳下惠贤能，却偏不肯重用他，不给他安排一个合适的职位。"

《史记·仲尼弟子列传》载："孔子曾多次述说臧文仲、柳下惠、铜鞮（dī）伯华、介山子然的情况，这几人，孔子都比他们晚，不是同时代人。"

臧文仲，名辰，任鲁国大夫，历仕鲁庄公、鲁闵公、鲁僖公、鲁文公四朝。孔子在此处批评了他，另有一事也对他不满。

孔子说："臧文仲保管用于占卜的大龟，让他住在华美的屋内，有雕成山形的斗拱，有画着水草花纹的梁上短柱，他的智力怎么是这样的呢？"（见 5.18）

【引言】为人在世，最当注意的是调节人我关系。

15.15 子曰："躬自厚而薄责于人，则远怨矣。"

【通解】孔子说："对自己从严要求，对别人少些责备，别人自然就不会埋怨你了。"

南宋学者朱熹曰："责己厚，故身益修；责人薄，故人易从。所以人不得而怨之。"在批评指责上，厚己而薄人，谁也不可能怨恨你的。

俗话说："哪个人前不说人？哪个背后无人说?"一般人确是如此。但作为一个严于律己的人，则不宜有如手电筒一般，光照别人的短处。

唐朝文学家韩愈在《原毁》中说："古之君子，其责己也重以周，其待人也轻以约。重以周，故不怠；轻以约，故人乐为善。"意思是说，古代的君子，他要求自己严格而全面，他对待别人宽松而简要。对自己严格而全面，因此自己就不会怠惰；对别人宽松而简要，因此别人就乐于做好事。韩愈的话，是对"躬自厚而薄责于人"一语的继承和发展。

【引言】一个人学习与工作，靠的就是个自觉。

15.16 子曰："不曰'如之何，如之何'者，吾末如之何也已矣。"

【通解】孔子说："那种从来不想事的人，从来也不提'某事该怎么办，某事该怎么办'的人，我是真的不知道对他该怎么办的了。"

南宋学者朱熹《论语集注》云："如之何，如之何者，熟思而审处（深思熟虑）之辞也。不如是（如此）而妄行，虽圣人亦无如之何矣。"凭经验蛮干的人，谁也拿他没有办法了。

一个人处事遇到问题时，既不考虑"该怎么办"，也不问别人"该怎么办"，别人想帮他，也不知"该怎么办"了！

俗话说："天下无难处（chǔ）之事，只消两个如之何。"只消口与心商量，动动脑筋就行了。

【引言】一些人常在一起，总该干些什么吧！

15.17 子曰："群居终日，言不及义，好行小慧，难矣哉！"

【通解】孔子说："许多人整天在一起，谈来谈去都是些不伦不类的话，却喜欢卖弄些小聪明；这样下去，对谁都没有好处！很难办哪！"

这可能是孔子警戒弟子们的话，须相互切磋相互促进才是。一言一行，所当在意，不当漫不经心也。

宋代学者朱熹说："言不及义，则放辟邪侈之心生；好行小慧，则行险侥幸之机成。难矣哉者，言其无以入德，而将有患害也。"是说胡言乱语，一意孤行，最终于己不利。

当代学者傅佩荣说："孔子所谓的难，一定是走上人生正路有困难，不容易达到走上正路的目标。意思是说，缺乏警惕，缺乏自觉，整天跟别人相处在一起，说的都是一些无关道义的话。儒家追求道义之交。道代表人类共同的正路，义指的是在这个时候这个地方该做什么事。"是说讲话行事，都应该有所选择，以免浪费时间，徒劳无益。

"言不及义"有损于学习和工作。美国科学家爱因斯坦说："勤奋努力，加上正确的方法，加上少说废话，就等于成功。"废话，也就是言不及义的话。

【引言】"义""利"二字，当以何者为本呢？

15.18 子曰："君子义以为质，礼以行之，孙【逊】以出之，信以成之。君子哉！"

【通解】孔子说："君子立身处事，以行义为根本，在礼仪上体现义，用谦逊之言来表达义，凭诚信以实践义。能做到这些，也就是一位君子了。"

与义相反的是利，所以孔子说："君子喻于义，小人喻于利。"（见4.16）君子讲求的是道义，小人热衷的是财利。

一事当前，须以"义利"为参照，判断其当为不当为；当为者为之，不当为者则不为。《孟子·离娄下》云："人有不为也，而后可以有为。"是说人要有所不为，才能有所为。须不谋私利，才能以行义为本。

【引言】一个人能力有大小，怕的是一无所能。

15.19 子曰："君子病无能焉，不病人之不己知也。"

【通解】孔子说："君子只忧心自己无能，不忧心别人不赏识自己。"

近代学者宦懋庸《论语稽》认为："古今人才大有大用，小有小用，苟其有用，则皆有能，故君子唯以无能为病。至于天下之大，何患无知者哉？"

孔子还说过："不患人之不己知，患其不能也。"（见 14.30）不担心人家不了解我，只担心自己无能。如今说"君子病无能焉"，则更深一层，不仅是担心自己无能，而是忧心如焚，感到揪心之痛了。严格要求自己，唯圣贤为能。

其实以天地之大，何愁无用武之处。唐代诗人李白说："天生我才必有用。"白居易也说："天生丽质难自弃。"近代学者梁启超认为：天下"无不可为之时，无不可为之地，无不可为之人，无不可为之事"也。总之，大千世界，天生材质，事在人为，我们有充分信心。

【引言】古人以立德立功立言为三不朽，以死后一无所成为遗憾。

15.20 子曰："君子疾没（mò）世而名不称焉。"

【通解】孔子说："君子所引为恨事的是身后而名声不为人所称许。"

《史记·孔子世家》引孔子曰："弗乎弗乎，君子病没世而名不称焉。吾道不行矣，吾何以自见（现）于后世哉？"意思是说，不是吗？不是吗？君子怕的是，死后留不下一个好名声。我的理想已经无法实现了，我凭什么让后人知道我呢？于是发奋写作了《春秋》一书，文辞精炼而旨意深广。弟子们接受了《春秋》以后，孔子说："后人知道我的良苦用心的是这部《春秋》，后人怪罪我有所褒贬的也是这部《春秋》了。"

《孟子·滕文公下》云："昔者禹抑洪水而天下平，周公兼夷狄驱猛兽而百姓宁，孔子成《春秋》而乱臣贼子惧。"这引起了汉代史家司马迁的共鸣。他在《报任安书》中说："我之所以忍辱偷生，被关在粪土之中而不辞的原因，是恨自己的理想尚未实现，恨自己在鄙陋之中死去，而著作文采不能传之后世啊！"于是在狱中发奋写就了《史记》一书，网罗天下旧闻，考其成败之迹。谈到此书的宗旨，他说是"亦欲以究天人之际，通古今之变，成一家之言"。他做到了这一些。现代作家鲁迅称赞《史记》一书，乃"史家之绝唱，无韵之《离骚》"。

"君子疾没（mò）世而名不称焉。"当代学者余秋雨说："君子的恨事，是离世的时候自己的名声还不被别人称道。这就是说，名，是君子对生命价值的最后一个念想，可称之为'终极牵挂'。"

法国作家巴尔扎克说："真正的学者真正了不起的地方，是暗暗做了许多工作而生前并不因此出名。"孔子、司马迁都是真正的学者，他们在生前只是务实而不图虚名：死后之名，纯粹是实至名归；载誉千秋，经得起时间检验。

【引言】随时调理人我之间的关系，值得注意。

15.21 子曰："君子求诸己；小人求诸人。"

【通解】孔子说："君子凡事求之于自己，小人凡事求之于别人；遭受挫折时，君子先检讨自己，小人先检查别人。"

君子必严于律己，宽以待人；小人则与此相反。要当以"天行健，君子以自强不息"为根本。

"君子求诸己"，其含义很丰富。《礼记·大学》曰："是故君子有诸己而后求诸人，无诸己而后非诸人。所藏乎身不恕，而能喻诸人者，未之有也。"意思是说，君子自己有好的品德，才能要求别人有好的品德；自己先不做坏事，才能批评别人的恶习。如果自己不讲"己所不欲，勿施于人"这一恕道，却能使他人明白恕道，这是没有过的事。

"求诸己"，才能自立自强。清代学者康有为说："不求于己而求于人者，未有能自立者也。"

1941年8月2日，毛泽东在致作家萧军的信中说："延安有无数的坏现象，你对我说的，都值得注意，都应改正。但我劝你同时注意自己方面的某些毛病，不要绝对地看问题，要有耐心，要注意调理人我关系，要故意地强制地省察自己的弱点，方有出路，方能'安身立命'。否则天天不安心，痛苦甚大。"这里进一步指出了，如果不能求诸己，不能考察自己的弱点，是没有出路的！

【引言】君子之交淡如水，其含义是多方面的。

15.22 子曰："君子矜（jīn）而不争，群而不党。"

【通解】孔子说："君子矜持庄重而不与人争执，乐于合群而不拉帮结伙。"

当代学者李泽厚译为："君子严正而不争夺，合群而不偏袒。"

孔子还说过："君子周而不比，小人比而不周。"（见 2.14）君子彼此团结而不朋比为奸，小人相互勾结，朋比为奸而又钩心斗角。

我师杨伯峻先生说："君子以'义'合，所以能团结；小人以'利'合，所以只是一时的勾结而已。"

孔子还说过："君子和而不同，小人同而不和。"（见 13.23）君子与人交，有不同看法就提出来交流，而不是一味赞同；小人与人交，只是一味地赞同，而没有不同看法的交流。

君子"和而不同""周而不比"与"矜而不争，群而不党"，三者意思可互补。一句话归总：君子之交淡如水。

【引言】人们的言语与品德，有时不一定是一致的。

15.23 子曰："君子不以言举人，不以人废言。"

【通解】孔子说："君子不光凭言语来选拔人才，也不因某人品行不端而废弃他的言语。"

这就是说，君子对人不轻信其言，亦不轻弃其言也。

孔子曾说过，考察一个人必须"听其言而观其行"，切不可"听其言而信其行"。（见 5.10）还说过："有德者必有言，有言者不必有德。"（见 14.4）故用人之法，不可只根据其言，尤须依据其德行。

《管子·明法解》记载："明君选拔贤者，对于号称有勇的人，用当兵作检验；对于号称有智的人，用管事作检验。在军队里有功的，就提拔他；在官府里称职的，就任用他。所以，用战功的事实鉴定勇怯，用称职的治绩来鉴定贤愚，就一清二楚，黑白分明了。"

【引言】子贡好钻研，总是会出其不意地提出问题来问。

15.24 子贡问曰："有一言而可以终身行之者乎？"子曰："其恕乎！己所不欲，勿施于人。"

【通解】子贡问老师："有那么一字可以让学生终身奉行的话吗？"孔子说："那大概是'恕'字吧！将心比心，推己及人。凡自己不乐意的，就不要施加于别人。"

《韩诗外传》卷九第九章记载，堂衣若扣孔子之门曰："丘在乎？丘在乎？"（直呼孔子之名，极不礼貌）子贡应之曰："君子尊贤而容众，嘉善而矜不能，亲内及外，己所不欲，勿施于人。子何言吾师之名为？"意思是说，你不乐意人家直呼你名，却为何直呼我师之名呢？

孔子的学生仲雍问仁，孔子也是这样告诉他："己所不欲，勿施于人。"（见12.2）与此章意思相通，都是行仁，都是从"恕道"入手之意。

子贡也问过一次关于仁的问题，孔子告诉他："夫仁者，己欲立而立人，己欲达而达人。"（见6.30）胸怀仁爱的人，自己能立业，也让别人能立业；自己谋发展，也让别人能发展。加上此次回答子贡的"己所不欲，勿施于人"两句，就是"忠恕"二字的全部内涵了。悟性颇高的曾子，早就体会到："夫子之道，忠恕而已矣。"（见4.15）

所以，忠恕二字，乃孔子学说的核心。

孔子是属于世界的。"忠恕之道"是可以普遍使用的道德原则，而"恕道"比"忠道"更具有普遍性和基础性。法国1793年宪法所附《人权和公民权宣言》，1995

年宪法所附《人民和公民的权利和义务宣言》都引用了孔子的名言"已所不欲，勿施于人"，分别定义为自由的道德界限和公民义务的原则。（见《世界历史》2002年第 5 期许明龙文）

本章的核心是一个"恕"字，"恕"的要点又是什么呢？《荀子·法行篇》引孔子曰："君子有三恕。有君上不能侍奉，却要求臣下尽忠，非恕也；有父母不能报恩，却要求儿子孝顺，非恕也；有兄长不能尊敬，却要求弟辈听话，非恕也。士人明于此三恕，则可以端正自己了。"总之是宜于换位思考，将心比心，也就是履行恕道了。

【引言】无端宣人之恶，叫毁；有心扬人之善，叫誉。

15.25 子曰："吾之于人也，谁毁谁誉？如有所【可】誉者，其有所试矣。斯民也，三代之所以直道而行也。"

【通解】孔子说："我对于一般的人，诋毁过谁？赞誉过谁？我没有诋毁过谁，而我所赞誉的人，都是有根有据经过了实际考察的。多淳朴的民众啊！所以夏商周三代能够按正道来考察和选拔人才。"

孔子的意思是说，面向淳朴之民，三代能够做到的，我们也应该可以做到。

另一方面，从受者来说，面对毁誉之辞，也应该沉得住气。《庄子·逍遥游》曰："且举世而誉之而不加劝，举世而非之而不加沮（jǔ）。定乎内外之分，辨乎荣辱之境，斯已矣。彼其于世，未数数（shuò）然也。"意思是说，有人能做到全世界赞誉他也不兴奋，全世界都非议他也不沮丧。他能认定主观和客观的分野，辨别光荣和耻辱的界限，如此罢了。他对于世俗的声誉从来不汲汲以求。

【引言】古书中有疑暂缺的字，叫"阙文"；古书中有意存疑而未写出的文句，也叫"阙文"；另外，在刻写或传抄古书过程中偶然疏漏的字句，也叫"阙文"。

15.26 子曰："吾犹及史之阙文也；有马者借人乘之，今亡【无】

矣【已】夫!"

【通解】孔子说："我还能见到史书存疑的阙文,有马的人先把马借给别人去骑。这样的史书阙文,现在看不到了啊!"

此话还可以这样理解:"我还能见到史书存疑的阙文,有马的人先把马借给别人去骑。这种敦厚朴实的精神,现在看不到了啊!"亦通。

《汉书·艺文志》上说:"古书的体例,必用同样的字体,有不会写的字就先空在那里,然后去问老学者。后来空气颓败,是非不明,各人想怎么写就怎么写。所以孔子说:'我还能见到史书存疑的阙文,现在看不到了啊!'这是一种慨叹,慨叹风气的逐渐变坏。"

《文心雕龙·练字》说:"史书中有阙文,圣人必谨慎对待;若依据文义,放弃好奇,就可以对文字加以匡正了。"这就是说,史书中的阙文,要慎重对待,切不可为了好奇而以讹传讹。

西晋文士陆机对"阙文"非常重视,认为有裨于写作。他在《文赋》中说:"收百世之阙文,采千载之遗韵;谢朝花于已披,启夕秀于未振。"在这里,他对于词语的运用,提出了创新的要求:主张采用前人从未使用过的"阙文""遗韵",比之于开花,不愿成为早晨已开的花朵,宁可化作傍晚将开的蓓蕾。

【引言】放言高论很容易,忍辱负重则极难。

15.27 子曰:"巧言乱德。小不忍,则乱大谋。"

【通解】孔子说:"花言巧语会搅乱人们的道德观念。小事上不忍一忍,就会把大局搅乱。"

"将相和"的故事流传至今,这足以说明问题。战国时赵国的蔺相如因"完璧归赵""命秦王为赵王击缶有功"而升为上卿,地位在赵将廉颇之上。廉颇不服,扬言将羞辱于他。他忍让退避,顾全大局,以"国家之急"为先,终于使廉颇深自愧悟。两人遂成为知交,从而共同维护了赵国的安全。此之谓相忍为国。

让人不为（wéi）低，容忍是一种美德，是一种智慧。现代学者胡适认为："容忍比自由还更重要。"

不任性，才能忍得住。我师杨伯峻先生说："'小不忍'不仅是不忍小的愤怒，也包括不忍小仁小恩，包括没有'蝮蛇螫（shì）手，壮士断腕'的勇气，也包括吝财不忍舍，以及见小利而贪。"

【引言】对人的考察，不但要多听，更要多看，才全面。

15.28 子曰："众恶之，必察焉；众好之，必察焉。"

【通解】孔子说："大家都厌恶的人，必须经过考察，才能下结论；大家都喜爱的人，也必须经过考察，才能下结论。"

其时的昏君不考察臣下是否有功劳，只要有人赞誉，就予以重用；不审视臣下是否有过错，只要有人嫌弃，就加以惩罚。赏罚如此轻率，故孔子主张"必察焉"而后定局。

"必察焉"是一种方法，还有另一种方法。有一次子贡问老师："一乡之人都喜爱他，此人怎样？"孔子说："不可以就肯定他好。"子贡又问："一乡之人，都厌恶他，此人怎样？"孔子说："也不可以就肯定他坏。不如一乡的正人都喜爱他，一乡的小人都厌恶他，这样的人，才是值得肯定的。"（见13.24）这就是说，听了反映，还需要加以分析，也是一种方法。

【引言】道有天道、人道之分，看你怎么掌握了。

15.29 子曰："人能弘道，非道弘人。"

【通解】《老子》第七十七章云："天之道，损有余（富人）而补不足（穷人）；人之道则不然，损不足以奉有余。"

孔子强调的是天道，他说："国君掌握了天道，就能使天道发扬光大，从而惠及万民；国君掌握着人道，离开了天道，天道不可能使他奋发昂扬，故万民必受其殃。”

天道酬勤。《荀子·天论篇》曰："循道而不贰（不背叛），则天不能祸；倍（背叛）道而行，则天不能使之吉；不可以怨天，其道然也（天道就是这样的）。"荀子说的道，盖亦指天道而言。

【引言】世界上不犯错误者极少，关键是怎样对待。

15.30 子曰："过而不改，是谓过矣！"

【通解】孔子说："犯了错误而不肯改正，这才是真正的错误了。"

犯了错误改了就好。《韩诗外传》卷三第十七章引孔子曰："昔桀（jié）、纣（zhòu）不任（不承认）其过，其亡也忽焉；成汤、文王知任其过，其兴也勃焉。过而改之，是不过也（就不算是错误了）。"

孔子一再说过："过则勿惮改。"（见1.8及9.25）有了错误，就不怕及时改正。为何不怕改正呢？因为"过而改之，是不过也。"错误一经改正，就不算是错误了。

明代学者王守仁《教条示龙场诸生》曰："夫过者，自大贤所不免；然不害其卒为大贤者，为其能改也。故不贵于无过，而贵于能改过。"是说人不可能无过，只要能改，仍不失为贤人。所以重在能改过。龙场在今贵州文县，王守仁时任龙场驿丞。

【引言】学习是一辈子的事，他与生命同在，不可以须臾离。

15.31 子曰："吾尝终日不食，终夜不寝，以思，无益，不如学也。"

【通解】孔子说："我曾经整天不吃饭，整夜不睡觉，以思索天下之理，都没有什么收获，还不如专心学习的好。"

学习如登高。《荀子·劝学篇》云："吾尝终日而思矣，不如须臾（片刻）之所学也；吾尝跂（qǐ 抬起脚后跟）而望矣，不如登高之博见（看得远）也。"这是因为，人的智能有限，须善于学习或凭借外物才行。

《礼记·学记》云："玉不琢（雕琢），不成器；人不学，不知道（道理）。是故古之王者，建国立民，以教学为先。"

《韩诗外传》卷八云："虽有良玉，不刻镂则不成器；虽有美质，不学则不成君子。"

汉代学者王充《论衡·量知》曰："人之不学，犹谷未成粟（带壳之粟），米未为饭也。"谓不学则不成粟，不成熟。

宋真宗赵恒《劝学谕》曰："为学好，不学不好；学者如禾如稻，不学者如蒿（hāo）如草！如禾如稻兮，田之精粮，世之大宝！如蒿如草兮，耕者憎嫌，锄者烦恼！他日面墙（不明事理），悔之已老！"

南宋学者王应麟《三字经》云："犬守夜，鸡司晨；苟不学，曷（hé 何）为人？蚕吐丝，蜂酿蜜；人不学，不如物。"作者以多种动物为喻，劝诫人不可白活。

学习的目的何在？德国作家歌德说："人不光是靠他生来就拥有的一切，而是靠他从学习中所得到的一切来造就自己。"亦即用学习把自己打造成才之意也。

【引言】将精神追求置于首位，儒家认为这是君子应有的品格之一。

15.32 子曰："君子谋道不谋食。耕也，馁（něi）在其中矣；学也，禄在其中矣。君子忧道不忧贫。"

【通解】孔子说："君子谋划道义的弘扬，不谋划饮食的改善。种田将导致挨饿，读书可通向当官。君子忧心道义的沦亡，不忧心生活的贫困。"

"耕也，馁（něi）在其中矣；学也，禄在其中矣。"这是当时的实际情况。孔子认可这种实况，这是他的局限性。

樊迟曾经请老师教他种庄稼，孔子说："我不如老农。"后来又在背后骂樊迟是小人，走当官的路可以有成就，哪里需要去种田呢？（见 13.4）这是孔子的真实想法，但轻视农业劳动毕竟是错误的。

《荀子·修身篇》曰："良农不为水旱不耕，良贾不以折阅不市，士君子不为贫穷怠乎道。"好农民不因旱涝而不耕种，好商人不因为亏损而不经商，士君子不因为贫穷而不守正道。此话公平合理，是孔子思想的发展。

【引言】君王治国理政时，要怎样才妥善呢？

15.33 子曰："知【智】及之，仁不能守之；虽得之，必失之。知及之，仁能守之，不庄以莅之，则民不敬。知及之，仁能守之，庄以莅之，动之不以礼，未善也。"

【通解】孔子说："凭智慧得来的权位，而不用仁德去保有它；虽然得到了，也必然会丧失它。凭智慧得来的权位，能用仁德保有它，如果不用端庄的态度来治事，庶民也不会敬服。凭智慧得来的权位，能用仁德保有它，能用端庄的态度来治事，如果不用礼仪来动员百姓，也还是不完善的。"

智仁庄礼四者的核心是仁。《易·系辞下·第一章》云："何以守位？曰仁。"《孟子离娄上》云："天子不仁，不保四海；诸侯不仁，不保社稷；卿大夫不仁，不保宗庙。"

智仁庄礼四者，君王缺一不可，君子亦缺一不可。

宋代学者朱熹曰："愚谓学至于仁，则善有诸己而大本立矣。莅之不庄，动之不以礼，乃其气禀学问之小疵，然亦非尽善之道也。"意思是说，学是基础，仁是根本，其他亦不可马虎。

【引言】量才录用是一条通则，古今皆然。

15.34 子曰："君子不可小知而可大受也，小人不可大受而可小知也。"

【通解】孔子说："不可以从小事情上去了解君子，君子是可以接受大任务的；小人不可以接受大任务，而可以从小事情上去了解他。"

这就是大才大用，小才小用的意思。《淮南子·主术训》云："是故有大略（谋略）者不可责以捷巧（小事），有小智（小聪明）者不可任以大功（大任务）。……譬犹狸（狐狸）之不可使搏牛，虎之不可使搏鼠也。"

李白在《将进酒》中声言："天生我材必有用。"是呀，人都应该有这个自信。

"大受"谓所容纳的器识大，"小知"谓所能受的器识小。君子器识宽广，"大受"才能尽其才；小人器识褊狭，"小知"即可知其实。

【引言】水火是百姓生活的需要，仁政也是百姓生活的需要。

15.35 子曰："民之于仁也，甚于水火。水火，吾见蹈而死者矣，未见蹈仁而死者也。"

【通解】孔子说："百姓需要仁德，比需要水火更迫切。我曾经见过由于进入水火而死亡的事，却没有见过由于实践仁德而死亡的呢。"

孔子的意思是说，水火有益也有害；仁德则有益无损，人人都可以实行。

《孟子·尽心上》云："搞好耕种，减轻赋税，使百姓富足起来。按时食用，依礼消费，财物是用不尽的。民非水火便不能生存，黄昏敲门求水火没有不给的，因为水火很充足之故。圣人治天下，要使粮食同水火一样充足，百姓哪有不实践仁德的呢？"孟子比孔子进了一步，提出了普及仁德的方法，乃在于发展生产，轻徭薄赋，使百姓富足起来。

《管子·牧民》曰："仓廪实而知礼节，衣食足而知荣辱。"正就是这个道理。

【引言】老师是传道授业解惑的人，学生有学生的主观能动性。

15.36 子曰："当仁，不让于师。"

【通解】孔子说："当行为合乎仁义的时候，就是对老师也无须谦让。"

希腊哲人亚里士多德曾说过类似的话："朋友和真理既然都是我们心爱的对象，我们就不得不爱真理过于爱朋友了。"亚里士多德尊重他的老师柏拉图，但在学术上，并没有亦步亦趋，而有其独创之处。换言之，也就是"吾爱吾师，吾尤爱真理"的意思。

宋代学者朱熹说："当仁，以仁为己任也。虽师亦无所逊（让），言当勇往而必为也。盖仁者，人所自有而自为之，非有争也，何逊之有？"仁与师二者，仁是内在的，师是外在的；如果有矛盾，当以仁为主，无须乎迟疑。

【引言】事有大小轻重缓急之分，该怎样把握呢？

15.37 子曰："君子贞而不谅。"

【通解】孔子说："君子坚守着大的原则，不执着于小的信用。"

孔子曾经对子贡说过："言必信，行必果，硁硁然小人哉！抑亦可以为次矣。"（见13.20）意思是说，言语信实，行为坚决，这是谨小慎微叮当响的小人物啊！不过亦可以算是再次一等的人士了。

孔子坚守大信大节，不主张为小信小节而付出生命。有一次子贡问老师："管仲不是仁者吧？齐桓公使公子纠被杀，管仲不以死相报，反而去辅佐桓公。"孔子说："管仲辅佐齐桓公，成就霸业，一匡天下，百姓至今受其赐。若非管仲之力，我们大概也成了少数民族的人了。难道说，要他像一般人那样守着小节小信，为了效忠公子纠，就吊死在沟渠之侧，任谁也不知道他，才算是仁吗？"（见14.17）

【引言】恪尽职守与物质待遇，宜有个主次之分。

15.38 子曰："事君，敬其事而后食【其禄】。"

【通解】孔子说："侍奉国君的人，首先应该严肃认真地恪尽职守，而把俸禄待遇之事放在后边。"

《礼记·儒行》曰："先劳而后禄，不亦易禄乎？先出力，后受禄，不正是把俸禄看得很轻吗？"

南宋学者朱熹《论语集注》曰："君子之仕（当官）也，有官守者修其职（恪尽职守），有言责者（谏官）尽其忠。皆以敬吾之事而已，不可先有求禄之心也。"

先尽职而后受薪，古今一理。

【引言】公元八世纪以前，埃及有文士学校，印度有古儒学校，但办学水平很低，影响甚微。孔子办学堪称后来居上。

15.39 子曰："有教无类。"

【通解】春秋时代以前，学在官府，上学的都是贵族子弟。春秋后期，始有私人办学，含儒家私学、墨家私学、道家私学等。孔子是其时兴办私学的代表人物。

孔子说："我对谁都进行教育，不分贵贱，不分贫富，不分智愚，也不分地域和种族。"

孔子的"有教无类"冲破了种族，等级的界限，使贫民布衣都有了受教育的机会。

孔子的条件是："凡在十五岁以上，能自己束发修身的少年，只要稍微有一点赠礼，我没有不教他的。"（见 7.7）

【引言】志同道合是人间一大乐事。

15.40 子曰："道不同，不相为谋。"

【通解】孔子说："走不同道路的人，彼此不需要商议。"

《史记·伯夷列传》云："子曰'道不同，不相为谋'，亦各从其志也。"是说各人有各人的志向，那就各走各的路好了。

孔子主张："无【毋】友不如己者。"（见 1.8）是说不要跟不如自己的人去交朋友，也不要跟志不同道不合的人去结交。（又见 9.25）

《荀子·大略篇》曰："君人者不可以不慎取臣，匹夫不可以不慎取友。友者，所以相有也。道不同，何以相有也？"意思是说，国君不可以不慎重地选取臣下，一般人不可以不慎重地选取朋友。朋友是为了互相帮助的。彼此的志向不同怎么能互相帮助呢？

【引言】说话，写文章，要怎样才会好？

15.41 子曰："辞达而已矣。"

【通解】孔子说："言辞足以表达意思就行了，不必堆砌华美的辞藻。"

孔子认为："文胜质则史。"（6.18）文采超越了质朴，会显得富丽堂皇，不踏实。宋代学者朱熹也认为："辞取达意而止，不以富丽为工。"

近代学者辜鸿铭说："语言应通俗易懂，而没有其他任何要求。"

现代作家鲁迅《答北斗杂志社问》道："写完后至少看两遍，竭力将可有可无的字，句，段删去，毫不可惜。不生造除自己之外谁也不懂的形容词之类。"

有一副对联说得好：

修辞立诚在于无愧

造物指事莫非自然

【引言】卫灵公曾经问孔子临阵作战之法，孔子什么也没有告诉他。（见 15.1）如今一位盲乐师来访，孔子却有说不完的话。

15.42 师冕见，及阶，子曰："阶也。"及席，子曰："席也。"皆坐，子告之曰："某在斯，某在斯。"师冕出，子张问曰："与师言之道与【欤】？"子曰："然，固相师之道也。"

【通解】有一位叫冕的盲人乐师来见孔子，将近台阶时，孔子说："准备上台阶了。"古人席地而坐，将近座席时，孔子说："可以准备坐下了。"大家都坐定了时，孔子一一告诉他说："有某人在座，某人在座。"

师冕回去了。子张问老师道："这是同乐师相处时说话的方式吗？"孔子说："是的，这正是帮助盲人乐师应有的方式。"

《礼记·少仪》载："夜晚，当没有火炬照明时，对于后到的宾客，主人应向他介绍有谁有谁在座；白天，有盲人来到时，主人也应向他介绍在座的有谁有谁。"

当代学者傅佩荣说："这一章讲的是生活中的一个细节。你光讲大理论、冠冕堂皇的观念，是不够的；生活细节才能真正反映出孔子是怎样做人处事的。所有的道德，不就在日常生活里面实践吗？孔子的为人就是将心比心，站在别人的角度来考虑，这是特别值得我们学习的。"

季氏篇第十六（凡14章）

【引言】本篇主要是阐发孔子关于维护中央集权的理念，崇尚和平进取的理念与化解社会矛盾的理念。

首章叙述孔子对政事科优秀弟子冉有和子路的教导。孔子育人，既育于在学之时，复育于就业之后。

16.1.1 季氏将伐颛臾（**zhuān yú**）。冉有、季路见于孔子曰："季氏将有事于颛臾。"

孔子曰："求！无乃尔是过与【欤】？夫颛臾，昔者先王以为东蒙主，且在邦域之中矣，是社稷之臣也，何以伐为？"

【通解】鲁国的权臣季氏，为了扩充自己的势力，将要去攻打附属于鲁国的小国颛臾（今山东费县西北）。季氏的家臣冉有（名求）季路（名仲由）来见孔子，说："季氏将对颛臾发动进攻。"

孔子说："求啊！这难道不应该怪罪于你吗？前代的君王让颛臾主持东蒙山（今山东蒙县南）的祭祀，而且颛臾的国境早就在鲁国的封域之中，它是与鲁国共安危的藩属，为什么要攻打它呢？"

鲁国贵族权臣季康子与鲁哀公有矛盾，季氏恐怕鲁哀公利用鲁国的附属小国颛臾的有利地势来袭击他的私邑，于是先下手为强，准备去攻打颛臾，以保全和扩张自己。孔子反对这样做，所以责备自己的学生冉有和季路，作为季氏的家臣，不应该支持季氏。

16.1.2 冉有曰："夫子欲之，吾二臣者皆不欲也。"

孔子曰："求！周任有言曰：'陈力就列，不能者止。'危而不持，颠而不扶，则将焉用波相（xiàng）矣？且尔言过矣，虎兕（sì）出于柙（xiá），龟玉毁于椟（dú）中，是谁之过与【欤】？"

冉有曰："今夫颛臾，固而近于费（bì）。今不取，后世必为子孙忧。"

【通解】冉有说："是季孙先生要这么做，我们两个为臣的是不想这么做的。"

孔子说："求啊！古代优良史官周任说得好：'能施展多大实力，便接受何等职务；如果没有能耐，就趁早别干了，以免尸位素餐。'一个盲人有危险，你们不去支撑他；盲人跌倒了，你们不去搀扶他，既然如此，他要你们当助手又有何用呢？你们推卸责任的话是错误的，老虎犀牛从笼里跑了出来，龟甲美玉在匣中被毁坏了，这是谁的过失呢？"

冉有说："颛臾如今的城墙坚固，而且距季孙的采邑费地很近，若不把它拿下来，必然会成为子孙后代的忧患。"

孔子说："龟玉毁于椟中。""龟玉"在古代是两种宝贝，所以感到可惜。《国语·楚语下》记载：美玉可保佑嘉谷，使无水旱之灾，所以是国宝；龟甲可用来占卜，可知吉凶之兆，所以是国宝。孔子的意思是说，龟玉遭到损坏，是保管人的责任，季氏举据失当，家臣不能辞其咎。

16.1.3 孔子曰："求！君子疾夫舍曰欲之而必【更】为之辞。丘也闻有国有家者，不患寡而患不均，不患贫而患不安。盖均无贫，和无寡，安无倾。夫如是，故远人不服，则修文德以来之。既来之，则安之。今由与求也，相夫子，远人不服，而不能来也；邦分崩离析，而不能守也；而谋动干戈于邦内。吾恐季孙之忧，不在颛臾，而在萧墙之内也。"

【通解】孔子说："求啊！君子厌恶那种人，不说自己想贪图好处，却另找一个借口来掩盖。我听说了，凡是诸侯或者卿大夫，不担心财富不够，只担心分配不当；不担心人口稀少，只担心境内不安。由于分配得当，就无所谓贫困了；由于社会和谐，就不在乎人多少；由于国家安定，自然不至于倾亡。像这样，远方之人不归顺，则兴礼乐、行教化以招徕他们。既然使他们来了，就该使他们安定。如今仲由与冉求啊，在辅佐季孙先生，远方之人不归顺，却不能设法去招徕他们；国家内部在分裂瓦解，却不能设法去收拾保全；反而想用兵去攻打颛臾。我估摸季孙的忧患不在颛臾方面，而在宫室照壁之内哩。"

意思是说，颛臾无害于季孙，宫室内部的鲁君却于季孙有害哩。我师杨伯峻先生说："萧墙是鲁君所用的屏风。人臣至此屏风，便会肃然起敬，所以叫作萧墙。'萧墙之内'指鲁君。当时季孙把持鲁国政治，和鲁君矛盾很大，也知道鲁君想收拾他以收回主权，因此怕颛臾凭借有利地势起而帮助鲁国，于是要先下手为强，攻打颛臾。孔子这句话（季孙之忧，不在颛臾，而在萧墙之内），深深地刺中了季孙的内心。"

孔子所说的"不患寡而患不均"，其用意并不是要搞平均主义，而是应反对贫富悬殊，反对统治者的横征暴敛和穷奢极欲。

"既来之，则安之"一语，后来出现了新的用法：（1）既然来到了此处，就该安下心来。（2）既然事情发生了，就该安然对待。

1941 年，陕甘宁边区干部王观澜因病住院，心情很烦躁。毛泽东知道后去看望他，并根据中医李鼎铭所讲的对待疾病的办法，给王观澜题词道："既来之，则安之，自己完全不着急，让体内慢慢生长抵抗力和它做斗争，直至最后战而胜之。这是我对于病的态度。"（见《人物》1983 年第 6 期王来吾文）

【引言】周朝中后期，自天子、诸侯以致卿大夫及其家臣间的关系，逐渐有些乱套了。

16.2 孔子曰："天下有道，则礼乐征伐自天子出；天下无道，则礼乐征伐自诸侯出。自诸侯出，盖十世希不失矣；自大夫出，五世希不失矣；陪臣执国命，三世希不失矣。天下有道，则政不在大夫。天下有道，则庶人不议。"

【通解】孔子说："天下有道义可讲时，制礼作乐出兵讨伐之事由天子作主；天下无道义可讲时，制礼作乐出兵讨伐之事由诸侯做主。由诸侯做主，最多延续到十代，很少不会消亡的；由大夫做主，最多延续到五代，很少不会消亡的；由大夫的家臣来把持国政，最多延续到三代，很少不会消亡的。天下有道义可讲，政令落不到大夫之手。天下有道义可讲，百姓就不会有什么议论。"

孔子的这番话皆有感而发。孔子了解到，尧、舜、禹、汤及周朝初期，礼乐征伐均自天子出；然自齐桓公以后，周天子已无此力量。齐自桓公称霸，历经十公，至齐简公而被陈恒所杀；晋自文公称霸，历经九公，而六卿开始专权——所以说，"十世希（稀）不失矣"。鲁国自季友专政，历经四代，而为阳虎所执——所以说"五世希不失矣"。至于季氏家臣南蒯、公山弗扰、阳虎之辈，皆当身而败——所以说"三世希不失矣"；实际上陪臣执国命，很难达到三世。

清代学者金圣叹说："天下有道，则庶人不议；天下无道，则庶人议矣。"然而议或不议，都并不那么简单。

现代作家鲁迅直认为："人民在欺骗和压制之下，失了力量，哑了声音，至多也不过有几句民谣。'天下有道，则庶人不议'。就是秦始皇、隋炀帝，他会承认无道么？百姓就只好永远钳口结舌，相率被杀被奴。"

【引言】上一章谈到周朝中后期以来的执政情况，本章接着谈鲁国自宣公以来的执政情况，皆每况愈下。

16.3 孔子曰："禄之去公室五世矣，政逮于大夫四世矣，故夫三桓之子孙微矣。"

【通解】孔子说："鲁国国君失去了国家政权，已经历了鲁宣公、鲁成公、鲁襄公、鲁昭公、鲁定公一共五代；鲁国的国政落入大夫季孙氏之手，也经历了季文子、季武子、季平子、季桓子一共四代了。鲁国的三卿，仲孙（即孟孙）、叔孙、季孙都是先前鲁桓公的后代，史称三桓。三桓的子孙如今也都衰败不振了。"

　　孔子在上一章说，礼乐征伐自大夫出（由大夫做主）五世希不失矣，所谈的是一般规律。本章则以鲁大夫季孙氏为例，兼及仲孙氏、叔孙氏，五世希不失矣（掌权延续到五代，很少而不消亡的）。

　　《史记·鲁世家》云："（鲁）文公卒，襄仲（大夫东门遂）立宣公。鲁由此公室卑，三桓强。"这就是说，鲁国自宣公起，就开始走下坡路了；而三桓从此时起，就开始逐步崛起了。

　　【引言】"有朋自远方来，不亦乐乎！"这肯定都是益友。

　　16.4 孔子曰："益者三友，损者三友。友直，友谅，友多闻，益矣。友便辟（pián bì），友善柔，友便佞（pián nìng），损矣。"

　　【通解】孔子说："对自己有益的有三种朋友，对自己有损的也有三种朋友。与正直的人交友，与诚信的人交友，与知识渊博的人交友，是有益的。与阿谀奉承的人交友，与两面三刀的人交友，与巧舌如簧的人交友就是有损的了。"

　　孔子曾说过："毋友不如己者。"（见9.25）不要与不如自己的人交朋友，不要与志不同道不合的人交朋友，为的是不受损害。

　　《孔子家语·六本》云："与善人居，如入芝兰之室，久而不闻其香，则与之俱化矣；与不善人居，如入鲍鱼之肆，久而不闻其臭，亦与之俱化矣。"朋友有同化作用，不可不慎。

　　"益者三友，损者三友。"有道是，醉翁之意安在哉？君子之交淡如水。

　　英国作家莎士比亚说："有些人对你恭维不离口，可全不是患难朋友。"这类朋友不交也罢。

　　【引言】对朋友要具体分析，对快乐也要具体分析。

　　16.5 孔子曰："益者三乐，损者三乐。乐节礼乐（yuè），乐道人之善，乐多贤友，益矣。乐骄乐（yuè），乐佚游，乐宴乐，损矣。"

【通解】孔子说："使自己受益的快乐有三种，使自己受损的快乐也有三种。以礼乐和谐为快乐，以彰显好人好事为快乐，以广交贤友为快乐，都会使自己终生受益。以骄奢无度为快乐，以浪游忘返为快乐，以宴饮行乐为快乐，就会使自己终生受损了。"

助人为乐，读书最乐，知足常乐。有益的快乐何止于三呢？

孟子也有自己的三乐。《孟子·尽心上》云："君子有三乐，而王（wàng）天下不与存焉（不包括拥有天下）。父母俱存，兄弟无故（没有灾难），一乐也；仰不愧于天，俯不怍（zuò）于人,二乐也；得天下英才（优秀学生）而教育之，三乐也。君子有三乐，而王天下不与存焉。"

清代诗人郑板桥赠袁枚诗云："女称绝色邻夸艳，君有奇才我不贫。"这就是"乐道人之善"的意思了。

1931 年 6 月 16 日，现代出版家张元济之子张树年将赴美国留学，张元济叮嘱他几条注意事项，其中有一条说："交友之道，无论同国人非同国人，均需慎加选择，勿滥交。"这就是"乐多贤友"的意思了。

美国科学家爱因斯坦说："世间最美好的东西，莫过于有几个头脑和心地都很正道的严正的朋友。"这也是"乐多贤友"的意思。

【引言】语言是交际工具，须注意掌握分寸。

16.6 孔子曰："侍于君子有三愆（qiān）：言未及之而言，谓之躁；言及之而不言，谓之隐；未见颜色而言，谓之瞽（gǔ）。"

【通解】孔子说："陪侍在君子身边容易犯三种过失：不到你说话的时候却先说了，这叫急躁；到了你该说的时候，却缄口不言，这叫掩饰；也不察言观色，就一味信口开河，这叫瞎说。"

《荀子·劝学篇》也说道："未可与言而言谓之傲，可与言而不言谓之隐，不观气色而言谓之瞽。君子不傲不隐不瞽,谨顺其序。"谨顺其序，即谨慎掌握时机之意。

春秋时卫国大夫公孙文子平时不怎么说话，"时然后言，人不厌其言。"（见14.13）切合时宜时才说话，人不厌烦他的话。此即"谨顺其序"之意也。谨慎掌握时机可免于"三愆"（三种过失）。

【引言】基本修养是一辈子的事，不同年龄有不同的要求。

16.7 孔子曰："君子有三戒：少之时，血气未定，戒之在色；及其壮也，血气方刚，戒之在斗；及其老也，血气既衰，戒之在得。"

【通解】孔子说："君子值得自我戒惕的有三条：年轻时，血气未定，要戒惕的是沉酣女色；及至壮年，血气方刚，要戒惕的是使气斗殴；及至老年，血气已衰，要戒惕的是贪多务得。"

戒色是为了培养元气，戒斗是为了培养正气。《孟子·公孙丑上》总括为："善养吾浩然之气。"

《老子》第四十六章云："祸莫大于不知足，咎莫大于欲得。"祸患没有比不知足更大的了，罪恶没有比贪多务得更大的了。所以说，老年人戒之在得。

《孟子·离娄下》云："世俗所谓不孝者五，惰其四肢（懒惰），不顾父母之养，一不孝也；博弈（下棋）好饮酒，不顾父母之养，二不孝也；好货财（钱物），私妻子（偏爱妻子儿女），不顾父母之养，三不孝也；从（放纵）耳目之欲，以为父母戮（使父母受辱），四不孝也；好勇斗很（狠），以危（危及）父母，五不孝也。"第五条最为严重，说的是，壮年戒之在斗。

唐代诗人温庭筠《和友人伤歌姬》诗云："王孙（贵族子弟）莫学多情客，自古多情损少年。"说的是年轻人戒之在色。

《淮南子·铨言训》曰："凡人之性，少则猖狂，壮则暴强，老则好利。"此说与孔子之说稍有异同，可资比较。

总之，孔子的意见是，少年时血气未定，不倾心美色，免有害健康；壮年时血气方刚，不与人争斗，免两败俱伤；老年时血气已衰，不贪多务得，免无法安详。

少年时对时光尤须珍惜。唐代无名氏《杂诗十九首》之一云："劝君莫惜金缕衣，劝君惜取少年时。"用金线刺绣的华美服装，一切华贵的珍稀物品，都不值得珍惜，值得珍惜的是贵过一切的青春时光。

【引言】人应不应该有所敬畏？这个问题值得研究。

16.8 子曰："君子有三畏：畏天命，畏大人，畏圣人之言。小人不知天命而不畏也，狎大人，侮圣人之言。"

【通解】孔子说："君子所当敬畏的有三个方面：敬畏上天的规则，敬畏在高位的人，敬畏圣人的睿智之言。小人不懂得什么叫天命，所以不知道敬畏，不在乎什么王公大人，不作兴什么圣人之言。"

对于在位的王公大人，孟子有自己独特的看法。《孟子·尽心下》云："说（shuì）大人则藐之，勿视其巍巍然。"向诸侯进言就得藐视他，不要把他显赫的地位放在眼里。

当代学者傅佩荣解释说："孟子不是说'说（shuì）大人则藐之'吗？那孔子为什么说'畏大人'呢？从心理学的角度说，你越尊重一个人，他就越发尊重你，相反，你不尊重他，他凭什么尊重你呢？政治领袖做错了一件事，受害的是百姓。所以，出于为百姓着想的目的，我们宁可尊敬政治领袖，以便他好好照顾百姓。"

【引言】天才没有必然性，能主动追求知识者，才是最可贵的。

16.9 孔子曰："生而知之者上也，学而知之者次也；困而学之，又其次也；困而不学，民斯为下矣！"

【通解】孔子说："生来就有知识的这是上等，学习后才有知识的属于次一等；遇到困难然后才去学习的，属于再次一等；遇到困难也不学习，那就是下等了。"

孔子认为他自己是属于次一等的。他说："我非生而知之者，好古，敏以求之者也。"（见 7.20）我不是生来就有知识的，是喜好古代文献，勤快钻研而得来的啊。这是最可贵的。

学无止境，功夫无量。《礼记·中庸》说得好："人一能之己百之，人十能之己千之。果能此道矣，虽愚必明。"肯比常人多下一百倍的功夫，纵然愚拙，也会聪明过人的。

唐代学者韩愈在《师说》一文中说："人非生而知之者，孰能无惑？惑而不从师，其为惑也，终不解矣。"人不是一生下来就有知识的，谁能没有疑惑呢？有疑惑而不请教老师，光冥思苦索，总是解决不了的。

【引言】人是有思维能力的，多想出智慧。

16.10 孔子曰："君子有九思：视思明，听思聪，色思温，貌思恭，言思忠，事思敬，疑思问，忿思难，见得思义。"

【通解】君子有九条思虑："视觉希望能看得明白，听觉希望能保持灵敏，神色想着要亲切温和，容貌想着要恭谨端庄，说话想着要忠诚务实，办事想着要严肃认真，疑惑时想着及时向人请教，愤怒时须想着会有什么后患，有利可得时须想着是否合乎道义。"

君子与人相见时，先以视听相接近，次以色貌相接近，次以言语相交，次以治事相交，然后时或有疑，时或有忿，时或有得：九思的先后次序如此。

孔子在这里设想了一种自强不息，奋发进取，积极向上的人生观；排除干扰，开拓向前，以达于最理想的精神境界。

"九思"的核心是"思"。《孟子·告子上》云："心之官则思，思则得之，不思则不得也。"孟子认为，心这个器官就是用来思考的，人的善性，通过思考而获得，不思考就得不着。

"事思敬"，办事想着要严肃认真。《荀子·议兵篇》曰："凡百事之成也，必在敬之；其败也，必在慢之。"严肃认真则成功有望，马虎草率，必失败无疑。

"疑思问"，有疑问想着要向人求教。清代学者刘开说："君子之学必好问。问与学，相辅而行者也。非学无以致疑，非问无以广识。"不学习的人不会有什么疑惑，不好问的人不可能增广知识。勤学而好问，有助于自强不息，厚德载物。

孔子曰："君子有九思"。《荀子·法行篇》引孔子曰："君子有三思，而不可不思也。少年而不学习，老时无有才能也；老年而不教人，死后无人思念也；富有而不布施，穷时无人周济也。是故君子少年时要想到长大以后，所以得学习；老年人要想到寿终以后，所以得教人；有钱人要想到贫穷以后，所以得布施也。"荀子所引与本章所述，二者角度不同，内容可以互补。"

【引言】人生在世，做人是第一要义。

16.11 孔子曰："见善如不及，见不善如探汤。吾见其人矣，吾闻其语矣。隐居以求其志，行义以达其道。吾闻其语矣，未见其人也。"

【通解】孔子说："发现好人好事，好像来不及似的，得赶紧向他学习；遇见坏人坏事，就好像开水烫了手似的，得赶紧医治。我见过这样的人，也听过这样的话。隐居山野，以保全自己的志向；践行仁义，以弘扬自己的理想。我听过这样的话，却没有见过这样的人啊。"

"隐居以成其志。"就是说，得志时施惠于民，不得志时就加强修养，以此为人生准则。能做到这样，也并不容易。

"行义以达其道。"就是说，做自己该做的事，以贯彻自己的主张。

"见善如不及，见不善如探汤。"趋善避恶，人情之常，不难做到。《易·系辞下》云："善不积，不足以成名；恶不积，不足以灭身。"不积累善行，不足以有所建树；不恶贯满盈，不足以身败名裂。不善之事须防微杜渐，不可以"下不为例"！

【引言】立身处世德为先，聚货财有何意义！

16.12 齐景公有马千驷，死之日，民无德而称焉。伯夷叔齐饿于首阳之下，民到于今称之。其斯之谓与【欤】？

【通解】春秋时齐国的国君齐景公，在位时好治宫室，厚赋重敛，无德而多马。

伯夷、叔齐是商朝孤竹君的两个儿子。其父遗命立叔齐为继承人，叔齐让位于伯夷，伯夷不接受，二人先后都逃到了周国。周武王伐纣，两人扣马谏阻。武王灭商后，他俩逃到首阳山，采薇而食。

齐景公拥有好马四千匹，他死的时候，民间说不出他有什么德政。伯夷叔齐什么都没有，后来饿死在首阳山下，民间到现在还在称颂着他俩。这大概就是以德为本的意思吧？

近代学者辜鸿铭说："钱财对于个人来说，乃是身外之物，满足他人所需，才是真正的追求目标。"

【引言】作为教育家的孔子，是怎样教育自己的儿子的？

16.13 陈亢（kàng）问于伯鱼曰："子亦有异闻乎？"
对曰："未也。尝独立，鲤趋而过庭。曰：'学诗乎？'对曰：'未也。''不学诗，无以言。'鲤退而学诗。他日，又独立，鲤趋而过庭。曰：'学礼乎？'对曰：'未也。''不学礼，无以立。'鲤退而学礼。闻斯二者。"
陈亢退而喜曰："问一得三：闻诗，闻礼。又闻君子远其子也。"

【通解】孔鲤字伯鱼，孔子之子。陈亢以为孔子教给儿子的东西会比教给学生的东西要多一些。

陈亢向伯鱼问道："您在您父亲那儿，是否得到了更多的传授呢？"

伯鱼答道："没有呢。有一天，他独自站在堂中，我快步经过堂前。他问我：'学了诗没有？'我说：'没有呢。'父亲说：'不学诗，就没法表情达意。'我于是开始学诗。另外有一天，父亲又独自站在堂中，我快步经过堂前。他问我：'学了礼没有？'我说：'没有呢。'父亲说：'不学礼，就没法立身处世。'我于是开始学礼。我一共就听到这么两次教诲。"

陈亢回去后，很高兴地说："我问了一个问题，知道了三件事情。一是知道了学诗的作用，二是知道了学礼的作用，三是知道老师对待自己的儿子并不那么亲近，简直就像对待自己的学生一样。"

也可以反过来说，教育家孔子对待自己的学生就像对待自己的儿子一样。

我师杨伯峻先生说："曾经有学生怀疑孔子的讲授有所保留，孔子却说'无行而不与二三子'（7.24）；这里又有人怀疑孔子对儿子有特别的传授，其实孔子对儿子与对学生并无不同。"

孔子的学生积极性很高，总希望老师多传授一些。孔子说："你以为我保留了什么吗？我没什么可保留的。我没有任何行为举止不亮在你们眼前的，你们看我的行为举止，这就是我孔丘为人的本色啊。"（见 7.24）

【引言】春秋末期，对国君之妻的称谓有些紊乱，所以有加以明确的必要。

16.14 邦君之妻，君称之曰夫人，夫人自称曰小童；邦人称之曰君夫人，称诸异邦曰寡小君；异邦人称之亦曰君夫人。

【通解】国君的妻子，国君尊称她为夫人，夫人自称为小童，是一种谦称；国内的人称她为君夫人表示尊敬，在外国人面前称她为寡小君以示谦逊；外国人也称她为君夫人以表示敬重。

这段话不知是谁说的？我师杨伯峻先生说："这章可能也是孔子所言，却遗落了'子曰'两字。有人疑心这是后人见竹简有空白处，任意附记的。殊不知书写《论语》的竹简不过八寸，短者每章一简，长者一章数简，断断没有多大空白能书写这四十多字。"

《礼记·曲礼下》记载："公侯有夫人，有世妇，有妻，有妾。夫人自称于天子曰老妇；自称于诸侯曰寡小君；自称于其君,曰小童；自世妇以下自称曰婢子。"此与孔子所说，颇有异同。其时称谓之紊乱，与此可见一斑。

阳货篇第十七（凡26章）

【引言】本篇论述了加强自我修养的方方面面，其核心价值是"仁"，目的是为了经世致用。

本章叙孔子与阳货斗智的情况，令人深思。

17.1 阳货欲见孔子，孔子不见，归【馈】孔子豚。孔子时【待】其亡也，而往拜之。遇诸途。

谓孔子曰："来！予与尔言。"曰："怀其宝而迷其邦，可谓仁乎？"曰："不可。好从事而亟（qì）失时，可谓智乎？"曰："不可。日月逝矣，岁不我与。"

孔子曰："诺，吾将仕矣。"

【通解】春秋时鲁国人阳货，亦称阳虎，是权臣季氏的家臣。季平子死后，阳货进而谋取季氏之政，想让孔子辅佐于他。

阳货想让孔子来见他，孔子不去。阳货派人送了一头蒸小猪给孔子。孔子深知，按礼节，受到馈赠后，是要登门拜谢的。但孔子实在不愿意见他，便打听到他外出时，才去他家里拜谢。不巧得很，孔子回来时，在途中遇到了阳货。

阳货招呼孔子道："来！我跟你说话。"接着说："你有德有才，却忍见国事迷茫，可以说是仁爱吗？"孔子不言，阳货自答"不可以"，然后说："你想做官，却屡次失去良机，可以说是明智吗？"孔子仍不言，阳货又自答"不可以"，最后说："日子一天天过去了，年岁不等人哪。"

孔子漫应道："好，我会去当官的。"

孔子的意思在于：我会去当官的，但不在你处当官。

我师杨伯峻先生说："阳货当时把持鲁国政治，想利用孔子做他的助手，孔子不愿，又不想严词拒绝，孔子这种不得已的敷衍态度活跃如亲见。"

《孟子·滕文公下》有类似记载，阳货想让孔子来见他，又不愿自己失礼，径行召唤他来见。当时有一条礼节，大夫对士有赏赐，如果士不在家，不能亲自领受和拜谢，事后便得再亲往大夫家拜谢。因此阳货打听到孔子外出之时，给他送去一头蒸小猪；孔子也打听到阳货不在家之时，才去答谢。当此时，阳货若不耍花招，先去看孔子，孔子哪会不回拜他呢？

"日月逝矣，岁不我与"一语，有千秋普世价值。古语有之曰："时乎时乎不再来！"晋代诗人陶渊明《杂诗八首》之一云："盛年不重来，一日难再晨。及时当勉励，岁月不待人。"北宋隐士林逋（bū）《省心录》有云："岁月以往者不可复，未来者不可期，现在者不可失。"美国诗人爱默生说道："昨天不能追回来，明天还没有来到。你能把握的，就只有今天，今天一天当明天两天。"所以，珍惜今天是第一要义。

【引言】人性善，还是人性恶？孔子的说法如何？

17.2　子曰："性相近也，习相远也。"

【通解】孔子说："初生儿的本性都是相近的，由于习染不同，才拉开了距离。"

所谓习染不同，当包括所受的家庭教育、学校教育和社会教育，包括所交的朋友和所读的书，包括所从事的职业和行踪所到之处皆有所不同，等等，有此而形成各自不同的品性和习性。

《淮南子·齐俗训》曰："夫素之质白，染之以涅则黑；缣之性黄，染之以丹则赤；人之性无邪，久湛於俗则易。"生绢是白的，用石墨一染就成了黑的；细绢是黄的，用丹砂一染就成了红的；人性起初无邪念，久久沉浸于世间，自然就起了变化。

汉代学者王充《论衡·本性篇》曰："孔子曰'性相近也，习相远也'，夫中人之性，在所习焉。习善而为善，习恶而为恶也。至于极善极恶，非复在习。故孔子曰'唯上智与下愚不移'。"

宋代学者王应麟《三字经》云："人之初，性本善；性相近，习相远；苟不教，性乃迁。"也说人性起初是好的，彼此都相近；后来因习染不同而拉开了距离；如不及时教育，品质就会起质的变化。

现代作家鲁迅在《二十四孝图》一文中说："'人之初，性本善'么？这并非现在要加以研究的问题。但我还依稀记得，我幼小时候实未尝蓄意忤逆，对于父母，倒是极愿意孝顺的。"这可说明，幼小时期的本性也都是相近的。

【引言】古人认为，绝大多数人都是可以转变的，但亦有例外。

17.3 子曰："唯上知【智】与下愚不移。"

【通解】孔子说："只有极少数最聪明的人和极少数最迟钝的人，是不可以转变的。"

何谓上智，何谓下愚？《汉书·古今人表》曰："可与为善，不可与为恶，是谓上智。""可与为恶，不可与为善，是谓下愚。""可与为善，可与为恶，是谓中人。"班固按人品，分古今之人为上中下三等，各等中又分为上中下三级，凡三等九级。

何谓上智，何谓下愚？清代学者孙星衍《问字堂集说》曰："上知谓生而知之，下愚谓困而不学。"孙氏用孔子原话来解说，也言之成理。

孔子原话为："生而知之者上也，学而知之者次也；困而学之，又其次也；困而不学，民斯为下矣！"（见 16.9）意思是说，生来就有知识的，是上等；学了才有知识的，是次等；遇到困难然才学的，是第三等；遇到困难也不学的，那就是下等了。

现代学者杨树达也说："上知与下愚不移，上知谓中人以上也，下知谓中人以下也。"然则居于多数的中人，才是教育的主要对象。

上智有没有？诺奖获得者李政道是一个例子。他在西南联大读书时，才智过人。叶企孙教授特许他不必听课，也无须交作业，只参加做做实验就可以了。

下愚者有没有？《礼记·学记》曰："记问之学，不足以为人师，必也其听语乎？力不能问，然后语之；语之而不知，虽舍之可也。"意思是说，记问之学，强输死灌，不够当老师，一定要听取学生的发问。当学生实在提不出问题时，才讲给他听。如果讲了以后，他仍然不懂，那就到此为止吧。这说明下愚也是有的。

汉代学者王充《论衡·本性篇》云："孔子曰'唯上智与下愚不移'，性有善不善（有上智下愚），圣化贤教（圣贤的教化），不能复移易也。"

【引言】孔子也会开玩笑，其形象呼之欲出。

> 17.4 子之武城，闻弦歌之声。夫子莞（wǎn）尔而笑，曰："割鸡焉用牛刀？"
> 子游对曰："昔者偃也闻诸夫子曰：'君子学道则爱人，小人学道则易使也。'"
> 子曰："二三子！偃之言是也。前言戏之耳。"

【通解】春秋末吴国人言偃字子游，是孔子弟子，长于文学。在鲁国做官，任武城宰。武城是一个小县，在今山东平邑县南。

孔子和弟子们到武城县去，听到了琴瑟歌唱之声。孔子微笑着说："杀鸡哪里用得上牛刀？"意思是说，治理一个小县，还用得着礼乐吗？

子游答道："先前我听老师说过：'士大夫学习礼乐就会有仁爱之心，老百姓受礼乐熏陶，就会自觉地听从使唤。'"

孔子说："弟子们！言偃的话是对的。我刚才说的话，只是和他开玩笑罢了。"

宋代学者朱熹说："治国的范围有大小，但必须使用礼乐，其道理是一致的。不过多数官员都没能实行，只有子游才这样做了。孔子听到了弦歌之声很高兴，因此说了句反话来逗他。不料子游从正面搬出了老师的话来作答，孔子于是肯定他说得正确，而承认自己是在开玩笑，也算是对弟子们的一个教育了。"

【引言】季氏为鲁国的权臣，历经数代；公山弗扰是季氏的家臣，欲取季桓而代之。

　　　17.5　公山弗扰以费（bì）畔，召，子欲往。子路不说【悦】，曰："末之也，已，何必公山氏之之也？"

　　　子曰："夫召我者，而岂徒哉？如有用我者，吾其为东周乎！"

【通解】公山弗扰占据着季氏的封地费县，起兵背叛了季氏，他仰慕孔子的声望，想召孔子去帮他，孔子准备去看看情况。子路不高兴地说："既然无处可去，就哪儿也别去了，为什么一定要去犯上作乱的公山氏那儿呢？"

孔子说："他既然召我去，难道是无的放矢吗？如果有用我之处，正好施展抱负或可乘势将季氏推倒，而在东方复兴周文王、周武王之道呢！"

不过孔子因"五十而知天命"，最终还是没有去公山弗扰那儿。而由于阳货与公山弗扰先后拉拢孔子都没有成功，倒是引起了鲁定公对孔子的敬重。鲁定公九年（公元前501年），孔子正式出仕，被任命为"中都宰"（中都县长），中都在今山东汶上县西面。

《史记·孔子世家》记载，孔子曰："夫召我者岂徒哉？如用我，其为东周乎！"然亦卒（终于）不行。其后定公以孔子为中都宰。一年，四方皆则之（以他为榜样）。由中都宰为司空（主管建筑工程的官），由司空为大司寇（主管诉讼、司法的最高长官）。

【引言】至少有六位弟子都向老师问过"仁"，孔子的回答各有不同。其中以答复颜渊的最为高深，以答复樊迟的最为浅近，以答复子张的最为全面。

　　　17.6　子张问仁于孔子。孔子曰："能行五者于天下为仁矣。"

　　　"请问之。"曰："恭、宽、信、敏、惠。恭则不侮，宽则得众，信则人任焉，敏则有功，惠则足以使人。”

【通解】子张问孔子，怎样实践仁德。孔子说：“能够面向天下人体现五种精神，就是实践了仁德了。”

子张问“是哪五种精神”。孔子说：“谦恭、宽厚、诚信、敏捷、惠爱。谦恭待人以维系和谐，宽厚待人以凝聚人心，诚信待人以获取信任，敏勉从事以获致成功，造福众人以调动其主动性、积极性和创造性。”

近现代学人张元济主持商务印书馆，五十多年如一日，即以“恭宽信敏惠”为座右铭，从而做出了偌大业绩，将商务印书馆办成了一个蜚声中外的出版机构。

颜渊问仁，孔子告诉他“克己复礼为仁”（见 12.1）；樊迟问仁，孔子告诉他，仁者“爱人”（见 12.22）；子张问仁，孔子告诉他，“能行五者于天下为仁矣。”恭宽信敏惠五者，全面而实用，张元济即为一例。

仁德是一种思想，也是一种行为，它有益于人，亦有益于己。“恭”是双向的，你尊重别人，别人也会尊重你；“宽”是心胸开阔，你待人宽厚，会到处都是朋友；“信”是笃诚守信，你以诚信为本，谁都信得过你；“敏”就是机灵聪慧，能及时抓住机遇，从而走向成功；“惠”是一种爱心，有福乐于与人共享，别人也乐于与你共襄盛举。

【引言】佛肸（xī）是晋国的中牟县宰，他有心与晋国正卿赵简子作对。

17.7 佛肸（xī）召，子欲注。

子路曰：“昔者由也闻诸夫子曰：‘亲于其身为不善者，君子不入也。’佛肸以中牟畔，子之注也，如之何？”

子曰：“然，有是言也。不曰坚乎，磨而不磷（lín）；不曰白乎，涅（niè）而不缁（zī）。吾岂匏瓜也哉？焉能系而不食？”

【通解】春秋末晋国六卿之一的赵简子为了扩大势力，于公元前490年向范氏、中行（háng）氏两卿发动进攻，向中牟县进攻。佛肸是中牟县宰，此中牟为晋邑，在今河南省鹤壁市西面。佛肸也是中行氏的家臣，他站在范氏、中行氏一边，凭借着中牟与赵简子相对抗。他听说孔子有治国之才，便心向往之。

佛肸召唤孔子去，孔子准备去看看情况。

子路说："我先前听老师说过：'自己干坏事的人那里，君子是不去的。'佛肸占据中牟，背叛了晋国的正卿，老师现在却要去，这怎么说得过去呢？"

孔子说："是的，有这个话。但你要知道，不是说有物坚硬牢固吗，用最硬的石块也无法将他磨损；不是说有物洁白无瑕吗，用最黑的染料也无法将它染黑。再说了，我难道是一只匏瓜（葫芦）吗？岂只能系（jì）着好看却不让人吃的吗？"

孔子的意思是说，君子不能当摆设，而应该发挥自己的作用，且不会被他人所左右。

唐代诗人孟浩然有句云："看取莲花净，方知不染心。"这就是"出淤泥而不染"的意思。

宋代学者周敦颐《爱莲说》有云："水陆草木之花，可爱者甚蕃（多）。晋陶渊明独爱菊；自李唐来（李家唐朝以来），世人甚爱牡丹；予独爱莲之出淤泥而不染，濯清涟而不妖，中通外直，不蔓不枝，香远益清，亭亭净植（玉立），可远观而不可亵玩（轻慢）焉。"

以上也都是"涅而不缁"，不受干扰的意思。

【引言】子路是孔子得力助手，性情直爽好勇，但学习不够。

17.8 子曰："由也！女【汝】闻六言六蔽矣乎？"对曰："未也。""居！吾语女【汝】：好仁不好学，其蔽也愚；好知【智】不好学，其蔽也荡；好信不好学，其蔽也贼；好直不好学，其蔽也绞；好勇不好学，其蔽也乱；好刚不好学，其蔽也狂。"

【通解】孔子对子路说："仲由！你听到六种品行六种流弊的说法吗？"子路起身答道："没有听到过。"孔子说："坐下吧，我来告诉你。好仁德而不好学，会流于愚昧无知；好思索而不好学，会流于想入非非；好守信而不好学，会流于害人害己；好直率而不好学，会流于出语伤人；好勇敢而不好学，会流于犯事添乱；好刚强而不好学，会流于狂妄自大，独断专行。"

总之"学而时习之，不亦说乎？"为人而不学无术，将导致寸步难行。

孔子还说过："勇而无礼则乱，直而无礼则绞。"（见8.2）勇敢而不合礼数，将导致作乱；直爽而不知礼数，将使人揪心。这与本章所说"好直不好学，其蔽也绞；好勇不好学，其蔽也乱"命意基本相同。直之蔽同为绞，勇之弊同为乱。由此可知，"不好学"也就是不学礼之意，其结果同为"无礼"。

【引言】"不学诗无以言"，此外，诗还有哪些功能呢？

17.9 子曰："小子何莫学夫诗？诗，可以兴，可以观，可以群，可以怨。迩之事父，远之事君；多识于鸟兽草木之名。"

【通解】孔子说："弟子们为什么不学诗呢？诗温柔敦厚，可以启发意兴，提高文学修养；可以观察风俗，提高观察能力；可以群相切磋，提高与人交流的能力；可以怨而不怒，提高委婉批评的能力。运用诗中的道理，近可以侍奉父母，远可以侍奉君王；通过诗中的名物词语，可以多认识一些鸟兽草木之名。"

这就是说，诗有其认识作用，教育作用和历史文献作用。后世的其他文学作品也都有这些作用。

孔子曾问过他的儿子学过诗没有，然后告诉他："不学诗，就无法表情达意。"（见16.13）现在又展开了说："诗，可以兴，可以观，可以群，可以怨。"太有意思了，而且有现实意义。

至于"多识于鸟兽草木之名"，前人皆以为无关紧要。明代学者顾炎武《日知录·致知》云："以格物为'多识于鸟兽草木之名'，则末矣（是细微末节罢了）。智者无不知也，当务之为急（急用先学）。"清代学者袁枚《再答李少鹤书》云："'多识于鸟兽草木之名'，亦夫子余语及之（最后才说的一句），而夫子之志岂在是哉？"当然，孔子的主要意思不在这里；然而'多识于鸟兽草木之名'毕竟也是不可或缺的一层意思。

关于诗的宏大作用，近代学者辜鸿铭说："诗可以唤醒人的情操，诗可以刺激人的观察，诗可以放大人的同情心，诗可以缓和对不道义的憎恨感。实际上，诗本身就是社会责任的经验总结，同时也使我们熟悉一些自然中有生命和无生命的物体名称。英国诗人华兹华斯谈到诗，说诗可以在发展中丰富人的想象力，赋予头脑领悟的能力，只要有诗存在，便能迅速意识到事物的范畴和道德的本质。"

将诗上升到文化层面，辜鸿铭进一步认为："如果学习中国文化，美国人会变得更加深邃，英国人则会更博大，而法国人则会淳朴起来。所有的西方人，包括美国、德国和英国，通过学习中国文化，学习中国的文学和其他艺术作品，都将内心恬淡，行为优雅。最后，西方人通过学习中国的文明，将重新拥有美好——深邃、博大而淳朴，以及变得比现在更加精致和优雅。在这一点上，中国文化将造福整个世界，我坚信。"

"等闲识得东风面，万紫千红总是春"，我们有无比充分的文化自信！中华文化博大精深，源远流长，且从未间断。这在当今世界上，堪称独一无二。

【引言】孔子对诗的作用，可谓情有独钟。

17.10 子谓伯鱼曰："女【汝】为《周南》《召南》矣乎？人而不为《周南》《召南》，其犹正墙面而立也与【欤】？"

【通解】《诗》包括风、小雅、大雅、颂四体。"风"由《周南》《召南》等十五国风构成。《周南》大抵是今陕西、河南之间的民歌，《召南》大抵是河南、湖北之间的民歌，内容多为歌咏君子淑女之间的敦厚深挚之情者。

孔子的儿子伯鱼结婚以后，孔子对他说："你学习了《周南》《召南》吗？人如果不学习《周南》《召南》，不学习修身齐家之道，大概就像是正面对着墙而站着吧？"

意思是说，面对着墙时，将什么也看不见，一步也迈不开。所以，不学诗不行啊！不学《周南》《召南》不行啊！

《左传·襄公二十九年》载，吴国公子季札到鲁国访问，他请求聆听观看周朝的音乐和舞蹈。于是让乐工为他歌唱《周南》《召南》。季札赞叹道："多美啊！开始奠定了基础，还没有完成，然而可以使百姓勤劳而不埋怨了。"

这里从一个侧面，肯定了诗教，肯定了《周南》《召南》的教育感化的功用。

【引言】礼乐的真实意义何在？钟鼓玉帛的作用何在？

17.11 子曰："礼云礼云，玉帛云乎哉？乐云乐云，钟鼓云乎哉？"

【通解】春秋时，礼贵在治国安民，以谦敬为先；乐贵在移风易俗，以和谐为本。玉帛钟鼓不过是礼乐的形式，有人却把它当作了礼乐本身。

孔子慨叹道："执礼呀，执礼呀，光献献玉帛就算是执礼了吗？乐教啊，乐教啊，光敲敲钟鼓就算是乐教了吗？"

我师杨伯峻先生说："当时的执政者对于礼乐，只讲形式，完全不顾它的本质，所以孔子有此感叹。"

孔子的意思是说，所谓礼仪，难道仅是指玉器、丝帛之类的礼器而说的吗？所谓音乐，难道仅是指钟鼓之类的乐器而说的吗？也就是说，礼仪的本质在制定名分，确立尊卑，而不在于玉帛等形式；音乐的本质在于陶冶性情，引人向善，而不在于钟鼓等形式。当然，玉帛钟鼓也是必需的。

关于礼乐的本质，孔子是这样说的："人而不仁，如礼何？人而不仁，如乐何？"（见3.3）作为一个人，却不讲仁德，怎样来对待礼仪制度呢？作为一个人，却不讲仁德，怎样来对待音乐教育呢？

孔子的意思是说，礼乐的本质是"仁"，如果"不仁"，一切都无从谈起。他把礼乐提到了政治的高度，礼乐具有明显的政治作用与社会效果，"仁"是礼乐的灵魂，是礼乐的核心价值。

【引言】孔子憎恨那表里不一的人。

17.12 子曰："色厉而内荏（rěn），譬诸小人，其犹穿窬（yú）之盗也与【欤】？"

【通解】孔子说："外表强硬而内心怯懦，将他比为小人，大概就跟钻洞爬墙的窃贼差不多吧？"

为人当表里一致，正大光明。

《三国演义》第二十一回记载，曹操问刘备当世英雄为谁，玄德（刘备）曰："淮南袁术，兵粮足备，可为英雄？"操笑曰："塚中枯骨，吾早晚必擒之！"玄德曰："河北袁绍，四世三公，门多故吏；今虎踞冀州之地，部下能事者极多，可为英雄？"操笑曰："袁绍色厉胆薄，好谋无断；干大事而惜身，见小利而忘命：非英雄也。"由此可知，袁术是富而不强罢了，袁绍可就是色厉内荏的小人哩。

【引言】好好先生，古今都有，孔子认为他们是小人。

17.13 子曰："乡愿，德之贼也。"

【通解】孔子说："那种没有是非观念的好好先生，恰恰是足以败坏道德的小人。"

《孟子·尽心下》引孔子曰："过我门而不入我室，我不憾焉者，其唯乡愿乎？乡愿，德之贼也。"从我家大门经过，却不到我屋里来，我并不觉得遗憾的，那只有好好先生吧。好好先生，其实就是那败坏道德的小人。

《孟子·尽心下》记载，学生万章问老师，为什么孔子认为乡愿是德之贼呢？孟子说："非之无举也，刺之无刺也；同乎流俗，合乎污世，居之似忠信，行之似廉洁；众皆悦之，自以为是，而不可与人尧舜之道。故曰'德之贼'也。"意思是说，对这种人，要非难他也举不出什么事例，要谴责他也找不出什么理由；他惯于同流合污，居心似忠诚老实，行为似方正廉洁；大家还都喜欢他，他也自以为正确。但是完全有悖于尧舜之大道。所以说，乡愿乃是德之贼，好好先生就是那败坏道德的小人。

如此看来，好好先生其实也就是个伪君子。

【引言】不信谣，不传谣，是一种好的品德。

17.14 子曰："道听而途说，德之弃也。"

【通解】孔子说："相信在道路上听到的，热衷于在道路上传播，这是对道德修养的背弃呀。"

孔子的意思是说，偶然听来的东西不可轻信，尤不可轻传，以免自损其德而为有德者所弃。

孔子曾说过："群居终日，言不及义，好行小慧，难矣哉！"（见 15.17）许多人整天在一起，尽谈些不伦不类的话，还喜欢卖弄些小聪明，这种风气谁能转变他们呢！原来这就是道听途说的来由之一，当尽量避免才是。

怎样避免呢？凡听到一种传闻，不妨先反思一下，这消息是否属实？这消息是何用意？这消息有何意义？这样一来，头脑就会清醒些，不至于人云亦云了。

【引言】患得患失，从古到今都是不可取的。

17.15 子曰："鄙夫可与事君也与【欤】哉？其未得之也，患【不】得之；既得之，患失之。苟患失之，无所不至矣。

【通解】孔子说："那一心贪图富贵的人，可与他一同侍奉君王吗？当他尚未得到富贵的时候，千方百计想得到，可就担心得不着；已经得到了，又担心会失掉它。如果担心会失去，而为了保位固宠，那就什么手段都使得出来了。"

做官的目的不同，态度亦随之各异。宋人靳裁之认为，当官的层次有三：志于弘扬道德者，不在乎建功立业；志在建功立业者，不在乎富贵荣华；志在富贵

荣华者，可就无所不至了。

《荀子·子道篇》记载，子路问于孔子曰："君子亦有忧乎？"孔子曰："君子，其未得也（未得到职位时），则乐其意（乐于修养）；既已得之，又乐其治（乐于理政）。是以有终身之乐，无一日之忧。小人者，其未得也，则忧不得；既已得之，又恐失之。是以有终身之忧，无一日之乐也。"

孔子早说过："君子坦荡荡，小人长戚戚。"（见 7.37）君子襟怀坦荡，小人忧心忡忡。既患得患失，自然会六神无主。

我师杨伯峻先生说："患得患失的人，不但不能有所作为，甚至将无所不用其极，所以孔子叫他为鄙夫，不屑和他共事。"

【引言】对"世风日下，人心不古"的现象，孔子已开始感叹了。

17.16 子曰："古者民有三疾，今也或是之亡【无】也。古之狂也肆，今之狂也荡；古之矜也廉，今之矜也忿戾（lì）；古之愚也直，今之愚也诈而已矣。"

【通解】孔子说："古代的贫民有三种毛病：狂、矜、愚，但尚有可取之处；如今呢，已发展成痼疾，古时的毛病或许都看不到了。古代的狂人肆志狂言，不拘小节，如今的狂人放荡不羁，无所顾忌；古代的矜持者持守甚严，有棱有角，如今的矜持者却动辄愤激乖戾不讲理；古代的愚人直来直去，淳朴犹存，如今的愚人就只有胡作非为，欺瞒诡诈罢了。"

当代学者南怀瑾的理解为："孔子说到了，古人有三个缺点。古代的人狂，这个狂在古代并不一定是坏事，古代的狂就是不在乎的味道，但是有一个限度的。孔子说古代的狂，不过放肆一点，不大受规范；现在的人糟糕了，狂的人则荡，像乱滚的水一样，兴波作浪。古代的矜，比较自满自傲，但有一个好处，把自己看得很重，于是比较廉洁自守，人格站得很稳；现在骄傲矜持的人，对任何人任何事都看不惯，而有一种愤怒暴戾之气。古代比较笨的老实人，是很直爽的；现在

更糟了，已经没有直爽的老实人，而社会上那些笨人都是假装的笨人，只是一种狡诈的伎俩而已。"

【引言】做人有庄重不庄重之分，这也是一种修养。

17.17 子曰："巧言令色，鲜矣仁。"

【通解】孔子说："花言巧语，貌似谦恭以取悦于人，这种人极少有仁爱之心的。"

不合情理的巧言经不起推敲，伪装出来的令色经不起考察。《孟子·离娄上》曰："存乎人者，莫良于眸子。眸子不能掩其恶。胸中正，则眸子瞭然；胸中不正，则眸子眊（mào）焉。听其言也，观其眸子，人焉廋（sōu 遮盖）哉？"意思是说，观察一个人，最好看他的眼睛。眼睛掩不住人的恶念。心中正，眼睛就明亮；心不正，眼睛就混浊。听他说话时，观察其眼睛，他能往哪里躲呢？

孔子早说过："巧言令色，鲜矣仁。"（见 1.3）现在再一次强调，说明这不是一件小事，关乎人格的尊严，关乎对人的考察。

对巧言令色之人，不堪信任。三国魏诗人曹植《矫志诗》云："都蔗虽甘，杖之必折；巧言虽美，用之必灭。"犹言甘蔗虽甜，用作手杖必折断；巧言虽美，信之则必遭失败。

【引言】各人有各人的爱憎，孔子的憎恶的是什么呢？

17.18 子曰："恶紫之夺朱也，恶郑声之乱雅乐也，恶利口之覆邦家者。"

【通解】朱是大红色，属正色；紫是蓝红混合而成的颜色，属间（jiàn）色。古代王侯服装以朱色为贵，仅鲁桓公和齐桓公曾经以紫色为贵。

孔子说："我憎恶以紫色服装来取代朱红的风采，我憎恶郑国的民间曲调搅乱了雅典的乐章，我憎恶巧言利口之人将导致国家倾覆。"

《孟子·尽心下》引述孔子的话颇有异同，可资参照。孟子引孔子说："恶（wù）似而非者；恶莠（yǒu 狗尾草），恐其乱苗也；恶佞（nìng 奸人），恐其乱义也；恶利口，恐其乱信（信义）也；恶郑声，恐其乱乐也；恶紫，恐其乱朱也；恶乡原（愿），恐其乱德也。"总之，是憎恶一切似是而非的人事物。

"恶紫之夺朱"是一种比喻，比喻邪恶超越了正义，僭伪（jiàn wěi）取代了正统，该当谴责。

【引言】传道、授业、解惑，身教更重于言教。

17.19 子曰："予欲无言。"子贡曰："子如不言，则小子何述焉？"子曰："天何言哉？四时行焉，百物生焉；天何言哉？"

【通解】孔子说："我想还是无言之教为佳。"子贡说："老师如果不说话，那我们学生还有什么可述说的呢？"孔子说："老天说什么来着？四季自然在运行，百物自然在生长，老天说什么来着？"

无言是一种美的境界，革命先烈李大钊有一首诗写道：

是自然的美，是美的自然；

绝无人迹处，空山响流泉。

云在青山外，人在白云内，

云飞人自还，尚有青山在。

孔子所说的"天"，与四时百物相对应的"天"，显然已不是虚无缥缈的上天之神，而是指自然界的井然有序和自然界的运行规律了。

《庄子·知北游》曰："天地有大美而不言，四时有明法（明显的规律）而不议，万物有成理（生成的道理）而不说。"在这里，庄子的观点与孔子若合符契。

唐朝诗人李白《上安州裴长史书》云："天不言而四时行，地不语而百物生。"李白这里是比喻：为政不在多言。

有副对子说得好，有志鲲鹏堪展翼，无言桃李自成蹊（xī）

意大利画家、科学家达·芬奇明确表示："大自然向我们展示奇迹，不向大自然请教的科学家不过是平庸的小儿，大自然才是我们最好的老师。"

【引言】为人不可以贸然行事，古今皆然。

17.20 孺悲欲见孔子，孔子辞【之】以疾。将命者出户，取瑟而歌，使之闻之。

【通解】一个傲慢的鲁国人孺悲，想见见孔子，先派人前来传话；孔子借口生病，拒绝了他的要求。传话人刚走，孔子便取下瑟来弹奏，并大声歌唱，使传话人听到后好去告诉孺悲。

孔子这样做是为了暗示他，你怎么不经过熟人介绍，就直接派人来传话，这是不合乎礼数的。

我师杨伯峻先生说："《孟子·告子下》说：'教亦多术矣。予不屑之教诲也者，是亦教诲之而已矣。'孔子故意不接见孺悲，并且使他知道，是不是也是如此呢？"

所以，孔子不见孺悲，也就是启示他，为人不可以贸然行事。上一章开头，孔子说"予欲无言"；本章对孺悲，正是行"不言之教。"

【引言】宰予，字子我，亦称宰我。春秋时鲁国人，孔子弟子，与子贡同以长于辞令著称。

17.21.1 宰我问："三年之丧，期（qī）已久矣。君子三年不为礼，礼必坏；三年不为乐（yuè），乐必崩。旧谷既没（mò），新谷既升，钻燧（suì）改火，期（jī）可已矣。"

子曰："食夫稻，衣夫锦，于女【汝】安乎？"曰："安。"

【通解】宰我问老师："父母之丧，守孝三年，为期也太久了些。君子三年不执礼，礼一定会废弃；三年不奏乐，乐一定会荒疏。旧谷吃完了，新谷就登场；钻木取火的木，四季各有不同，相继用完了一轮，有一年时间也就够了。"

孔子跟他说："刚满一年，你就吃起那大米饭，穿起那锦绣衣，能够心安理得吗？"宰我说："我心安。"

关于"钻燧（suì）改火"，东汉学者马融说：《周书·月令》有'更火'之文，春取榆柳之火，夏取枣杏之火，季夏取桑柘（zhè）之火，秋取柞（zuò）楢（yǒu）之火，冬取槐檀之火。一年之中，钻火各异木，故曰'改火'。"

17.21.2 "女【汝】安，则为之！夫君子之居丧，食旨不甘，闻乐（yuè）不乐（lè），居处不安，故不为也。今女【汝】安，则为之！"
宰我出。子曰："予之不仁也！予生三年，然后免于父母之怀。夫三年之丧，天下之通丧也，予也有三年之爱于其父母乎？"

【通解】孔子说："你心安，你就这样做吧！当君子守孝三年之时，食不甘其味，闻乐声不乐，起居不安，所以不像你这样做啊。如今你心安理得，你就按你想的去做吧！"

宰我出去了。孔子跟弟子们说："宰予也太没有爱心了！孩子生下来三年，才能离开父母的怀抱。为父母守孝三年，是天下的通例啊，宰予对父母有三年的爱心吗？难道他不曾受过父母三年的关怀爱护吗？"

父母之丧，守孝三年，是古代的一种规定，此外不足三年的也所在多有。现代对父母之丧无统一规定，且各行其是可也。

关于"居处不安"，《礼记·间传》曰："父母之丧，居倚庐，寝苦（shān）枕块，不税（tuō 脱）绖（dié）带。"是说孝子在服丧期间，居在窝棚里，睡在草垫子上，用土块做枕头；白天见人时，不能除去头上和腰间的麻布带子。

【引言】孔子也有感到"难矣哉"很难办的时候，至少有两次。

17.22 子曰："饱食终日，无所用心，难矣哉！不有博弈者乎？为之，犹贤乎【于】已。"

【通解】孔子说:"有的人整天吃得饱饱的,却什么心思也不用,这很难办哪!我不知道该怎么去劝说他。不是有一种博弈的游戏吗?让他们去掷掷采,下下棋,总比瞎晃荡聊胜一筹吧。"

近代学者宦懋庸《论语稽》认为:"博弈之事,不惟使人荒时废业,而又易起贪争之心,是岂可为者哉?然饱食而心无所用,则淫辟之念生,而将无所不为矣,故不如博弈者之为害犹小也。"

孔子曾说过:"群居终日,言不及义,好行小慧,难以哉!"(见 15.17)许多人整天在一起,谈不到正经的话,喜欢卖弄小聪明,很难办哪!两个"难以哉",前者言不及义,好行小慧,发于外者皆不诚,不诚无物;后者饱食终日,无所用心,动于中者皆不善,不善无为。

晋代学者葛洪《抱朴子·勖(xù)学》曰:"不饱食以终日,不弃功于寸阴。"欲克服无所用心,须从珍惜时光始。

现代学者章炳麟(字太炎)《与袁世凯书》曰:"饱食终日,无所用心,以与朋辈优游谑浪,炳麟亦不为也。"这是发自内心的自强之声,袁世凯何足道哉!

【引言】子路好勇,并以此自负,孔子不止一次帮助他。

17.23 子路曰:"君子尚勇乎?"子曰:"君子义以为上,君子有勇而无义为乱,小人有勇而无义为盗。"

【通解】好勇的子路问老师:"君子应不应该崇尚勇气呢?"孔子说:"君子以道义为上,才有真正的勇气。君子有勇气而无道义,就会犯事添乱;小人有勇气而无道义,就会为盗为匪。"

宋代学者尹焞(tūn)说:"义以为尚,则其勇也大矣。子路好勇,故夫子以此救其失也。"

崇尚道义在于学,孔子早就说过:"好勇不好学,其蔽也乱。"(见 17.8)好勇不好学,其蔽在犯事添乱。

崇尚道义靠自觉，孔子早就说过："以约失之者鲜矣。"（见 4.23）一个人内心有所节制，就会在行为上少犯过失。

【引言】君子有所爱必有所憎，爱憎分明是一种美德。

17.24 子贡【问】曰："君子亦有恶（wù）乎？"子曰："有恶：恶称人之恶（è）者，恶居下【流】而讪（shàn）上者，恶勇而无礼者，恶果敢而窒者。"

曰："赐也亦有恶乎？""恶徼（jiāo）以为知【智】者，恶不孙【逊】以为勇者，恶讦（jié）以为直者。"

【通解】子贡问老师："君子也会憎恶别人吗？"孔子说："也会憎恶别人的，比如说：憎恶那一味说人坏话的人，憎恶那居下位而讥讽上级的人，憎恶那一味好勇而无礼的人，憎恶那果决敢为而执拗的人。"

孔子反问道："阿赐也会憎恶别人吗？"子贡答："我憎恶那抄袭别人而自以为聪明的人，憎恶那专横跋扈而自以为勇敢的人，憎恶那揭人之短而自以为正直的人。"

关于憎恶的对象，孔子多从大的方面说，子贡只就小的方面说，各有分寸。

"称人之恶""讦人之短"是要承担后果的。《孟子·离娄下》曰："言人之不善，当如后患何？"宣扬别人的坏处，后患来了，该怎么办呢？

"居下而讪上"，不合乎规矩。《礼记·少仪》曰："为人臣下者，有谏而无讪，有亡而无疾。"臣下对君主可以当面进谏，不可以背后乱说；君主一再不听劝谏时，臣下可以离开他，不可以心怀疾恨。下级对上级也是如此。

【引言】人与人相处，也是一种学问。

17.25 子曰："唯女子与小人为难养也，近之则不孙【逊】，远之则怨。"

【**通解**】君子相处，愈近而愈敬；君子之交淡如水，不妨相忘于江湖而友情如故。

孔子说："只有女子与小人是难以供养，难以与之相处的，亲近一些，他们会得意忘形；疏远一些，他们会埋怨不已。"

女性在古代没有地位，连孔子也看她们不起。直到二十世纪中，才开始获得解放。

宋代学者朱熹说："此小人，亦谓仆隶下人也。君子之于臣妾，庄以莅之，慈以畜（xù 养）之，则无二者之患矣。"意思是说，君子对婢妾奴仆，庄重地对待他们，慈爱地供养他们，他们就不会得意忘形，也不会埋怨不已了。

近代学者辜鸿铭的说法是："对于社会上所有的人来说，年轻的女人和仆人在家中是最难相处的。如果同他们显得亲近，他们会忘记了自己的身份。而假如疏远他们，他们就显出不满。"这一说法外国人也能理解。

【**引言**】人到中年，正是精力充沛大有可为的时候，应该受到重视。

17.26 子曰："年四十而见恶（wù）焉，其终也已。"

【**通解**】孔子慨乎言之道："一个人到了四十岁，犹自被人厌恶，大概一辈子也就完了。"

据《史记·孔子世家》记载，孔子（前551—前479年）从三十五岁起，到齐国待了几年，当了高昭子的家臣，与齐景公有些接触。齐景公（？—前490年）打算把尼豁（xī）的田地封赐给孔子，结果由于宰相晏婴（？—前500年）的反对而未能实现。

孔子的感慨，可能与此事有关，亦未可知。

《大戴礼记·曾子立事篇》曰："三十四十之间而无艺（没有才能），即无艺矣；五十而不以善闻（有好的名声），则无闻矣。"

孔子"四十而不惑"（见 2.4）四十岁层楼再上无疑惑，反正已经定型了，外力之于我，又算得了什么呢?

孔子还说过："四十、五十而无闻焉，斯亦不足畏也已。"（见 9.23）到了四五十岁，还没有什么名声，那也就不值得敬畏了。就一般情况而言，确乎是这样。

微子篇第十八（凡11章）

【引言】本篇记述了孔子无可无不可的人生态度，描述了他与不良世道抗争的悲悯情怀。

本章表述了孔子对殷朝末年三位大臣的深切怀念。

18.1 微子去之，箕子为之奴，比干谏而死。孔子曰："殷有三仁焉。"

【通解】商朝卿士微子与纣王是亲兄弟，微子出生时，其母为帝乙之妾；纣王出生时，其母已升而为妻，所以有资格继承王位。周武王伐纣灭商后，以微子统帅殷民，封于宋（今河南商丘），成为宋国的始祖。太师箕子和少师比干都是纣王的叔父，纣王无道，比干犯颜强谏，纣王挖了他的心。箕子谏纣王不听，乃披发佯狂，降为宫廷奴隶；周武王伐纣灭商后，予以释放。

殷纣王无道，微子离开了纣王，箕子被降为奴隶，比干犯颜强谏而被杀。孔子称赞道："殷朝末年有三位仁德之人在。"

我师杨伯峻先生说："这三个人的作法不同，而不忍见纣王的暴虐，百姓的痛苦，宗庙社稷的危亡，不惜牺牲个人的地位以至生命则一，所以孔子都以'仁'许之。"

《史记·殷本纪》载，纣愈淫乱不止，微子数（shuò）谏，不听。乃与太师少师谋，逆去（出走）。比干曰："为人臣者不得不以死争。"乃强谏纣。纣怒曰："吾闻圣人心有七窍。"剖比干，观其心。

唐代诗人李白《悲歌行》叹曰："悲来乎！悲来乎！凤凰不至河无图，微子去之箕子奴。"

【引言】春秋时鲁国大夫展禽，字季，因封地食邑于柳下（今山东新泰市柳里），死后谥"惠"。史称柳下惠。

18.2 柳下惠为士师，三黜（chù）。人曰："子未可以去乎？"曰："直道而事人，焉注而不三黜（chù）？枉道而事人，何必去父母之邦？"

【通解】柳下惠任法官时，三次被免职。齐国攻打鲁国，索取鲁国的国宝"岑鼎"。鲁国君想给他一个假的，柳下惠坚持要给真的，因而被免职。海鸟"爰居"止于鲁东门之外，鲁大夫臧文仲以为吉祥当祀，柳下惠以为灾患当驱，因而被免职。鲁僖公本在闵公后，他的排位却被放置在闵公前来祭祀。大臣夏父弗忌以为公平顺当，柳下惠以为逆祀不详，因而被免职。

柳下惠任法官时，三次被免职。人们说："您不可以离开鲁国换一个环境吗？"柳下惠说："正直地事奉上级，到哪儿不会被免职？如果屈从地事奉上级，到哪儿都安定，又何必要离开自己的国家呢？"

柳下惠值得肯定，孔子曾说过："臧文仲其窃位者与【欤】？知柳下惠之贤而不与立【位】也。"（见15.14）孔子认为，臧文仲大概是一个窃据高位的人吧？明知柳下惠贤能，却偏不安排他职位。

当代学者南怀瑾说："随便在哪里，绝不走歪路，而走正路，在任何社会都是一样比较困难的。柳下惠的人品就在这里，为了保持人格的尊严，为了贯彻传统文化以正道事人，以正道立身处世，忽视于功名富贵，那是身外事，并不在乎，这是他的人格。"

当代学者傅佩荣说："人的价值是超越时空的，有自己特别的尊严。"柳下惠历来受人敬重。

孔子的学生子夏就很敬重他。《荀子·大略篇》记载，子夏家境贫寒，衣服破烂，短得就像悬起的鹌鹑一样。有人问他："你为何不去做官呢？"子夏说："诸侯看不起我的，我不当他的臣下；大夫看不起我的，我不想再去见他。柳下惠的衣服，跟守门人穿得一样破旧，从来不被人轻视，其高尚品行已经不是新闻了。为了争得像指甲尖那么一点儿微利，而失去自己的巴掌，岂非因小失大！"

【引言】春秋末，鲁国有三家权臣，其中季孙为上卿，最贵；孟孙、叔孙为下卿，次之。

18.3 齐景公待孔子曰："若季氏，则吾不能；以季孟之间待之。"曰："吾老矣。不能用也。"孔子行。

【通解】公元前517年顷，三家权臣专政，鲁昭公寄居国外，国内无君。孔子在齐国待了几年，齐景公（？—前490年）问政，孔子作了使他满意的答复。齐景公感到满意，准备以尼谿的田地封赠给孔子。齐相晏婴（？—前500）却认为：儒者变化多端，不可以取法；倨傲自大，不可以为下；破产厚葬，不可以成为风气；游说乞贷，不可以治国理政。孔子盛容烦琐，累世不能尽其学，长年不能究其礼。君欲用之以移齐俗，该先了解一下平民之意。这番话，孔子亦略有所闻。

从此，齐景公不再向孔子问礼。有一天景公与手下谈到对孔子的待遇时，说："像鲁国国君对待季孙那样对待他，我做不到；以季孙、孟孙之间的待遇对待他好了。"孔子知道后没吭声。几天后，齐景公又对手下人说："我老了，不中用了，不能重用他了。"孔子知道后，于是由齐国回到鲁国去了。

齐景公背后说的话，晏婴背后说的话，孔子既然都知道，所以非走不可了。

【引言】孔子治理鲁国时，恪守周礼，反对享乐，政绩斐然。不料却遭到了齐景公的忌恨。

18.4 齐人归【馈】女乐，季桓子受之，三日不朝，孔子行。

【通解】《史记·孔子世家》记载，孔子代理鲁国宰相之时，齐景公感到恐惧，怕孔子使鲁国强大，对齐国不利。于是采用了美人计，选国中美女八十人，穿彩衣而舞《康乐》，及身披锦绣的文马一百二十匹，赠送给鲁定公。将女乐文马陈列于鲁城南之高门外。

齐国送女乐文马给鲁国，鲁国的执政上卿季桓子（季孙斯）诱劝鲁君接受了这一馈赠，与定公一同观赏，三天不理朝政。孔子因此毅然地离开鲁国到楚国去了。

此事，《韩非子·内储说下》有类似记载，仲尼为政于鲁，道不拾遗，齐景公对此很忧虑。臣子黎且对景公说："除去仲尼像吹毛一样容易。您何不以重禄高位把他迎来齐国，送女乐给鲁君，以助长其骄傲虚荣之心？鲁君爱女乐，必怠于政事，仲尼必进谏。谏必不听，仲尼必离开鲁国。"景公曰："善。"乃令黎且以女乐送给鲁君。鲁君乐之，果怠于政；仲尼谏，鲁君不听。仲尼就离开鲁国到楚国去了。——此记载与《史记》所载可相互补足。

【引言】春秋时鲁国人陆通，清高自守。楚昭王政令无常，他披发佯狂，不愿为官；人们称他为楚狂。

18.5 楚狂接舆歌而过孔子曰："凤兮，凤兮！何德之衰？往者不可谏，来者犹可追。已而，已而！今之从政者殆而！"

孔子下，欲与之言。趋而辟【避】之，不得与之言。

【通解】楚狂接舆知道孔子到楚国来了，于是唱着歌，经过孔子的车前。他唱道："凤凰啊，凤凰啊！太平盛世才出现的瑞鸟啊，为什么在这儿彷徨？为什么这么狼狈，到处奔波而没有一个结果？以往的事情无法挽回了，将来的时日还来得及补救。算了吧，算了吧！你不如隐居起来，当今的掌权者，自身不保，是靠不住的呀！"他的意思是说，凤凰应出于盛世，今乱世亦出，岂非自讨无趣！

孔子下得车来，想跟他解释一番，接舆快步走开，孔子没法跟他作解释。孔子心想，楚国不能再待（dāi）了，还是回卫国去吧。

唐代诗人陶渊明《归去来兮辞》曰："悟已往之不谏，知来者之可追。实迷途其未远，觉今是而昨非。"即本于楚狂接舆之语。

我师杨伯峻先生引曹之升《四书撷（zhí）余说》云："《论语》所记隐士皆以其事名之。门者谓之'晨门'，杖者谓之'丈人'，津者谓之'沮''溺'，接孔子之舆者谓之'接舆'，非名亦非字也。"

【引言】孔子一行离开叶县（今属河南），先去往蔡地（今河南上蔡），要过河，一时找不到渡口。

18.6.1 长沮（jù）、桀溺耦而耕。孔子过之，使子路问津焉。长沮曰："夫执舆者为谁？"子路曰："为孔丘。"曰："是鲁孔丘与？"曰："是也。"曰："是知津矣！"

【通解】高个子长沮和大块头桀溺两人各执一耜（sì），并列着在田里耕作。孔子从楚国返回时，路过这里，前面有一条河；孔子见他们两人像是隐士，便叫驾车的子路去打听一下哪儿有渡口。子路去了，孔子在车上拉住辔（pèi）头。长沮问："那位驾车的是谁？"子路说："是孔丘。"长沮又问："是鲁国的孔丘吗？"子路说："是的。"长沮说："既然是他，他周游列国，就肯定知道渡口在哪儿了。"

孔子看出那两人像是隐士，所以让子路前去问津，这是对隐士的尊重。长沮却看不起到处奔波的孔丘，所以不屑于回答，只敷衍几句了事。

18.6.2 问于桀溺。桀溺曰："子为谁？"曰："为仲由。"曰："是鲁孔丘之徒与【欤】？"对曰："然。"曰："滔滔者，天下皆是也，而谁以【与】易之？且而【尔】与其从辟【避】人之士也，岂若从辟世之士哉！"耰（yōu）而不辍。

【通解】子路改而问桀溺。桀溺反问道："您是谁？"子路说："我是仲由。"桀溺又问："是鲁国孔丘的门徒吗？"子路回答道："是的。"桀溺说："如洪水泛滥，乱糟糟的，天下都是这样的，谁能变更得了呢？孔丘躲开了某些国君，是避人之士；我们躲开了整个社会，是避世之士。而你与其跟从避人之士，还不如跟从避世之士呢!"说完，仍用耰平整土地不停。

孔子曾说过："贤者辟世，其次辟地。"（见 14.37）贤者因天下无道而隐居山林，其次是因此邦混乱而迁于外地。故长沮、桀溺都是孔子所肯定的人物，但他自己却不愿避世。

18.6.3 子路行以告。

夫子怃（wǔ）然曰："鸟兽不可与同群，吾非斯人之徒与而谁与? 天下有道，丘不与易也。"

【通解】子路走开了，来禀告老师。

孔子很失望地说："对这个混乱不堪的社会，我们不可以视而不见，无论如何不能逃离芸芸众生拥挤嘈杂的现世。我们不可能隐居山林，与鸟兽一起生活；我们若不跟相关的人打交道，又跟谁去交往呢? 只要天下太平了，我们也就用不着去参与什么变革了。"

孔子的态度是积极向前的，他情愿"知其不可为而为之"，（见 14.38）也不愿退而隐居山林。

《易·系辞传上》云："方以类聚，物以群分，吉凶生矣。"是说动物按种别共处而相互区分，人类按群别共处而相互区分；或协调，或冲突，因此而有吉有凶。

孔子对《周易》很有研究，所以说："鸟兽不可与同群，吾非斯人之徒与而谁与? "

孔子是面对现实的，从不退馁。法国作家罗曼·罗兰说："世界上只有一种英雄精神，那就是从现实来看世界，并且热爱它。"

【引言】子路只比孔子小九岁，是孔子最亲近的学生，也是最得力的助手。

18.7.1 子路从而后，遇丈人，以杖荷（hè）蓧（diào）。子路问曰："子见夫子乎? "丈人曰："四体不勤，五谷不分，孰为夫子！"植其杖而芸【耘】。

　　子路拱而立。止子路宿，杀鸡为黍（shǔ）而食（sì）之，见其二子焉。

【通解】子路随老师出行，偶然落在了后面，遇见一位老农，用拐杖挑着除草的农具。子路问道："你见到我老师吗？"老农说："四体不勤，五谷不分。谁是你老师？"说罢，便拄着拐杖开始除草耘禾了。

　　子路如实回答后，拱着手，恭恭敬敬地站在一旁。太阳落山了，老农留下子路到他家住宿，杀鸡做饭款待他，然后命自己的两个儿子来参见子路。

　　子路很懂得礼貌，不愧为孔子学生。老农很通情达理，对子路爱重有加。

　　18.7.2 明日，子路行以告。子曰："隐者也。"使子路反【返】见之。至，则行矣。

　　子路曰："不仕无义。长幼之节，不可废也；君臣之义，如之何其废之？欲洁其身，而乱大伦。君子之仕也，行其义也。道之不行，已知之矣。"

【通解】第二天，子路辞别老农，上路去寻找老师。老师在等着他呢，他向老师禀告了一切。孔子说："是位隐士呢。"命子路回去见见他。子路到了他家，老农已经出去了。

　　子路秉承孔子之意跟他的两个儿子说："请转告你们父亲，有能力而隐居起来不做官，是不适宜的。长幼关系既已知道不可废，君臣关系怎么就废弃了呢？想洁身自好（hào），却违背了君臣之间的伦理。君子的从政做官，是为了履行道义。理想的行不通，是早就知道的了。"

　　君子做官，是履行道义，道之不行，已知之矣。这正是孔子"知其不可为而为之"（见14.38）的一种韧性精神的体现。

【引言】孔子在遇见了晨门者、荷蒉者、楚狂接舆、长沮、桀溺及荷蓧丈人等多位隐者之后，不禁怀念古之逸民来了。

18.8 逸民：伯夷、叔齐、虞仲、夷逸、朱张、柳下惠、少连。

子曰："不降其志，不辱其身，伯夷、叔齐与【欤】！"谓："柳下惠、少连，降志辱身矣，言中（zhòng）伦，行中虑，其斯而已矣！"谓："虞仲、夷逸，隐居放言，身中清，废中权。我则异于是，无可无不可。"

【通解】相传超凡脱俗之民有伯夷、叔齐、虞仲、夷逸、朱张、柳下惠、少连等人。

孔子说："不降低他的意志，不屈辱他的身躯，以其直己之心，不入庸君之朝的是伯夷、叔齐吧！"又说："柳下惠、少连降低自己的意志，屈辱自己的身躯，却言语合乎法度，行为经得起推敲，像这样也就可以了。"又说："虞仲、夷逸，隐居后缄口不言，罕与人交，洁身自好（hào），被废不用，仍甘之如饴。我却和他们不同，对已成之局，没有什么可以，也没有什么不可以。"犹言既不像伯夷叔齐那么清高，也不像柳下惠少连那样随意，也不像虞仲、夷逸那样孤独。

孟子对孔子有无限钦仰。《孟子·公孙丑上》记载，孟子弟子公孙丑问道，不食周粟的伯夷，商汤之大臣伊尹，他们怎么样？孟子说："不同道。非其君不去事奉，非其民不去使唤，治世则进，乱世则退，这是伯夷。任何君主都能事奉，任何百姓都能使唤，治世亦进，乱世亦进，这是伊尹。该做官就做官，该辞职就辞职，该做多久就做多久，该马上走就马上走，这是孔子。三人皆古代圣人，我未能做到；依我所愿，则学习孔子也。"

为什么呢？《孟子·万章下》曰："伯夷，圣人中之清高者也；伊尹，圣人中之负责任者也；柳下惠，圣人中之随和者也；孔子，圣人之中识时务者也。孔子之谓集大成。集大成也者，金声而玉振之也。金声也者，始条理也；玉振之也者，终条理也。"犹言孔子器宇恢宏，如奏雅乐，以钟发声，以磬收韵，集众音之大成也。

当代学者傅佩荣说："孟子把圣人分为四种，他认为只有孔子才能做到合乎时宜。比如说伯夷很清高，如果要求他随和一点，他做不到。柳下惠很随和，有时候要求他清高一点，也做不到。孔子说他自己，无可无不可。是说我没有一定要这样做，也没有一定不要这样做。为什么？看时机而定，看是否具有正当性。该怎么做就怎么做，这句话听起来很容易，做起来很难。"

朱张，字子弓，西周人；也是一位隐士，其他事迹不详。

【引言】鲁国国君好杂乐，众乐师被投闲置散，无"用武"之地。

18.9 大师挚适齐，亚饭干（gān）适楚，三饭缭适蔡；四饭缺适秦，鼓方叔入于河，播鼗（táo）武入于汉，少师阳、击磬襄入于海。

【通解】春秋末期，鲁定公、鲁哀公沉湎于齐国的女子歌舞，杂乐纷呈，古乐无所用。于是众乐师纷纷离开，赴境外各地自谋生路去了。

鲁哀公时，乐官长挚到了齐国，第二餐伴奏乐师干到了楚国，第三餐伴奏乐师缭到了蔡国，第四餐伴奏乐师缺到了秦国，鼓手方叔入居于黄河之滨，鼗鼓手武入居于汉水之涯，副乐长阳与击磬手一同远居于海滨之地。

我师杨伯峻先生说："古代天子诸侯用饭都得奏乐，所以乐官有'亚饭''三饭''四饭'之名。这些人究竟是何时人，已经无法肯定。"

"播鼗"是什么？宋代学者朱熹说："播，摇也。鼗，小鼓，两旁有耳，持其柄而摇之，则旁耳还自击。"此物今名拨浪鼓，又名摇咕咚。现代作家鲁迅说："我至今还记得，一个躺在父母跟前的老头子，一个抱在母亲手上的小孩子，是怎样地使我发生不同的感想呵。他们一手都拿着'摇咕咚'。这玩意确是可爱的，北京称为小鼓，盖即鼗也。"

【引言】周朝初年，周公旦封其子伯禽于鲁（今山东南部），号鲁公，开始建立鲁国。

18.10 周公谓【语】鲁公曰："君子不施【弛】其亲，不使大臣怨乎不以。故旧无大故，则不弃也。无【毋】求备于一人！

【通解】伯禽临行，周公叮嘱鲁公道："君子不怠慢自己的亲族长辈，不要使大臣们因感到冷淡而心生怨恨。老臣故友如果没有大过失，就不要嫌弃他们。人都有缺点，不要对任何一个人求全责备，要求他样样都好！"

《汉书·东方朔传》曰："明有所不见，聪有所不闻，举大德，赦小过，无求备于一人之义也。"意思是说，眼再明也有看不到之物，耳再聪也有听不到之事，重视其优秀品德，宽容其一般缺点，这就是对人勿求全责备之意了。

宋代学者司马光说："人之才性各有所能，虽古代贤臣止能各守一官，况于众人，怎可求全责备？故孔子以四科论士，汉朝从多渠道用人。"

孔子曾说过："君子笃于亲，则民兴于仁；故旧不遗，则民不偷。"（见8.2）君子能厚待亲族，百姓就会有爱心；不忘记故旧，百姓就不会相互隔阂。这与本章周公所说的"君子不弛其亲""故旧无大故，则不弃也"，是一脉相承的。

【引言】一个篱笆三个庄，一个好汉三个帮，古今皆然。

18.11 周有八士：伯达、伯适（kuò）、仲突、仲忽、叔夜、叔夏、季随、季䯱（guā）。

【通解】周朝建立前后，有八位高雅贤能之士，他们是：伯达、伯适（kuò）、仲突、仲忽、叔夜、叔夏、季随和季䯱（guā）。

相传周文王、周武王曾向他们咨询过天下军国之大计。

我师杨伯峻先生说："此八人已经无可考。前人看见此八人两人一列，依伯、仲、叔、季排序，而且各自押韵（达适一韵，突忽一韵，夜夏一韵，随䯱一韵），便说这是四对双生子。"

此八人皆高雅贤能之士，该如何对待贤士呢？《战国策·燕策》记载，燕昭王收拾残局后即位，以厚币招贤纳士，欲将以报齐国破燕之仇。他往见贤者郭隗（wěi），谓欲得贤士同治国，以雪先王之耻。郭隗对曰："帝者与师处，王者与友处，霸者与臣处，亡国与役处。"犹言成帝业者，以贤者为师；成王业者，以贤者为友；成霸业者，以贤者为臣；亡国之君，以贤者为奴。总之，国君越贤明，则待贤者越尊敬。

子张篇第十九（凡25章）

【引言】本篇记录子张、子夏、子贡等孔门弟子的言论和心得体会，其中以子贡对孔子的评价最为突出。

首章述子张的心得体会。子张姓颛（zhuān）孙，名师，陈国阳城（今河南淮阳以西）人。

19.1 子张曰："士见危致【授】命，见得思义，祭思敬，丧思哀，其可已矣。"

【通解】子张说："士人在危难之时，不惜献出生命；在利益面前，先想到是否合乎道义；祭祀的时候，怀的是一腔敬意；居丧的时候，满怀着哀思：这样也就可以了。"

孔子曾说过："见利思义，见危授命，久处穷困而不忘实践诺言，亦可以为人格完美之人矣。"（见 14.12）子张之说本此。

《礼记·祭统篇》曰："是故君子之祭也，必亲身莅之；……祭而不敬，何以为民父母矣！"此可与子张之说相印证。

《说苑·建本篇之三》引孔子曰："立体有义矣而孝为本，处丧有礼矣而哀为本。"子张之说本此。

【引言】一个人该如何找准自己的社会空间，该如何体现自己的人生价值呢？

19.2 子张曰："执德不弘，信道不笃，焉能为有？焉能为亡

【无】？"

【通解】子张说："守德而不知弘扬，怀道而不去实践，这种人在社会上，有他一个不多，无他一个不少吧？"

子张的意思是说，一个人守德而能弘扬之，怀道而能实践之，这就对了，这才是最佳选择。

曾子说："士不可以不弘毅，任重而道远。"（见 8.7）社会人士不可以没有担当，不可以没有毅力；他责任重大，且路途遥远。——此可与子张之意相阐发。

孔子曾说："笃信好学，守死善道。"（见 8.13）真心向道，故潜心钻研；舍生忘死，以践行真理。——子张之意本于此而有所发展。

【引言】交友是孔门弟子的一个热门话题，至再传弟子而不衰。

19.3 子夏之门人问交于子张。子张曰："子夏云何？"对曰："子夏曰：'可者与之，其不可者拒之。'"

子张曰："异乎吾所闻：君子尊贤而容众，嘉善而矜不能。我之人贤与【钦】，于人何所不容？我之不贤与，人将拒我，如之何其拒人也？"

【通解】物换星移，转眼间，子夏和子张也都开始为人师表了。有一天，子夏的学生向子张请教交友之道。子张反问道："你的老师是怎样教你的？"子夏的学生答道："我老师说的'够格的就与他相交，不够格的就加以拒绝'。"

慎思明辨的子张说："我从我老师孔夫子那儿听到的，跟你从你老师那儿听来的不一样，君子既尊重高尚的人，也接纳一般的人为友，既尊重能人，也关爱普通劳动者。如果我是高尚纯粹的人，跟谁不可以相交？我若是平庸之辈，别人将会拒绝我，哪儿还轮得上我去拒绝别人呢？"

孔子因材施教，子夏听到的是择友必须从严，子张听到的是交友可以从宽。孔子还说过："泛爱众而亲仁。"（见 1.6）这就兼顾了宽严两个方面。

我师杨伯峻先生说："同一问题，孔子对不同的人有不同的答案。子夏的答案适应于缺乏修养的人，子张的答案适应于比较成熟的人。"

"君子尊贤而容众，嘉善而矜不能。"《荀子·非相篇》说得好："故君子既贤能，而又能容纳疲弱的人；既明智而又能容纳愚拙的人；既渊博，而又能容纳浅薄的人；既纯粹，而又能容纳驳杂的人。这就是兼容并包之术。"

山西五台山弥勒佛之侧，有一副对联颇堪玩味：

凡事付之一笑

于人无所不容

【引言】古人认为，内足以明心尽性，外足以安邦治国，有体有用，方是大道；其余种种技艺，纵然精美可观，皆小道也。

19.4 子夏曰："虽小道，必有可观者焉；致远恐泥（nì），是以君子不【弗】为【学】也。"

【通解】子夏姓卜，名商，春秋卫国人。是孔子学生，长于文学。相传曾讲学于西河（今陕西东部黄河西岸地区），当过魏文侯的老师。

子夏说："虽然是百家技艺，亦必有可取之处；不过，它毕竟偏而不全，如用在远处大处，那就窒碍难通了；因此君子不学习、不从事各种技艺。"

《汉书·艺文志》说："小说家者流，原来是出于稗官，据街谈巷语、道听途说所编造出来的。'虽小道，必有可观者焉；致远恐泥（nì），是以君子不【弗】为也。'但也不消灭它，如或有一言可采，也算是一种民情民意了。"

汉代学者杨雄说："雕虫小技，壮夫不为。"

陈毅元帅《题围棋名谱精选》诗曰："棋虽小道，品德最尊。"

【引言】好学是一个永恒的话题，子夏对此有独到体会。

19.5 子夏曰："【君子】日知其所亡【无】，月无【毋】忘其所能，可谓好学也已矣。"

【通解】子夏说："君子每天每天求学都要知道一些新的东西；每月都加以复习，不要忘了已掌握的知识和能力，这可以算的是好学的了。"

天天能知新，月月能温故而又知新，日新又新；这不但是好学，而且可以充当老师了。

孔子早说过："君子食无求饱，居无求安，敏于事而慎于言，就有道而正焉（向有德之人请教），可谓好学也已矣。"（见 1.14）孔子又曾称赞卫国大夫孔文子"敏而好学，不耻下问，是以谓之'文'也"。（见 5.15）孔子自己且承认："十室之邑（小村落内），必有忠信如丘者焉，不如丘之好学也。"（见 5.28）子夏论好学，本之于孔子，而颇具新意，可谓青出于蓝。

有一副对联甚佳：

黑发若知勤学好

白头更觉读书甜

【引言】怎么样达到仁的境界，子夏有自己的深切体会。

19.6 子夏曰："博学而笃志，切问而近思，仁在其中矣。"

【通解】子夏说："广泛地认真学习，以夯实自己的志气；恳切地向人求教，以谋划当前的问题。有学问，有底气，有智慧，有担当，便自有仁爱之心在其间了。"

子夏的意思是说，学以致用是根本，集思广益是阳光，仁爱之心是灵魂。

孔子从"文行忠信"四个方面教育学生，历代文献，社会实践，忠于所事，诚实守信。（见 7.25）子夏的体会完全契合于孔子的教导。

"博学而笃志，切问而近思"的关键是勤于思考。法国作家巴尔扎克说："一个能思想的人，才真是一个力量无边的人。"俄国作家高尔基也说："只有头脑里有自己的思想，别人的思想才非常容易理解。"

【引言】学习与做工有相通之处，是子夏的又一深切体会。

19.7 子夏曰："百工居肆以成其事，君子学以致其道。"

【通解】子夏说："各种工匠集中在一处操作，便于制作，便于销售，便于切磋技艺，有利于发展生产；恺悌君子集中在一起攻读，便于专心一志，便于各尽其力，便于切磋交流，有利于到达理想境界。"

宋代学者苏轼说："不好学而空谈求道，只能谈些见闻，谈些想象；坚持学习，才能日积月累，水到渠成。'致'者，不强求而'道'自至也。"

《礼记·学记》曰："虽有嘉肴，弗食，不知其旨也。虽有至道，弗学，不知其善也。"虽有美好的菜肴，不亲口去尝，不知道他的美味；虽有渊深的道理，不坚持去学，不知道其中精粹也。

【引言】对待错误的态度，每因人而异。

19.8 子夏曰："小人之过也必文。"

【通解】子夏说："小人有了过失，一定会设法掩盖。"

《史记·孔子世家》载，齐群臣对景公曰："君子有过则谢以质（老实认错），小人有过则谢以文（推脱掩饰）。"

君子之过如日月之蚀，人皆见之；其改也，人皆晓之。过而能改，善莫大焉。

孔子曾一再说过："有了过失，就不要怕改正。（见9.25）有过失而不改正，这才是真正的过失呢。"（见15.30）

【引言】君子是何等样人？别人说不清楚，子夏说出了自己的感受。

19.9 子夏曰："君子有三变：望之俨然，即之也温，听其言也厉。"

【通解】子夏说："一般人认为，君子好像有三种变化，远远地望去，觉得他端庄可畏；走近他时，觉得他和蔼可亲；听他说话时，觉得他公正严明。"

明代学者顾炎武说："决断若金之斩割，居官则告谕可以当鞭扑，行军则誓诫可以当甲兵，是之谓听其言也厉。"

孔门弟子对孔子的共同看法是："温而厉，威而不猛，恭而安。"（见 7.38）温文尔雅而处事谨严，仪态俨然而待人和气，谦恭克己而心地安详。——子夏对君子的看法，盖此由化出。

【引言】人无信不立，君子以信誉为先。

19.10 子夏曰："君子信而后劳其民；未信，则以为厉己也。信而后谏；未信，则以为谤己也。"

【通解】子夏说："君子须取得百姓的信任，然后才可以去动员百姓；如未取得信任，那就会认为是在折磨他们呢。须取得君王的信任，然后才可以向他进谏；如未取得信任，那就会认为是在诽谤君王呢。"

明代学者林希元《四书存疑》说："信而后谏，亦有虽未信而不容不谏者，箕子、比干是也。信而后劳，亦有民未信而不容不劳者，如子产为政，民欲杀之是也。"

子夏说的是一般情况，林希文说的是个别例外。箕子、比干未信而冒死进谏，结果比干被挖了心，箕子乃披发佯狂而去。子产为政，百姓不满；大获成功以后才获得了百姓的信任。

孔子最重视民心向背，他说："自古以来，人都有一死；可百姓不信任你，你就无法立足了。"（见 12.7）孔子还说过："先讲清道理，率先垂范，然后才好去动员百姓。"（见 13.1）

【引言】蜀汉丞相诸葛亮一生唯谨慎，北宋宰相吕端大事不糊涂，盖由来有自。

19.11 子夏曰："大德不逾闲，小德出入可也。"

【通解】子夏说："人的最高品德，事关存亡安危，不允许逾越界限；人的一般品德，无关乎大局者，允许有一些差距。"

子夏所说的是考察大臣的标准，大节不能马虎，小节可以从宽；如果作为个人修养的准则，则大德固不可逾越，小节亦不当忽略也。

如果作为君主，当另作别论。《荀子·王制篇》引孔子曰："大节是也，小节是也，上君也；大节是也，小节一出焉，一入焉，中君也。大节非也，小节虽是也，吾无观其余矣。"意思是说，大节对了，小节也对了，这是上等之君；大节对了，小节有时不对，有时对，这是中等之君；大节已错，小节纵然对了，我也无须再看他其他表现了。

以此类推，则诸葛亮为上等之臣，吕端乃中等之臣矣。

【引言】治国理政，有大节小节之分；教书育人，也有大道小道之序。

19.12 子游曰："子夏之门人小子，当洒扫应对进退，则可矣，抑末也。本之则无，如之何？"

子夏闻之，曰："噫！言游过矣！君子之道，孰先传焉？孰后倦焉？譬诸草木，区以别矣。君子之道，焉可诬也？有始有卒者，其惟圣人乎！"

【通解】子游姓言名偃，春秋吴国人。是孔子弟子，以长于文学著称。

子游说："子夏的学生承担着洒水扫地、应对宾客、迎来送往等事宜，是很称职的，不过都属于细枝末节。而为人处世，治国安邦之大道则未尝涉及，这怎么行呢？"

子夏听到后，说："咦！子游的话是错了！传授先王之道的程序，先传习什么呢？后教导什么呢？二者是有差别的，好比小草和大树之有明显差异。传授先王之道的程序，怎么可以任意妄为呢？依照一定的程序传授，有始有终，一以贯之的，大概只有圣人才行吧？"

洒扫应对进退是小道，为人处世治国安邦是大道。其实，小道里边就有大道的因素，小道是大道的根。循此继进，自然就可以迈步在康庄大道上。

《礼记·大学》曰："物有本末，事有终始，知所先后则近道矣。"此说与子夏所言，可互相印证。

《史记·孔子世家》载，孔子作《春秋》，取舍得当。"笔则笔，削则削，子夏之徒，不能赞一词。"该写的就写上，该删的就删去，子夏等高材生，提不出一条意见。

由此看来，子夏乃高材生的代表人物，所以对孔子学说有不少独到体会。

子夏在孔门弟子中著述最多，据宋代学者洪迈考证，子夏于《易》则有"传"，于《诗》则有"序"，于《礼》则有《礼仪·丧服》一篇，于《春秋》所云"不能赞一词"，盖尝从事于斯（协助孔子工作）矣。著《春秋公羊传》的公羊高，实受业于子夏；著《春秋穀（gǔ）梁传》的穀梁赤，汉代学者应劭《风俗通》亦云是"子夏门人"；于《论语》，则汉代学者郑康成以为乃仲弓、子夏所撰定也。

【引言】学习与做官是一个什么关系？

19.13 子夏曰："仕而优则学，学而优则仕。"

【通解】子夏说："当官有余暇，得抓紧时间学习，以提高自己水平；学习有成就，才好去当官，以推行自己之所学。"

孔子曾说过："先进于礼乐，野人也；后进于礼乐，君子也。"（见 11.1）先学习礼乐然后去做官的，是在野的一般人；先来做官然后边钻研礼乐的，是卿大夫的子弟。

子夏所说的"仕而优则学，学而优则仕"，显然是对孔子学说的高度概括。

近代学者辜鸿铭对子夏的话是这样理解的："如果一位官员有特殊才能，完全可以胜任自己的工作，则应当置身学业。如果一位学生有特殊才能，完全可以胜任自己的学习，则应当进入公共服务部门。"如此理解也言之成理。

《荀子·大略篇》云："君子为官，能增高君王之誉而减少百姓之忧，关键在于能勤于学习。学者不一定都要做官，而为官者必须得学习。"荀子的说法，尤切合实际。

【引言】死生亦大矣，该如何对待丧事？

19.14 子游曰："丧致乎哀而止。"

【通解】子游说："亲人去世了，亲属在居丧期间，能达于表露真情真心衔哀的境地，也就可以了，而不宜过分忧伤。"

忧能伤人，故子游力主节哀，适可而止。

孔子说："乐而不淫，哀而不伤。"（见 3.20）欢乐而不至于过分，悲哀而不陷于忧伤。子张说："祭思敬，丧思哀，其可已矣。"（见 19.1）祭祀的时候，怀的是一腔敬意；居丧的时候，满怀着哀思。这样就可以了。

《说苑·建本三》引孔子曰："处丧有礼矣，而哀为本。"

孔子、子张、子游所说，都认为是一种恰如其分的境界，它有一个度，即不宜流于忧伤。

【引言】子张是一个勤学好问的人，在孔门也数得上是一名优等生。

19.15 子游曰："吾友张也，为难能也，然而未仁。"

【通解】子游说："我与子张为友，是由于他的才学之难能可贵；然而尚未能达到仁的境界。"

孔子的看法与此稍异。《大戴礼·卫将军文子篇》云："孔子言子张不弊（不疲劳）百姓者，则仁也。以其仁为大。"犹言子张为官时不疲弊百姓，这符合"仁"的要求。若以为这就是"仁"，却夸大了些。

宋代学者朱熹则认为："子张行过高，而少诚实恻怛（dá）之意。"谓子张才高意广，而缺乏诚实恻隐之心。这与子游的看法相同。

【引言】春秋时鲁国人曾参，字子舆，是孔门弟子。其学问侧重于正心诚意，著有《曾子》十八篇。

19.16 曾子曰："堂堂乎张也，难与并为仁矣。"

【通解】曾子说："子张啊容貌堂堂的样子，难与他一同进入仁的境界了。"

我师杨伯峻先生说："曾子的学问重在正心诚意，子张则重在言语形貌。子游批评子张'然而未仁'，曾子说子张'难与并为仁矣'，都是朋友间劝勉之词，希望子张勿过于讲究外貌，当移其功夫于内心道德修养。"

孔子的看法与此稍异。《列子·仲尼篇》记载，子夏问"子张之为人怎样"，孔子说："颛孙师（子张）的矜持端庄比我强，……颛孙师能矜庄而不能随和。"

【引言】世界上没有无缘无故的欢乐，也没有无缘无故的悲哀。

19.17 曾子曰："吾闻诸夫子：人未有自致者也，必也亲丧乎！"

【通解】曾子说："我听我师讲过，人在平时，是没有可能自发地喷涌出真情的啊；如果有，那一定是在父母刚去世的时候吧！"

亲生父母亡故了，儿女的一腔真情自然会沛然喷涌出来，这是天性。

《孟子·滕文公上》曰："亲丧，固所自尽也。"是说当父母去世之时，本来就是应当自然而然地喷涌出真情来的。此与孔子、曾子的看法一致。

【引言】鲁国大夫孟献子，姓仲孙名蔑，颇有贤德。他的儿子孟庄子，名速，甚有孝心。孟献子死后，孟庄子哀丧过度，四年后亦卒。

19.18 曾子曰："吾闻诸夫子：孟庄子之孝也，其他可能也；其不改父之臣与父之政，是难能也。"

【通解】曾子说："我听我老师讲过，孟庄子对父亲的孝啊，在其他方面，一般人都能做到；唯有他父亲去世由他即位之后，仍旧任用他父亲生前的僚属不辞退，仍然持续执行他父亲生前的政治措施不更张，是一般人难以做到的。"

孔子说："父在，观其志；父没，观其行；三年无改于父之道,可谓孝矣。"（见1.11）是说守孝三年，仍始终走在父亲所开辟的为人之道上，就可以称为孝了。曾子所听到的，可能就是这句话。

当代学者南怀瑾说："唐宋之后，有'求忠臣于孝子之门'这句名言。一个人对父母家庭有真感情，他如出来为天下国家献身，就一定真有责任感。"

【引言】春秋末，鲁国的下卿孟孙氏，掌握了部分权力。

19.19 孟氏使阳肤为士师，问于曾子。曾子曰："上失其道，民散久矣。如得其情，则哀矜而勿喜！"

【通解】孟氏任命曾子的学生阳肤为法官，阳肤向他的老师曾子请教怎样当好法官。曾子说："在上位的人久已不按照道义行事，民心涣散已经很久很久了，可能有人会犯罪。如果你能够侦查审讯出他的犯罪实情，就当悲悯可怜他，而不要自以为有功且沾沾自喜！"

曾子的意思是说，民心之所以涣散，以至于轻易犯法，根子盖在于君王之无道，而非民之甘于犯罪也。

德国思想家歌德说："人类需要经过多么漫长的路，才能了解如何温柔地对待作恶的人，体谅犯法的人，用人道主义对待非人道主义。"

近代学者辜鸿铭认为："现代的人谈论'发展'，根据歌德这里的表达，可能是指人类朝更为人性化的方向'发展'。通过这个标准判断，中国两千多年前，似乎已经在人类文明的发展历史上做出了实质性的发展。"

【引言】子贡对殷纣王的评价，值得研究。

19.20 子贡曰："纣之不善，不如是之甚也。是以君子恶（wù）居

下流，天下之恶（è）皆归焉。"

【通解】孔子的学生子贡姓端木，名赐，字子贡。春秋末卫国人，曾在鲁国、卫国任宰相。能言善辩，善经商，家累千金，所到之处与王侯贵族分庭抗礼。

商代最末的王名受，号帝辛，史称纣王。纣王才力过人，在位近三十年。曾平定东夷，使中原文化逐渐传播到淮河、长江流域。纣王横征暴敛，穷奢极欲，拒谏饰非，酷刑无数，百姓怨望至极。周武王伐纣，他兵败自焚。

子贡说："纣王无道，不像人们说得这么严重。因此，君子多避免居于下游；一旦居于下游，许多坏人都会向他靠拢，相与干出了许多坏事，最终将罪恶都归到他的名下。"

三国魏诗人应璩（qú）《百一诗三首》云："下流不可处，君子慎厥初。"是说如果处于下游很不利，君子从一开始就应该谨慎。

【引言】对待过失的态度，小人必加以掩饰，君子则乐于自动改正。

19.21 子贡曰："君子之过也，如日月之食焉：过也，人皆见之；更（gēng）也，人皆仰之。"

【通解】子贡说："君子的过失啊，就像那日食月食一样：他犯有过失，并不掩饰，所以大家都可以见到；他改了，便更加光明，因此大家都仰而望之。"

《孟子·公孙丑下》云："古之君子，其过也，如日月之食，民皆见之；及其更也，民皆仰之。今之君子，岂徒顺之，又从为之辞。"意思是说，古之君子，有过必改，今之君子不但是顺水推舟不认错，还要造些话来进行辩解。

孔子说："过而不改，是谓过矣。"（见 15.30）犯了错误而不改正，这是真正的错误。子夏说："小人之过也必文。"（见 19.8）小人犯了过失，一定会设法掩盖。

对待过失的态度，儒家的看法是一脉相传高度一致的。

1959 年 9 月 11 日毛泽东在中共中央军委扩大会议上说："从前的人讲过：'人非圣贤，孰能无过？'……从前的人又讲过：'君子之过也，如日月之食焉。过也，人皆见之；更也，人皆仰之。'就是说，犯了错误，好像是天狗吃掉太阳、吃掉月亮一样，人家都看见了；如果改了，人家都敬佩他。"（《毛泽东年谱》第四卷 178 页）

【引言】学什么？向谁学？怎么学？学者须心中有底。

19.22 卫公孙朝问于子贡曰："仲尼焉学？"子贡曰："文武之道，未坠于地，在人。贤者识【志】其大者，不贤者识【志】其小者。莫不有文武之道焉。夫子焉不学？而亦何常师之有？"

【通解】有一次卫国大夫公孙朝向孔子学生子贡问道："孔仲尼从哪儿学来这么大学问？"敏于应对的子贡说："周文王、周武王的韬略与制度并没有失传，依旧在人间。谁都可以学，怎么学都行。贤能者抓住其承天治人之大者远者，不贤者抓住其名物制度之小者近者。没有哪里没有文武之道在。我老师何处不学？哪里有什么固定的老师呢？"

据记载，孔子曾问事于太庙，问礼于老子，访乐于苌弘，问官于郯（tán）子，学琴于师襄，唯善是师，故随时随地受益也。

孔子自己说："三人行，必有我师焉；择其善者而从之，其不善者而改之。"（见7.22）若干人相处，其中就会有我的老师；我学习他的优点和长处，他的缺点和错误，可作为我的借鉴。子贡之言本此。

有道是"转益多师是汝师"，孔子没有上过学，没有固定的老师，他善于汲取众家之长来充实自己。《史记·仲尼弟子列传》载，他尊之为师的有：任职于周朝国家图书馆的卓越哲学家老子；在卫国，有外圆内方的蘧（qú）伯玉；在齐国，有高端政治家晏婴；在楚国，有贫而自乐的老莱子；在郑国，有政绩卓著的子产；在鲁国，有德高望重的孟公绰。孔子对古之贤士，经常称颂向往的有：尊重事实反对迷信的鲁国大臣臧文仲，清高自守坐怀不乱的鲁国大臣柳下惠，宽严相济擅长治军的晋国中军副尉羊舌赤，观于四方不忘其亲的郑国大臣子然等，不一而足。

明代学者李贽《焚书·为黄安二上人三首》曰："余谓学无常师，'夫子焉不学'，虽在今日不免为套语，其实亦是实话。"

【引言】子贡的口才好，会当官，擅长外交，还善于经商，因此而闻名遐迩。子贡所到之处，以颂扬孔子为己任，效果极佳。

19.23 叔孙武叔语大夫于朝曰："子贡贤于仲尼。"子服景伯以告子贡。

子贡曰："譬之宫墙，赐之墙也及肩，窥见室家之好。夫子之墙【也】数仞，不得其门而入，不见宗庙之美，百官之富。得其门者或寡矣。夫子之云，不亦宜乎！"

【通解】鲁国大夫姓叔孙名州仇（谥武）的人自以为见识高超，当朝向大夫们宣称："子贡比他的老师孔仲尼还要贤良优异。"一位姓子服名景伯的大夫将此话转述给端木赐子贡。

子贡说："我怎能比得上老师呢，比如说房舍的围墙，我端木赐家的围墙只有人的肩膀那么高，路过的人都能看见里头的房舍之美。我老师家的围墙有几个人那么高，须进去才能看见，如果找不到门儿，就看不见里头的宗庙殿堂之雄伟，房舍大厅之宏富。能找到门儿进去的人可能是极少数的了。叔孙大夫未入门，所以不了解孔子，因而说出那番话，不是很自然的吗！"

子贡的意思是说，人的器量有深有浅，器量短浅的人很容易显露出来，器量深邃的人不容易被人理解。

汉代学者王充《论衡·别通篇》曰："子贡曰'不得其门而入，不见宗庙之美，百官之富'，盖以宗庙、百官喻孔子道也。孔子道美，故譬以宗庙；（其学识）众多非一，故喻以百官。由此言之，道达广博者，孔子之徒也。"

【引言】还是这个叔孙武叔，称赞子贡的目的，原来是为了贬低孔子。

19.24 叔孙武叔毁仲尼。子贡曰："无以为也！仲尼不可毁也。他

> 人之贤者，丘陵也，犹可逾也；仲尼，日月也，无得而逾焉。人
> 虽欲自绝，其何伤于日月乎？多见其不知量也。"

【通解】鲁国大夫叔孙叔武称赞子贡而诋毁仲尼。子贡说："不要这样做！仲尼是诋毁不了的。一般人当中的贤人，其才智好比丘陵，是可以超越的；仲尼的才智，像日月一样，没有人能超越他。叔孙叔武纵然自疏自远于太阳月亮，何损于太阳月亮的一丝一毫呢？适足以表明其不自量力而已也。"

《列子·仲尼篇》引叔孙曰："吾闻颜回曰：孔某能废心而用形。"废心而用形是说认识事物时，不用心思而只凭感觉，这显然是叔孙叔武对孔子的一种误解。

《诗·小雅·天保》云："如月之恒，如日之升。"如月亮趋于盈满，如旭日冉冉上升。子贡以日月比喻孔子，盖源于此。

孟子对孔子称颂备至，皆借孔子弟子之言为之。《孟子·公孙丑上》记载，孟子的学生公孙丑问，伯夷、伊尹与孔子有什么不同？孟子说："从有人类以来，没有能比得上孔子的。"孟子又说："宰我、子贡、有若三人，他们的才智足以了解圣人，纵然不佳，也不致阿其所好。宰我说：'以我来看老师，他比尧舜强多了。'子贡说：'看到一国的礼制，就了解他的政治；听到一国的音乐，就知道它的德教。在百代以后去评价历代君王，也离不开孔子之道。从有人类以来，没有谁比得上孔子。'有若说：'难道仅仅是人类才有差别吗？麒麟之于走兽，凤凰之于飞鸟，泰山之于丘陵，河海之于小溪，何尝不是同类而差别极大？圣人之于百姓也是如此。出于其类，拔乎其萃。从有人类以来，没有比孔子更伟大的了。'"

【引言】子贡连续地颂扬孔子，调子一次比一次高亢。

19.25 陈子禽谓子贡曰："子为恭也，仲尼岂贤于子乎？"子贡曰："君子一言以为知【智】，一言以为不知【智】，言不可不慎也。夫子之不可及也，犹天之不可阶而升也。夫子之得邦家者，所谓立之斯立，道【导】之斯行，绥之斯来，动之斯和。其生也荣，其死也哀，如之何其可及也？"

【通解】陈子禽见孔子晚年时，栖遑无依，不被重用；子贡晚年任鲁卫卿相，名闻诸侯，故认为子贡比孔子更为优秀。

陈子禽跟子贡说："您是尊敬老师吧，孔仲尼难道会比您更优秀吗？"子贡说："君子一句话可以显示他的智慧，一句话也可以暴露他的不智，说话不可以不谨慎哪。夫子的崇高谁都难以企及的，就像用梯子难以爬上天一样。夫子得有机遇而为卿相时，让百姓安身立命，百姓就安身立命；引导着百姓向善，百姓就身体力行；修文德以招远人，远人就接踵而至；让百姓参与劳务，百姓就协同参加。夫子活着时，大家都感到荣光而快乐；夫子去世后，大家都感到灰暗和悲哀，我们怎么能赶得上他呢？"

子贡屡次宣传孔子的伟大，对后世影响深远。子贡一辈子显赫，故以此回报恩师。

汉代学者王充《论衡·本性篇》曰："孔子，道德之祖，诸子中最卓者也。"此与子贡所论如出一辙。

晋代学者陆机说："是故其生也荣，虽万物咸被其仁；其亡也哀，虽天网犹失其纲。"是说他生前，万物都受到他的恩泽而欣欣向荣；他去世以后，君王统治都会受震撼而悲哀不已。

陆机的话，显然本之于子贡之言。

尧曰篇第二十（凡3章）

【引言】本篇是孔子对尧舜商汤以来政治思想的总结，继而提出了他自己的治国平天下的施政大纲。

首章回顾了唐虞夏商周的施政经验。

20.1.1 尧曰："咨！尔舜！天之历数在尔躬，允执厥中。四海困穷，天禄永终。"

舜亦以命禹。

【通解】帝尧晚年时，把权位禅（shàn）让给舜，跟他说："嗟！舜哪！天命的运转如今到了你身上，要恰当地把握住正确的分寸，把天下治好。如果天下百姓陷入了穷困的境地，上天给你的权位就会永远结束了。"

帝舜晚年时，把权位禅让给禹，也跟他说了这样一番话。

以上帝尧、帝舜的意思是说，富民是圣王的政治目标，若不能实现富民，将会有失位亡国的灾难性后果。

20.1.2 【汤】曰："予小子履敢用玄牡，敢昭告于皇皇后帝：有罪不敢赦。帝臣不蔽，简在帝心。朕躬有罪，无【毋】以万方；万方有罪，罪在朕躬。"

【通解】商汤名履，战败夏桀后，遭逢大旱，乃向天帝祷告曰："小子履谨选用黑色公牛祭祀，向皇天大帝公开宣誓：夏桀罪大恶极，我不敢擅自赦免了他。人臣是忠是奸，天帝心里全明白。如果我自身有罪，勿责怪天下万方；如万方有人犯罪，罪责全在我一人。"

宋代学者朱熹说："言君有罪，非民所致；民有罪，实君所为。见其厚于责己，薄于责人之意。"

《书·汤诰》有云："罪当朕躬，弗敢自赦，惟简在上帝之心。其尔万方有罪，在予一人；予一人有罪，无以尔万方。"与本章内容可互相阐发。

20.1.3 周有大赉（lài），善人是富。"虽有周亲，不如仁人。百姓有过，在予一人。"

【通解】周武王伐纣，纣王兵败自焚。殷朝灭亡，周朝建立。

周武王大封诸侯，使善人先富起来。武王对受封的人说："你们到达封地后，将建立自己的侯国，虽则有亲人可用，更重要的是应物色并重用有仁德之人相与为国才好。百姓如有人犯罪，罪责应由我一人承担，因为是我把你们封出去的。"

"虽有周亲，不如仁人。"物色并重用仁德之人，盖始于周朝。所以孔子说："周鉴于二代，郁郁乎文哉！吾从周。"（见 3.14）意思是说，周代参照了夏、殷两代的体制，显得更完善且富于文采，我赞赏并遵循周代的典章制度。

20.1.4 谨权量（liàng），审法度，修废官，四方之政行焉。兴灭国，继绝世，举逸民，天下之民归心焉。

【通解】审慎地厘定度量衡制度，恢复主管度量衡的机构，配齐主管度量衡的官员；修复礼乐方面的机制，天下的政令就畅通无阻了。恢复濒临灭亡的侯国，接续不绝如缕的世家，启用避地隐居的高人，天下的百姓就心悦诚服了。

宋代学者朱熹说："兴灭国，继绝世，谓分封黄帝、尧、舜、夏、商之后人。举逸民，谓释箕子之囚，复商容之位。三者皆人心之所欲也。"箕子为纣王之叔，因劝谏纣王被囚禁，周武王克商后释放了他；商容为商朝贵族，有贤名，因故被纣王废黜，周武王克商后恢复其原有地位。

20.1.5 所重：民、食、丧、祭。宽则得众，信则民任焉。敏则有功，公则【民】说【悦】。

【通解】治理天下者所当重视的是：民众、食粮、丧葬和祭祀。民为国之本，民以食为天，丧所以尽哀，祭所以致敬也。宽厚为怀则必为众望所归，恪守诚信则必为民所信任，行事敏捷则功大易成，实惠公平则百姓欢悦。

天下非君王一人的天下，乃天下人的天下。多责己，用贤臣，顺民心，实乃治国平天下的共同准则也。

《尚书·武成》曰："重民五教，唯食、丧、祭，惇（dūn）信明义，崇德报功，垂拱而天下治。"是说做到了以上各项，注重于父义、母慈、兄友、弟恭、子孝五种常教，注重于民食、丧葬、祭祀，重视诚信，讲明道义，尊崇有德者，报答有功者，武王便可以垂衣拱手而治了。

【引言】子张曾两次问政于老师，上一次，孔子只做了简短的说明："居之无倦，行之以忠。"（见12.14）这一次，始作了详明的阐释，算是一个总结。

20.2.1 子张问于孔子曰："何如斯可以从政矣？"子曰："尊【遵】五美，屏（bǐng）四恶，斯可以从政矣。"

子张曰："何谓五美？"子曰："君子惠而不费，劳而不怨，欲而不贪，泰而不骄，威而不猛。"

【通解】子张向孔子请教："要怎样才可以好生从政呢？"孔子说："遵行五美，摒除四恶，就可以好生从政了。"

子张又问："什么叫五美？"孔子说："君子施惠于民而不耗损于己，使民出力而民无怨尤，从心所欲而无贪吝之心，宽松舒泰而不骄傲自满，威信俨然而不咄咄逼人。"

清代学者黄式三《论语后案》云："己欲立而立人，己欲达而达人，此为政者之所欲也；中天下而立，定四海之民，此为政者之所欲也。"犹言从政的要点在于：将心比心，推己及人；公平中立，以安定四方。

何谓"泰而不骄"？孔子说："君子泰而不骄，小人骄而不泰。"意思是说，君子心情舒坦，虚怀若谷，善待一切人，思想上没有负担；小人骄傲自大，外强中干，怕被人戳穿，因此而心神不宁。

20.2.2 子张曰："何谓惠而不费？"子曰："因民之所利而利之，斯不亦惠而不费乎？择可劳而劳之，又谁怨？欲仁而得仁，又焉贪？君子无众寡，无小大，无敢慢，斯不亦泰而不骄乎？君子正其衣冠，尊其瞻视，俨然人望而畏之，斯不亦威而不猛乎？"

【通解】子张接着问："怎样叫施惠于民而不耗损于己？"孔子说："给政策，让人民靠山吃山，靠水吃水，这不是惠而不费吗？根据时间和条件，组织适当的人员参加劳务，又有谁会埋怨呢？欲施仁政于庶民，且行之有效，还贪求什么呢？不管人多人少，也不管地位高低，都一视同仁，尊重其人格，这不是泰而不骄吗？君子衣冠整洁，容貌端庄，仪表堂堂，人们远望时心怀敬意，走近他时却感到温和平易，这不是威而不猛吗？"

五美之中，子张只问了一美。孔子了解他的心思，所以把其余四美也一并作了解说。

20.2.3 子张曰："何谓四恶？"子曰："不教而杀谓之虐；不戒视成谓之暴；慢令致期谓之贼；犹之与人也，出纳之吝谓之有司。"

【通解】子张最后问："什么叫四恶？"孔子说："不加以教育就把人杀了，叫虐待；不事先警戒而责其有成，叫粗暴；不与民相约而限期完工，叫突然袭击；该付与人财物时，却踌躇吝惜，舍不得出手，叫作库吏的小肚鸡肠。"

以上孔子将从政者该做的与不该做的，都说得很清楚了。本章也是孔子对历来向他问政者的一个总答复。

子张两次向孔子问政，孔子的解答各有特色。上一次子张初出茅庐，问得比较简单，孔子共只说了八个字，仅涉及个人操守方面；这一次子张接近成熟，问得比较深入，孔子于是说了一大篇，涉及治国理政的大略。这说明孔子善待问者如撞钟，小扣之则小鸣，大扣之则大鸣也。

【引言】本章从宏观角度，论及学习与修养，是全书的一个总结。

> 20.3 孔子曰："不知命，无以为君子也；不知礼，无以立也；不知言，无以知人也。"

【通解】孔子答子张的话意犹未尽，于是补充了三条为人为政的基本修养。

孔子说："不懂得天命，不懂得自然规律和社会规律，不懂得摆准自己的位置，便没法成为君子；不懂得礼数，不懂得礼仪和礼制，便没法立身处世，便没法独立从政；不懂得听话听音，不懂得从话中辨认其蕴意和是非真伪，便没法理解人，便没法知人善任。"

宋代学者程颢说："知命者，知有命而信之也。人不知命，则见害必避，见利必趋，何以为君子？"这里的"命"，指的是义利之辨。

孔子还说过："不以言举人"，（见 15.23）不光从言语来选拔人才，是用人之法。"不知言无以知人"乃观人之法。

＊　＊　＊

《论语》二十篇，贯穿着学习与修养的宗旨，至此告一结束。它是一部历史书，是孔子一生的言行录，也是孔门弟子的从师图，又是列国君臣的人物画，还是春秋末年的社会史，启人以无限遐思。《论语》一书叙述了孔子一生的历史，勾勒出一个活生生的孔夫子。后人对孔子的评价不一而足，谨略举有代表性的若干家为例。

汉代史学家司马迁说："天下君王至于贤人众矣，当时则荣，没（mò）则已焉（结束了）；孔子布衣（老百姓），传十余世，学者宗之（崇仰他）。自天子王侯，中国言'六艺'（诗、书、易、礼、乐、春秋）者折中于夫子（以孔子的观点为准），可谓至圣矣！"（见《史记孔子世家》）

近代学者张元济说："孔子确是还有可以师法的。尺有所短，寸有所长，我们平常评论他人，当且不当一笔抹杀，况且是古来最大的人物。我不敢说他是'万世师表'，但在今朝想要找一个替人，恐怕还是不可能。"（《张元济年谱》542 页）

近代学者柳诒徵说："孔子者，中国文化之中心也，无孔子则无中国文化。自孔子以前，数千年之文化赖孔子而传；自孔子以后，数千年文化赖孔子而开。"（见柳诒徵《中国文化史》）

现代学者钱穆说："孔子实已超出当时狭义的国家与民族观念之上，而贡献其理想于当时之所谓'天下'。此种游仕精神为后起学士所依袭，到底造成了一个大一统的中国。孔子的政治活动失败了，而孔子的教育事业却留下了一个绝大的影响。孔子是开始传播贵族学到民间来的第一个，孔子是开始把古代贵族宗庙里的知识来变换成人类社会共有共享的学术事业之第一个。"（见钱穆《国史大纲》）

现代作家巴金在《怀念井上靖先生》一文中说："井上靖写的孔子，也就是我小时候把'他'的著作和讲话读得烂熟的孔夫子，可是我到现在才明白这个孔子爱人民，行仁政，认为人民是国家之本；两千几百年前就有这样一个人，真了不起！"（见《巴金七十年文选》477 页）

现代学者季羡林说："现在成立了很多孔子学院。我说，孔子学院不要光学汉文，汉文要学，很重要，但要有内容，内容就是中国的文化；中国文化最有代表性的就是孔子。只有中国文化能够救中国，能够救世界。"（见蔡德贵《季羡林口述史》第 175 页）

国务院原副总理谷牧说："孔子在中国历史上的存在是不能回避的。他博学多能，他一生办了三件足堪称道的事。一是创立了以'仁'为中心的儒家学派，二是整理编录了夏商周三代文化典籍，三是创办私学，突破了古来'学在官府'的格局。"（见 2009 年 3 月 23 日《光明日报》）

当代学者傅佩荣说："我们今天为什么还要学习孔子？因为孔子的思想有以下几个至今仍然行之有效的特点。第一，温和的理性主义；第二，深刻的人道情怀；第三，乐观的人生理想。了解孔子，不但是认识传统的开始，也是探索人生方向的起点，而且还是正确实现人生理想的第一步。"（见傅佩荣《论语三百讲·总论》）

日本作家井上靖说："孔子的言论和思想，形成于他的流浪生涯之中，既充满

了诗意，又饱含哲理，已经传了两千五百年，并溶入了人类智慧的大河。"（见郑民钦译井上靖《孔子》一书）

论语名句首字笔画通检

——通向"音序索引"的页码

二画

人 363

三画

三 363　工 360　士 363　与 365
上 363　及 361　义 365　己 361
已 365　小 365　子 366　乡 365

四画

天 364　无 364　不 359　少 363
日 363　内 362　见 361　长 365
仁 363　父 360　为 364　以 365
水 364

五画

未 364　巧 363　古 360　可 362
四 364　仕 364　用 365　鸟 362
乐 362　主 366　礼 362　民 362
发 360

六画

老 362　百 359　有 365　死 364
成 360　过 360　当 360　岁 364
刚 360　年 362　先 364　传 360
自 366　后 360　行 365　众 366
名 362　色 363　如 363　好 360

七画

孝 365　吾 364　求 363　时 364

八画

听 364　我 364　近 361　狂 362
饭 360　言 365　君 361　陈 360

其 363　直 366　虎 360　贤 365
忠 366　知 365　往 364　贫 363
朋 362　性 365　学 365　视 364
饱 359　居 361　驷 364

九画

政 365　故 360　临 362　畏 364
虽 364　笃 360　修 365　信 365
食 363　举 361　既 361

十画

泰 364　逝 364　恭 360　躬 360
爱 359　益 365

十一画

唯 364　敏 362　欲 365　祭 361
望 364　深 363

十二画

博 359　敬 361　朝 365　智 366
善 363　道 360　温 364

十三画以上

辞 360　德 360　骥 361

论语名句音序索引

A

爱之，能勿劳乎？忠焉，能勿诲乎？ 235

B

百工居肆以成其事，君子学以致其道 338
百姓不足，君孰与足？ 197
百姓足，君孰不足？ 197
饱食终日，无所用心，难矣哉！ 319
博学而笃志，切问而近思 337
博学于文，约之以礼 .... 91，140，201，202
不撤姜食，不多食 160
不愤不启，不悱不发 98
不患寡而患不均，不患贫而患不安。 291
不患人之不己知，患不知人也 11
不患人之不己知，患其不能也 .... 250，275
不降其志，不辱其身 331
不教而杀谓之虐 353
不可与言而与之言，失言 267
不迁怒，不贰过 .... 77，148
不学礼，无以立 300
不学诗，无以言 300
不义而富且贵，于我如浮云 .... 103，104
不怨天，不尤人，下学而上达 254
不曰白乎，涅而不缁 308
不曰坚乎，磨而不磷 308
不在其位，不谋其政 .... 129，248
不知礼，无以立也 354
不知命，无以为君子也 .... 148，354
不知言，无以知人也 354
不忮不求，何用不臧？ 151

C

陈力就列，不能者止 291

成事不说，遂事不谏，既往不咎 37

传不习乎? 3

辞达而已矣 288

D

当仁，不让于师 285

道不同，不相为谋 287

道听而途说，德之弃也 314

德不孤，必有邻 56

笃信好学，守死善道 128, 335

F

发愤忘食，乐以忘忧，不知老之将至 106

饭疏【蔬】食，没齿无怨言 236

父母在，不远游，游必有方。 53

G

刚、毅、木、讷近仁 229

割鸡焉用牛刀? 306

工欲善其事，必先利其器 269

恭则不侮，宽则得众，信则人任焉 308

躬自厚而薄责于人，则远怨矣 272

古者言之不【妄】出，耻躬之不逮也 54

古之学者为己，今之学者为人 246

故旧无大故，则不弃也 332, 333

过而不改，是谓过矣 282, 345

过则勿惮改。 74, 95, 282

H

好刚不好学，其蔽也狂 309

好仁不好学，其蔽也愚 309

好信不好学，其蔽也贼 309

好勇不好学，其蔽也乱 309, 310, 320

好知【智】不好学，其蔽也荡 309

好直不好学，其蔽也绞 309, 310

后生可畏，焉知来者之不如今也? 148

虎兕出于柙，龟玉毁于椟中，是谁之过与【欤】? 291

J

及其老也，血气既衰，戒之在得 296

及其壮也，血气方刚，戒之在斗 296

己所不欲，勿施于人 51, 191, 276, 278, 279

己欲立而立人，己欲达而达人 51, 93, 191, 278, 352

既来之，则安之。 291

祭如在，祭神如神在 32

祭思敬，丧思哀 334, 342

骥不称其力，称其德也 252

见利思义，见危授命 238, 334

见善如不及，见不善如探汤 299

见贤思齐，见不贤而内自省 52

见小利则大事不成 221

见义不为，无勇也 25

近者说【悦】，远者来 221

敬鬼神而远之 88, 89, 207

居处恭，执事敬，与人忠 223

居之无倦，行之以忠 201, 352

举一隅【而示之】不以三隅反，则不复也 98

举直错【措】诸枉，能使枉者直 207

君子病无能焉，不病人之不己知也 274

君子不可小知而可大受也，小人不可大受而可小知也 284

君子不器 18, 135

君子不施【弛】其亲，不使大臣怨乎不以 332

君子不以言举人；不以人废言 277

君子不忧不惧 193

君子不重则不威，学则不固 5, 198

君子成人之美，不成人之恶 202

君子耻其言而【之】过其行 248

君子固穷，小人穷斯滥矣 263

君子和而不同，小人同而不和 226, 277

君子惠而不费，劳而不怨，欲而不贪 352

君子疾夫舍曰欲之而必【更】为之辞 291

君子敬而无失，与人恭而有礼。 193

君子居之，何陋之有 142

君子谋道不谋食 283

君子求诸己；小人求诸人 276

君子上达，小人下达 246, 254

君子思不出其位 248

君子泰而不骄，小人骄而不泰 228, 352

君子坦荡荡，小人长戚戚 118, 193, 315

君子信而后劳其民 339
君子学道则爱人 306
君子一言以为知【智】，一言以为不知【智】，言不可不慎也 348
君子以文会友，以友辅仁 208, 269
君子忧道不忧贫 283
君子有勇而无义为乱，小人有勇而无义为盗 320
君子于其所不知，盖阙如也 211, 212
君子于其言，无所苟而已矣 211
君子欲讷于言而敏于行 55
君子喻于义，小人喻于利 51, 274
君子贞而不谅 286
君子之仕也，行其义也 330
君子周而不比，小人比而不周 19, 277
君子周急不济富 78
君子尊贤而容众，嘉善而矜不能 278, 335, 336

K

可与言而不与之言，失人 267
狂者进取，狷者有所不为也 225

L

老者安之，朋友信之，少者怀之 73
乐道人之善 294, 295
乐多贤友 294, 295
乐然后笑，人不厌其笑 239
礼之用，和为贵 8
临事而惧，好谋而成 99, 101, 262

M

民之于仁也，甚于水火 285
敏而好学，不耻下问 66, 123, 337
敏则有功，公则【民】说【悦】 351
敏则有功，惠则足以使人 308
名不正，则言不顺 211

N

内省不疚，夫何忧何惧？ 193
年四十而见恶焉，其终也已 322
鸟兽不可与同群，吾非斯人之徒与而谁与？ 329

P

朋友切切偲偲，兄弟怡怡。 229

贫而无怨难,富而无骄易..............237

Q

其身不正，虽令不从..............214, 219
其身正，不令而行..............214, 215, 219
其未得之也，患【不】得之；既得之，患失之..............314
其言之不怍，则为之也难..............244
其知可及也，其愚不可及也..............70
巧言令色，鲜矣仁..............2, 316
巧言乱德..............280
求仁而得仁，又何怨？..............103

R

人【而】无远虑，必有近忧..............270
人不知而不愠，不亦君子乎？..............1, 254
人而无信，不知其可也..............24
人能弘道，非道弘人..............281
人之将死，其言也善..............122
仁者必有勇，勇者不必有仁..............234
仁者不忧，知【智】者不惑，勇者不惧..............249
日月逝矣，岁不我与..............303, 304
日知其所亡【无】，月无【毋】忘其所能，可谓好学也已矣..............337
如不善而莫之违也，不几乎一言而丧邦乎？..............220
如其善而莫之违也，不亦善乎？..............220
如切如磋，如琢如磨..............10, 63
如有周公之才之美，使骄且吝，其余不足观也已..............126

S

三军可夺帅也，匹夫不可夺志也..............150, 151
三人行，必有我师焉..............108, 346
三思而后行..............70
色厉而内荏，譬诸小人，其犹穿窬之盗也与【欤】..............313
善人教民七年，亦可以即戎矣..............230
善人为邦百年，亦可以胜残去杀矣..............230
上好礼，则民莫敢不敬..............213
上好信，则民莫敢不用情..............213
上好义，则民莫敢不服..............213
少之时，血气未定，戒之在色..............296
深则厉，浅则揭..............257
时然后言，人不厌其言..............239, 296
食不语，寝不言..............161
士不可以不弘毅，任重而道远..............124, 335

士而怀居，不足以为士矣 233

士见危致【授】命，见得思义 334

仕而优则学，学而优则仕 341

视其所以，观其所由，察其所安 17

逝者如斯夫！不舍昼夜 144

水火，吾见蹈而死者矣，未见蹈仁而死者也 285

死生有命，富贵在天 193, 194, 255

四海之内，皆兄弟也 193, 194

四体不勤，五谷不分 329, 330

驷不及舌 196, 197

虽小道，必有可观者焉；致远恐泥 336

岁寒，然后知松柏之后凋也 152

T

泰而不骄，威而不猛 352

天何言哉？四时行焉，百物生焉；天何言哉？ 317

天下有道，则庶人不议 292, 293

听其言而观其行 64, 183, 249, 277

听讼，吾犹人也。必也使无讼乎！ 200

W

往者不可谏，来者犹可追 327

望之俨然，即之也温，听其言也厉 338

为人谋而不忠乎？ 3

为仁由己，而由人乎哉 190, 191, 269

唯酒无量，不及乱 160

未见颜色而言，谓之瞽 295

未能事人，焉能事鬼 65, 176

未知生，焉知死 65, 176

畏天命，畏大人，畏圣人之言 297

温故而知新，可以为师矣 18

我非生而知之者，好古，敏以求之者也 298

我之不贤与，人将拒我，如之何其拒人也？ 335

我之大贤与【欤】，于人何所不容？ 335

无可无不可 324, 331

无求备于一人 333

无欲速，无见小利 221

吾尝终日不食，终夜不寝，以思，无益，不如学也 282

吾岂匏瓜也哉？焉能系而不食？ 308

X

先有司，赦小过，举贤才 210, 211

贤者识【志】其大者，不贤者识【志】其小者。 346

乡人之善者好之，其不善者恶之 227

小不忍，则乱大谋 280

小人之过也必文 338, 345

孝弟也者，其为仁【人】之本与！ 2

信而后谏 339

行己有耻 202, 224, 229

行有余力，则以学文 4

性相近也，习相远也 304, 305

修己以安百姓 259, 260

学而不思则罔，思而不学则殆 20

学而不厌，诲人不倦 95, 116, 226

学而时习之，不亦悦乎？ 18

学而优则仕 341

学如不及，犹恐失之 130

Y

言不顺，则事不成 211

言及之而不言，谓之隐 295

言未及之而言，谓之躁 295

言中伦，行中虑 331

言忠信，行笃敬 266

已矣乎！吾未见好德如好色者也 271

以不教民战，是谓弃之 230

以直报怨，以德报德 253

义然后取，人不厌其取 239

益者三友，损者三友 294

用之则行，舍之则藏 99, 100, 128, 148

有德者必有言，有言者不必有德 233, 277

有教无类 225, 287

有朋自远方来，不亦乐乎？ 163

与朋友交，言而有信 5

与朋友交而不信乎？ 3

欲速则不达 221, 261

Z

长幼之节，不可废也 330

朝闻道，夕死可矣 46, 47

政者，正也 203, 214

知【智】者不失人，亦不失言 267

知其不可而为之 257

知者动，仁者静 89

知者乐，仁者寿 89

知者乐水，仁者乐山 89

知之为知之，不知为不知，是知也 21

知之者不如好之者，好之者不如乐之者 87

直道而事人，焉往而不三黜 325

智者不惑，仁者不忧，勇者不惧 153, 193

忠告而善道【导】之，不可则止，毋自辱焉 208

众恶之，必察焉 281

众好之，必察焉 281

主忠信。无【毋】友不如己者,过则勿惮改 5

子入太庙，每事问 34, 123

子帅以正，孰敢不正？ 203, 214

子欲善而民善矣 204

自古皆有死，民无信不立 195